Le Nathan
École

Sous la direction
d'**ALAIN BENTOLILA**
Professeur de linguistique
à l'université de Paris Descartes

Annick CAUTELA
Maître formateur

Brigitte MARIN
Maître de conférences en langue
et littérature françaises

Le papier de cet ouvrage est composé
de fibres naturelles, renouvelables,
fabriquées à partir de bois
provenant de forêts gérées
de manière responsable.

Nathan

Avant-propos

Soucieux de donner à l'enseignement de la langue rigueur et spécificité, nous proposons de vraies leçons de grammaire, de vocabulaire, d'orthographe et de conjugaison afin que les élèves puissent bénéficier de références précises et claires en matière d'étude de la langue.

Pour retrouver rigueur de parole et précision de lecture, il faut que l'enfant puisse prendre avec la langue une distance propice à l'analyse ; il faut qu'il comprenne comment la langue fonctionne : comment les mots portent leurs sens respectifs, comment les phrases s'organisent, comment enfin les mots s'écrivent et se distinguent ainsi les uns des autres. Sans cette vision claire des mécanismes qui tiennent la langue « debout », il ne pourra pas être compris au plus juste de ses intentions ; il ne pourra pas lire avec autant de précision que de plaisir. La maîtrise de la langue orale et de la langue écrite suppose donc l'analyse logiquement programmée de la grammaire, du vocabulaire, de l'orthographe et de la conjugaison. C'est à quoi s'est attaché *Le Nathan École*.

Chacune de nos leçons va du plus simple au plus complexe en privilégiant l'observation, la manipulation et la réflexion. Nous avons voulu que les élèves comprennent et retiennent les règles essentielles, mais découvrent aussi l'organisation des phrases, la fonction des mots, leur catégorisation et la façon dont ils s'écrivent.

- Cet ouvrage, conçu pour les élèves de 8 à 11 ans, présente toutes les règles de français que l'enfant doit comprendre et maîtriser en cycle 3 de l'école élémentaire, du CE2 au CM2.

- Complet, il regroupe les quatre domaines fondamentaux de la langue française : **Grammaire, Orthographe, Vocabulaire, Conjugaison**.

 ISBN : 978-2-09-186 808-0 pour la présente édition.
 ISBN : 978-2-09-186 733-5 pour la première édition.
Éditions Nathan, 25 avenue Pierre de Coubertin, 75013 Paris.

■ En conformité avec le programme de français, il propose les **120 notions à connaître en fin de cycle 3**.

■ Accessible, il a été conçu pour que l'enfant puisse comprendre, apprendre et se repérer facilement :
- les notions sont **classées par ordre alphabétique** pour faciliter la recherche ;
- chaque notion est **présentée sur une double page** pour une approche immédiate et une meilleure efficacité.

■ Chacune des notions présente trois niveaux de lecture progressifs, du plus simple au plus complexe :
- une entrée par **un exemple** illustré et commenté pour que l'enfant comprenne de façon immédiate la règle ;
- **une définition** précise expliquée par des exemples ;
- **les différents usages et cas** à connaître, accompagnés de rubriques pratiques « Piège à éviter », « Astuce », « Apprends par cœur ».

■ Un exercice permet de réinvestir immédiatement ce que l'enfant vient d'apprendre.

■ La partie Conjugaison présente :
- **les 100 tableaux modèles de conjugaison** qui permettent à l'enfant de conjuguer les verbes sans faute ;
- **un index des 3 200 verbes usuels** d'un enfant en cycle 3.

■ À la fin de l'ouvrage, des outils complémentaires sont proposés :
- **les corrigés** de tous les exercices ;
- **un index** complet des **mots-clés et des notions** ;
- **un classement par notions** ;
- **l'alphabet phonétique**.

Cet ouvrage, adapté aux jeunes élèves, est un véritable outil d'apprentissage de la langue française, complet, accessible et conforme au programme en vigueur.

Alain Bentolila
Directeur de collection

Mode d'emploi

Conçu pour être utilisé en classe comme à la maison, cet ouvrage permet un accès facile à l'apprentissage de la langue française grâce à :

- un classement des notions par **ordre alphabétique**,
- un repérage des 4 domaines (**GRAMMAIRE, ORTHOGRAPHE, VOCABULAIRE, CONJUGAISON**) par couleur,
- une présentation systématique de la notion en **double page**.

Une entrée par un **exemple** illustré et commenté pour comprendre immédiatement la notion

Une **définition** précise accompagnée d'un exemple pour revoir l'essentiel

Des **rubriques** astucieuses pour déjouer les pièges

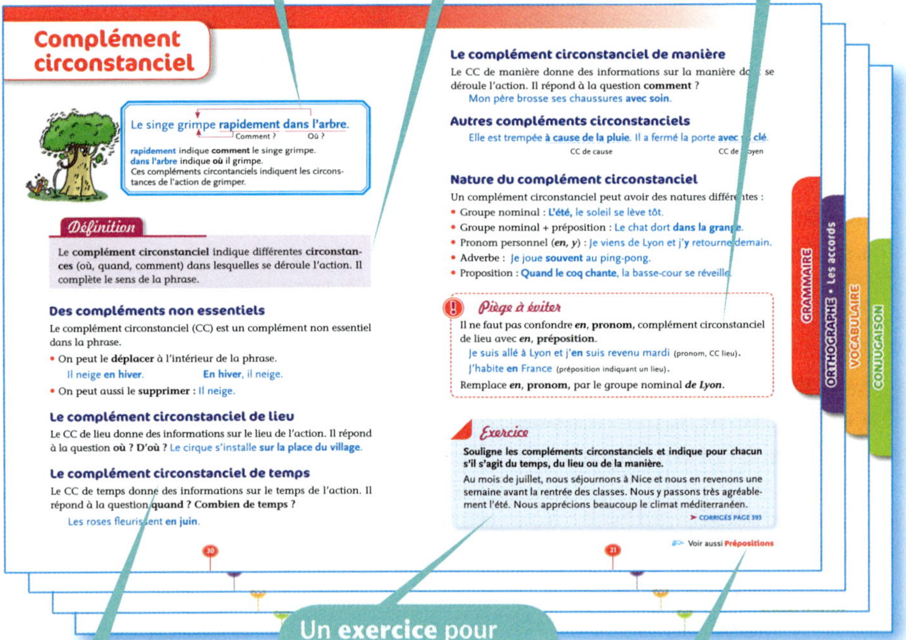
Complément circonstanciel

Le singe grimpe rapidement dans l'arbre.
Comment ? Où ?
rapidement indique **comment** le singe grimpe.
dans l'arbre indique **où** il grimpe.
Ces compléments circonstanciels indiquent les circonstances de l'action de grimper.

Définition

Le **complément circonstanciel** indique différentes **circonstances** (où, quand, comment) dans lesquelles se déroule l'action. Il complète le sens de la phrase.

Des compléments non essentiels

Le complément circonstanciel (CC) est un complément non essentiel dans la phrase.
- On peut le **déplacer** à l'intérieur de la phrase. Il neige **en hiver**. **En hiver**, il neige.
- On peut aussi le **supprimer** : Il neige.

Le complément circonstanciel de lieu

Le CC de lieu donne des informations sur le lieu de l'action. Il répond à la question **où ? D'où ?** Le cirque s'installe **sur la place du village**.

Le complément circonstanciel de temps

Le CC de temps donne des informations sur le temps de l'action. Il répond à la question **quand ? Combien de temps ?**
Les roses fleurissent **en juin**.

Le complément circonstanciel de manière

Le CC de manière donne des informations sur la manière dont se déroule l'action. Il répond à la question **comment** ?
Mon père brosse ses chaussures **avec soin**.

Autres compléments circonstanciels

Elle est trempée **à cause de la pluie** (CC de cause). Il a fermé la porte **avec sa clé** (CC de moyen).

Nature du complément circonstanciel

Un complément circonstanciel peut avoir des natures différentes :
- Groupe nominal : **L'été**, le soleil se lève tôt.
- Groupe nominal + préposition : Le chat dort **dans la grange**.
- Pronom personnel (*en*, *y*) : Je viens de Lyon et j'**y** retourne demain.
- Adverbe : Je joue **souvent** au ping-pong.
- Proposition : **Quand le coq chante**, la basse-cour se réveille.

Piège à éviter

Il ne faut pas confondre ***en*, pronom**, complément circonstanciel de lieu avec ***en*, préposition**.
Je suis allé à Lyon et j'**en** suis revenu mardi (pronom, CC lieu).
J'habite **en** France (préposition indiquant un lieu).
Remplace *en*, **pronom**, par le groupe nominal ***de Lyon***.

Exercice

Souligne les compléments circonstanciels et indique pour chacun s'il s'agit du temps, du lieu ou de la manière.
Au mois de juillet, nous séjournons à Nice et nous en revenons une semaine avant la rentrée des classes. Nous y passons très agréablement l'été. Nous apprécions beaucoup le climat méditerranéen.
➤ CORRIGÉS PAGE 393

Voir aussi **Prépositions**

30 31

GRAMMAIRE | ORTHOGRAPHE • Les accords | VOCABULAIRE | CONJUGAISON

Les différents **usages** et **cas** de la langue

Un **exercice** pour appliquer la notion

Un **renvoi** à d'autres notions pour compléter ses connaissances

100 tableaux types de conjugaison

Le **verbe** et le groupe auquel il appartient

La **carte d'identité** du verbe

Vouloir • 3e groupe

▶ *Vouloir* est un verbe particulier.

- *Vouloir* a quatre radicaux : il veut, il voulait, il voudrait, qu'il veuille.
- À l'indicatif présent, aux 2 premières personnes du singulier, la terminaison est x : je veux, tu veux. C'est un verbe transitif.
- Aux temps composés, il se conjugue avec l'auxiliaire ***avoir***.

INDICATIF

PRÉSENT		PASSÉ COMPOSÉ		
je	veux	j'	ai	voulu
tu	veux	tu	as	voulu
il, elle	veut	il, elle	a	voulu
nous	voulons	nous	avons	voulu
vous	voulez	vous	avez	voulu
ils, elles	veulent	ils, elles	ont	voulu

IMPARFAIT		PLUS-QUE-PARFAIT		
je	voulais	j'	avais	voulu
tu	voulais	tu	avais	voulu
il, elle	voulait	il, elle	avait	voulu
nous	voulions	nous	avions	voulu
vous	vouliez	vous	aviez	voulu
ils, elles	voulaient	ils, elles	avaient	voulu

PASSÉ SIMPLE	
je	voulus
tu	voulus
il, elle	voulut
nous	voulûmes
vous	voulûtes
ils, elles	voulurent

FUTUR SIMPLE		FUTUR ANTÉRIEUR		
je	voudrai	j'	aurai	voulu
tu	voudras	tu	auras	voulu
il, elle	voudra	il, elle	aura	voulu
nous	voudrons	nous	aurons	voulu
vous	voudrez	vous	aurez	voulu
ils, elles	voudront	ils, elles	auront	voulu

CONDITIONNEL

PRÉSENT	
je	voudrais
tu	voudrais
il, elle	voudrait
nous	voudrions
vous	voudriez
ils, elles	voudraient

SUBJONCTIF

PRÉSENT	
que je	veuille
que tu	veuilles
qu'il, elle	veuille
que nous	voulions
que vous	vouliez
qu'ils, elles	veuillent

IMPÉRATIF

PRÉSENT
veuille *ou* veux
voulons *(inusité)*
veuillez *ou* voulez

INFINITIF

vouloir

PARTICIPE

PRÉSENT	PASSÉ
voulant	voulu(e)

358

Les différents **radicaux** et les **difficultés** sont signalés par une couleur.

À la fin de l'ouvrage :

- les corrigés des exercices ;
- un index des mots-clés et des notions ;
- un classement par notions ;
- l'alphabet phonétique.

Un index de 3 200 verbes

Un **index** complet pour savoir conjuguer tous les verbes

Index des verbes usuels

*Indique la forme pronominale du verbe (par exemple, *se réunir* se conjugue comme *finir* page 297, mais le pronom qui précède le verbe change avec la personne, comme dans la conjugaison de *s'envoler* page 283).

A

Les verbes signalés **en rouge** sont présentés dans les tableaux de conjugaison.

Sommaire

GRAMMAIRE

ORTHOGRAPHE • LES ACCORDS

SOMMAIRE

ORTHOGRAPHE • SONS ET LETTRES

VOCABULAIRE

SOMMAIRE

CONJUGAISON

Grammaire

Adjectifs exclamatifs, adjectifs interrogatifs

Quelle pâtisserie appétissante **!**
adjectif exclamatif

Quels gâteaux préfères-tu **?**
adjectif interrogatif

La 1re phrase se termine par un **point d'exclamation**
→ **quelle** est un **adjectif exclamatif**.
La 2e phrase se termine par un **point d'interrogation**
→ **quels** est un **adjectif interrogatif**.

Définition

- ***Quel(s) et quelle(s)*** sont **des déterminants du nom** qui font partie du groupe nominal. Ils se placent devant le nom.
- **Ils s'accordent avec le nom** en genre et en nombre.

  Quell**e** route prendra-t-il ? (féminin singulier)

  Quell**es** curieus**es** fillett**es** ! (féminin pluriel)

  Quel**s** livre**s** choisira-t-il ? (masculin pluriel)

Adjectifs exclamatifs

Quel(s) et ***quelle(s)*** sont des adjectifs exclamatifs lorsque le groupe nominal auquel ils appartiennent se trouve dans une **phrase exclamative**.

Quels beaux livres sur cette étagère **!**

Quelle délicieuse promenade **!**

Adjectifs interrogatifs

Quel(s) et ***quelle(s)*** sont des adjectifs interrogatifs quand le groupe nominal auquel ils appartiennent se trouve dans une **phrase interrogative**.

> **Quelles** amies penses-tu inviter à ton anniversaire **?**
> **Quels** vêtements porteras-tu pour la sortie **?**

Piège à éviter

Il ne faut pas confondre ***quelle*** (adjectif interrogatif) et ***qu'elle*** (conjonction + pronom sujet).

> Je ne savais pas **quelle** robe elle porterait.
> (quelle : adjectif interrogatif)
>
> Je ne savais pas **qu'elle** viendrait ce soir.
> (qu' : conjonction + elle : pronom sujet)

Pour ne pas se tromper, il faut remplacer ***qu'elle*** par ***qu'il***. Si la phrase a un sens, cela signifie que ***qu'elle*** s'écrit en deux mots : la conjonction ***qu'*** suivie du pronom sujet ***elle***.

Exercices

1. Accorde *quel*, lorsque c'est nécessaire, et indique si c'est un adjectif exclamatif ou interrogatif.

Quel... belle robe et quel... jolies chaussures Céline a achetées ! Sais-tu quel... prix elle les a payées ? Je me demande quel... réduction le vendeur lui a accordée.

2. Complète la phrase avec *quelle, quelles, qu'elle* ou *qu'elles*.

Je sais ... a un chien ; ... sorte de chien est-ce ?

➤ CORRIGÉS PAGE 392

Voir aussi **Déterminants**

Adjectifs indéfinis

Il a acheté **plusieurs** sacs de billes.

La quantité de sac de billes n'est pas précisée : elle n'est pas définie. **Plusieurs** est un **adjectif indéfini**.

Définition

- **L'adjectif indéfini est un déterminant du nom** qui fait partie du groupe nominal. Il se place devant le nom.
- Il désigne quelque chose de manière plus ou moins précise : ***aucun, certain, nul, plusieurs, quelque, tout…***

  Certaines plantes sont toxiques. J'ai **quelques** amis.

Formes de l'adjectif indéfini

FORME SIMPLE	aucun, autre, certain, chaque, divers, plusieurs, quelque, nul, tel, tout	Je vois **autre** chose. **Plusieurs** sorties sont prévues.
FORME COMPOSÉE	n'importe quel, pas un…	Il ne lit pas **n'importe quel** livre.

Accord des adjectifs indéfinis

- ***Aucun*** **s'accorde en genre** (masculin ou féminin) avec le nom qu'il détermine mais rarement en nombre. Il est presque toujours au singulier.

  Il ne reste **aucune** trace de son passage.

Il s'emploie au pluriel devant des noms qui n'ont pas de singulier : aucuns frais, aucunes mœurs, aucunes fiançailles.

• ***Quelque* s'accorde en nombre** avec le nom qu'il détermine.

Il vend **quelques** jeux.

• ***Nul* s'accorde en genre** avec le nom qu'il détermine.

Il n'a **nulle** envie de sortir.

Nul s'emploie rarement au pluriel : nuls regrets/nulles paroles.

• ***Certain, tel* et *tout* s'accordent en genre et en nombre** avec le nom qu'ils déterminent.

Certains aliments sont gras. **Telles** réponses sont fausses.
Tous les enfants rient.

Piège à éviter

Chaque est toujours au singulier : **Chaque** enfant rit.

Plusieurs est toujours au pluriel : J'ai **plusieurs** camarades.

GRAMMAIRE

Adjectif qualificatif ou adjectif indéfini

Nul et ***certain*** peuvent s'employer comme adjectifs qualificatifs, leur sens est alors différent.

Mon oncle a un **certain** âge. (adj. qualificatif → mon oncle est assez âgé)

Certains enfants jouent. (adj. indéfini → quelques enfants jouent, pas tous)

Adverbe ou adjectif indéfini

Tout et ***quelque*** peuvent s'employer comme adverbes. Ils sont alors invariables et ont un sens différent.

Ils sont **tout** contents. (adverbe → ils sont très contents)

Tous les jours tu bois du thé. (adjectif indéfini → chaque jour...)

Exercice

Accorde les adjectifs indéfinis, lorsque c'est nécessaire.

Tou... les soirs et chaque.... matin, je passe quelque... minutes à vérifier qu'il ne manque aucun... fourniture dans mon cartable.

➤ CORRIGÉS PAGE 392

Voir aussi **Déterminants**

Adjectifs possessifs, adjectifs démonstratifs

Entrons dans **ce** magasin. J'espère y trouver un poster pour **ma** chambre.

ce sert à montrer un magasin particulier. C'est un **adjectif démonstratif**.
ma, qui détermine *chambre*, signifie que cette chambre m'appartient. C'est un **adjectif possessif**.

Définition

• Les adjectifs possessifs (***mon, ton, sa***...) et les adjectifs démonstratifs (***ce, cet, cette, ces***) sont des déterminants du nom. Ils se placent avant le nom ou le groupe nominal.

• **Les adjectifs possessifs** indiquent que la personne, l'animal ou l'objet dont on parle a un **possesseur** (personne à qui appartient l'objet). Ils permettent d'identifier ce possesseur.

Léo joue avec **son** chien. (Le chien est à Léo.)

• **Les adjectifs démonstratifs** servent à **désigner, à montrer** une personne, un animal ou un objet.

Cet imperméable te va bien.

Accord des adjectifs possessifs

Les adjectifs possessifs s'accordent avec l'**objet possédé.**

	SINGULIER	PLURIEL
MASCULIN	mon, ton, son, notre, votre, leur **ton** sac	mes, tes, ses, nos, vos, leurs **leurs** enfants
FÉMININ	ma, ta, sa, notre, votre, leur **sa** montre	mes, tes, ses, nos, vos, leurs **leurs** robes

Valeur des adjectifs démonstratifs

• **Les adjectifs démonstratifs** (*ce, cet, cette, ces*) **permettent de mettre en relief** ou en valeur une personne, un animal ou un objet dont on a déjà parlé.

> **Paul** vient de battre un record en course. **Ce** garçon a de l'avenir en athlétisme.

• **En ajoutant** ***-ci*** **ou** ***-là***, on obtient la forme composée des adjectifs démonstratifs :

– pour insister :

> C'est à **cette** condition-**ci** que je l'achète.

– pour marquer la proximité ou l'éloignement :

> Donne-moi **ce** marteau-**ci**, juste devant toi et **cette** pince-**là**, sur l'étagère.

Piège à éviter

Il ne faut pas confondre ***ses*** (adjectif possessif) et ***ces*** (adjectif démonstratif) qui se prononcent de la même façon.

Pour ne pas se tromper, on peut mettre le groupe nominal au singulier.

> **Ces** singes m'amusent. → **Ce** singe m'amuse.
> (*ce* est un adjectif démonstratif)
>
> Mon frère a fini **ses** devoirs. → Mon frère a fini **son** devoir.
> (*son* est un adjectif possessif)

Exercice

Souligne les adjectifs possessifs en bleu et les adjectifs démonstratifs en rouge.

Mes amis ont redécoré leur chambre. Cette couleur vive et ces motifs en relief correspondent à mes goûts. Cependant, leurs rideaux me plaisent moins : ce tissu est trop sombre pour cette pièce.

➤ CORRIGÉS PAGE 392

Voir aussi **Déterminants**

GRAMMAIRE

Adjectifs qualificatifs

Le chat mange du poisson **cru**.

adjectif qualificatif

L'adjectif **cru** précise, **qualifie** le nom *poisson*.
C'est un **adjectif qualificatif**.

L'adjectif qualificatif indique une qualité ou une caractéristique du nom ou du groupe nominal auquel il se rapporte. Il précise l'image que l'on se fait de ce nom.

J'aime les haricots **rouges**.

La fonction épithète

• **L'adjectif qualificatif peut occuper la fonction épithète.** Il est directement rattaché au nom qu'il qualifie. C'est une **expansion du nom** ou du groupe nominal.

Les pêches **mûres** sont délicieuses.
(Seules les pêches qui sont mûres sont délicieuses, les autres non.)

• **Lorsque plusieurs adjectifs épithètes qualifient un nom**, ils peuvent être placés avant, après ou de chaque côté du nom. On peut supprimer l'adjectif : la phrase garde un sens.

Nous avons un **petit** chien **noir**. Nous avons un chien.

• **L'adjectif épithète s'accorde en genre et en nombre** avec le nom auquel il se rattache.

Vous avez des poissons **rouges**.

La fonction apposé

• **L'adjectif qualificatif peut être mis en apposition.** On dit qu'il est apposé. Il est **séparé** du nom qu'il qualifie par une **virgule** et peut indiquer pourquoi un événement a eu lieu.

Distrait, le conducteur a provoqué un accident.
(L'accident s'est produit parce que le conducteur était distrait.)

• **L'adjectif apposé peut se trouver avant ou après** le nom.

Le conducteur, **distrait**, a provoqué un accident.

• **L'adjectif apposé s'accorde en genre et en nombre** avec le nom auquel il se rattache.

Les fillettes, **heureuses,** chantaient à tue-tête.

La fonction attribut du sujet

• **L'adjectif qualificatif peut avoir pour fonction attribut du sujet.** Il est lié au sujet qu'il qualifie par un **verbe d'état** comme les verbes *être, sembler, paraître, devenir, rester, demeurer, avoir l'air...* Il appartient au **groupe verbal.** Le conducteur est **distrait**.

• **L'adjectif attribut s'accorde en genre et en nombre avec le nom** qu'il qualifie. Mes voisines semblent **fatiguées**.

Astuce

Pour reconnaître les fonctions de l'adjectif :

- **adjectif collé** au nom → **épithète**
- **adjectif séparé** du nom par une **virgule** → **apposé**
- **adjectif séparé** du nom par un **verbe d'état** → **attribut**

Exercice

Indique la fonction des adjectifs qualificatifs soulignés.

Les enfants semblent contents de leur voyage scolaire. Fatigués, ils se jettent sur leur lit douillet en rentrant à la maison. Parents et enfants sont ravis de se retrouver après une longue absence.

➤ CORRIGÉS PAGE 392

Voir aussi **Accord dans le GN, Attribut du sujet, Nature et fonction**

Adverbes

Le sportif court **vite**.
adverbe

vite indique comment le sportif court. Il précise la façon dont se déroule l'action du verbe *courir*. C'est un **adverbe**.

Définition

- L'adverbe précise comment et dans quelles circonstances se déroule une action. Il est invariable, il ne change jamais de forme.
  Le bébé dort **bien**. Les bébés dorment **bien**.
- L'adverbe peut être déplacé sans modifier le sens de la phrase.
  Je voyage **souvent**. **Souvent**, je voyage.

Rôle de l'adverbe

L'adverbe modifie et précise le sens :
– d'un **verbe** : David travaille **beaucoup**.
– d'un **adjectif** : C'est un **très** beau château.
– d'un **adverbe** : Kevin écrit **particulièrement** mal.
– de toute une **phrase** : **Heureusement**, tu es venu !

Formes de l'adverbe

L'adverbe peut être constitué d'un mot *(hier, vite, lentement)* ou d'un groupe de mots *(tout à coup)*.

Sens de l'adverbe

- **L'adverbe peut préciser des circonstances**, c'est un complément circonstanciel. Il indique :
– le temps : *aujourd'hui, demain, avant-hier*

– le lieu : *ailleurs, autour, devant, dehors, ici, là-bas, partout*
– la manière : *ainsi, bien, debout, plutôt,* et tous les adverbes terminés par *-ment,* comme *facilement, lentement…*
– la quantité ou l'intensité : *assez, moins, peu, beaucoup, très.*

• **L'adverbe peut exprimer l'opinion**, comme :
– l'affirmation : *oui, vraiment, certainement, volontiers.*
– la négation : *non, ne… pas, ne… plus, ne… jamais, ne… rien.*
– le doute : *peut-être, probablement, sans doute.*

• L'adverbe peut aussi relier deux propositions : *c'est-à-dire, cependant, néanmoins, en effet.*

Place de l'adverbe

L'adverbe peut être déplacé dans une phrase sans que sa fonction change.

Demain, je partirai. Je partirai **demain.**

Piège à éviter

• En général, **l'adverbe** *tout* **est invariable.**

Il est **tout** content. Ils sont **tout** contents.

• **L'adverbe *tout* s'accorde au féminin** singulier et au féminin pluriel lorsqu'il modifie le sens d'un adjectif commençant par une consonne.

Elle est **toute s**urprise. Elles sont **toutes s**urprises.

Exercice

Complète par un adverbe : *toute, toujours, très, maintenant, mieux, hier, là.*

… le petit garçon était … mécontent parce que sa voiture était … cassée. « Je l'avais laissée… . C'est … comme ça, quand je laisse mes jouets. …. je les surveillerai … », dit-il.

➤ CORRIGÉS PAGE 392

Voir aussi **Mots invariables**

Articles définis, indéfinis et partitifs

Le portable de Mathieu sonne souvent.
Il a **une** sonnerie amusante.

Le mot **Le** accompagne le nom *portable*. Il le définit comme étant celui de Mathieu, c'est un **article défini**. Le mot **une** accompagne le nom *sonnerie*. Il ne le définit pas, ne le distingue pas, c'est un **article indéfini**.

Définition

Les articles (définis, indéfinis, partitifs) sont des déterminants du nom. Ils se placent devant le nom.

J'ai loué **une** paire de patins à **la** patinoire.

J'ai ajouté **du** sucre dans mon thé.

Articles indéfinis

Les articles indéfinis *un, une, des* s'emploient lorsqu'on ne sait pas précisément quelle est la personne, l'animal ou la chose que désigne le nom.

J'ai aperçu **une** voiture de sport devant chez moi.
(C'est la première fois que je vois cette voiture.)

Articles définis

- **Les articles définis *le, la, l', les*** s'emploient lorsqu'on connaît déjà la personne, l'animal ou la chose que désigne le nom.

  J'ai aperçu **la** voiture de sport du voisin.
  (Je connais cette voiture, je l'ai déjà vue.)

- **L'article défini élidé *l'*** s'emploie devant un nom singulier commençant par une voyelle : **l'**éléphant du zoo.

Piège à éviter

Ne confonds pas articles définis et pronoms. ***Le, la, l', les*** sont des pronoms personnels lorsqu'ils remplacent un nom et complètent un verbe : ils sont placés devant le verbe, contrairement aux articles, placés devant le nom.

Mon père a ramassé des champignons. Il **les** a épluchés.

Articles définis contractés

Les articles définis contractés *au, aux, du* et ***des*** sont formés de l'association d'une préposition et d'un article défini.

à + le → au : Elle parle **au** pharmacien.

à + les → aux : Elle envisage de partir **aux** Caraïbes.

de + le → du : Il revient **du** Mexique.

de + les → des : Tu te souviens **des** vacances.

Articles partitifs

- **Les articles partitifs *du, de la, de l'*** et ***des*** s'emploient devant un nom pour désigner une certaine quantité que l'on ne peut pas compter.

  J'ai acheté **du** pain brioché. (Attention ! *pain brioché* est COD.)

- Dans une phrase à la forme négative, ***du, de la***, et ***de l'*** deviennent ***de***.

  Il a acheté **du** pain. Il n'a pas acheté **de** pain.

  Il a acheté **de la** farine. Il n'a pas acheté **de** farine.

Exercice

Souligne les articles et indique leur nature (article défini, article indéfini, article partitif).

Un jour, j'ai rencontré un chien abandonné dans la rue. Le chien m'a regardé, les oreilles dressées, quand je l'ai appelé. Il m'a suivi jusque chez moi et je lui ai donné de l'eau à boire.

➤ CORRIGÉS PAGE 392

Voir aussi **Déterminants**

Attribut du sujet

La Terre est **bleue.**

sujet — verbe d'état — attribut du sujet

Le verbe *être* donne, **attribue** au sujet « La Terre » une couleur particulière : **bleue**.

Définition

L'attribut du sujet permet de dire ce qu'est ou ce que semble être le **sujet**. Il indique la qualité attribuée à une personne, un animal ou un objet.

Ce chien est **affectueux**. Ce chien semble **hargneux**.

Verbes d'état

- L'attribut du sujet est relié à son sujet par un verbe, comme *être, demeurer, rester, sembler, paraître, avoir l'air (de), devenir.*
- On les appelle **verbes d'état**, par opposition aux verbes d'action *(marcher, chanter).*

– *Être, demeurer, devenir, rester* indiquent **comment est le sujet** :

Sophie **est** sage, elle **reste** attentive en classe.

– *Sembler, paraître, avoir l'air de* indiquent **l'impression que l'on a du sujet** :

La pause **paraît** courte aux musiciens.

Lise **a l'air** gaie.

Nature de l'attribut

L'attribut du sujet peut correspondre à des mots de natures différentes. Le plus souvent, l'attribut du sujet est un **adjectif qualificatif**. Il fait partie du groupe verbal et est essentiel (il ne peut pas être supprimé).

- Adjectif qualificatif : Le vendeur est **aimable**.
- Nom propre : Ma tante se nomme **Hélène**.
- Groupe nominal : Le lézard est **un reptile**.
- Verbe à l'infinitif : Son objectif est de **progresser**.
- Pronom personnel : Il était submergé de travail et était ravi de **l'**être.

Accord de l'adjectif attribut

L'adjectif attribut du sujet s'accorde en genre et en nombre avec son sujet.

Les nageuses semblaient épuisées après la compétition.
sujet féminin pluriel — attribut féminin pluriel

Piège à éviter

Pour ne pas confondre la fonction attribut du sujet avec la fonction complément d'objet, vérifie que le verbe qui précède l'attribut est un verbe d'état qui peut se remplacer par le verbe *être*.

Mon ami se nomme **Léo**. attribut → Mon ami est Léo

Mon ami a encouragé **Léo**. COD → Mon ami ≠ Léo

Exercice

Souligne les attributs du sujet et indique leur nature.

Cette fillette, dans le manège, est ma cousine. Elle se nomme Sophie. Elle dit qu'elle n'est pas impressionnée, mais elle semble l'être.

➤ CORRIGÉS PAGE 392

Voir aussi **Verbe, Adjectifs qualificatifs**

Comparatif et superlatif

Le léopard est **plus** rapide **que** la gazelle.
adjectif qualificatif
Le léopard est **le plus** rapide des animaux.

plus... que permet de **comparer** la rapidité du léopard par rapport à un autre animal : la gazelle. C'est un **comparatif**.
le plus permet de dire que la rapidité du léopard est **supérieure** à celle de tous les autres animaux. C'est un **superlatif**.

Définition

Pour comparer, mesurer la force ou l'intensité entre deux ou plusieurs choses, on emploie le comparatif et le superlatif qui indiquent les degrés de l'adjectif.

- **Le comparatif s'emploie pour comparer** deux ou plusieurs êtres animés ou inanimés ou idées.
  Tom est **plus** fort **que** Sam.
- **Le superlatif** indique que, parmi un ensemble d'êtres animés, inanimés ou d'idées, l'un ou certains d'entre eux possèdent une caractéristique supérieure ou inférieure à celle de tous les autres.
  L'or est **le plus** précieux des métaux.

Degrés de l'adjectif qualificatif

- Comparatif de supériorité : ***plus... que***
  Les loups sont **plus** forts **que** les agneaux.
- Comparatif d'infériorité : ***moins... que***
  L'aluminium est **moins** lourd **que** le plomb.
- Comparatif d'égalité : ***aussi... que***
  La viande est **aussi** nourrissante **que** le poisson.

- Superlatif de supériorité : ***le plus***.

  C'est **le plus** cher des jouets.

- Superlatif d'infériorité : ***le moins***.

  C'est **le moins** cher des jouets.

Degrés de l'adverbe

- Comparatif de supériorié : *plus... que*
- Comparatif d'infériorité : *moins... que*
- Comparatif d'égalité : *aussi... que*

  Le beau temps s'installe **moins** vite **que** prévu.
  adverbe

Comparatifs et superlatifs irréguliers

Certains comparatifs de supériorité et superlatifs sont irréguliers.

bon → meilleur / le meilleur   **mauvais** → pire / le pire

Mes résultats sont **meilleurs** que les tiens.
Le temps d'aujourd'hui est **le pire** de toute la semaine.

Piège à éviter

Le comparatif de supériorité de ***mauvais*** est ***pire***. Mais le comparatif d'infériorité de ***mauvais*** est ***moins mauvais***.

Mes résultats sont **pires que** les tiens, mais ils sont **moins mauvais que** ceux de Marie.

Exercice

Pour chaque groupe de mots soulignés, s'agit-il d'un comparatif ou d'un superlatif ? de supériorité ou d'infériorité ?

Cet exercice de maths est le plus facile de tous ceux de la page. J'ai trouvé le numéro 5 moins difficile que le numéro 8, mais le numéro 9 me semble encore pire que le numéro 8. C'est le moins intéressant.

➤ CORRIGÉS PAGE 392

Voir aussi **Adjectifs qualificatifs, Adverbes**

Complément circonstanciel

Le singe grimpe **rapidement** **dans l'arbre.**
Comment ? Où ?

rapidement indique **comment** le singe grimpe.
dans l'arbre indique **où** il grimpe.
Ces compléments circontanciels indiquent les circonstances de l'action de grimper.

Définition

Le **complément circonstanciel** indique différentes **circonstances** (où, quand, comment) dans lesquelles se déroule l'action. Il complète le sens de la phrase.

Des compléments non essentiels

Le complément circonstanciel (CC) est un complément non essentiel dans la phrase.

- On peut le **déplacer** à l'intérieur de la phrase.

  Il neige **en hiver**. **En hiver**, il neige.
- On peut aussi le **supprimer** : Il neige.

Le complément circonstanciel de lieu

Le CC de lieu donne des informations sur le lieu de l'action. Il répond à la question **où ? D'où ?** Le cirque s'installe **sur la place du village**.

Le complément circonstanciel de temps

Le CC de temps donne des informations sur le temps de l'action. Il répond à la question **quand ? Combien de temps ?**

Les roses fleurissent **en juin**.

Le complément circonstanciel de manière

Le CC de manière donne des informations sur la manière dont se déroule l'action. Il répond à la question **comment** ?

Mon père brosse ses chaussures **avec soin**.

Autres compléments circonstanciels

Elle est trempée **à cause de la pluie**. Il a fermé la porte **avec sa clé**.

CC de cause — CC de moyen

Nature du complément circonstanciel

Un complément circonstanciel peut avoir des natures différentes :

- Groupe nominal : **L'été,** le soleil se lève tôt.
- Groupe nominal + préposition : Le chat dort **dans la grange**.
- Pronom personnel (*en, y*) : Je viens de Lyon et j'**y** retourne demain.
- Adverbe : Je joue **souvent** au ping-pong.
- Proposition : **Quand le coq chante**, la basse-cour se réveille.

Piège à éviter

Il ne faut pas confondre ***en*, pronom**, complément circonstanciel de lieu avec ***en*, préposition**.

Je suis allé à Lyon et j'**en** suis revenu mardi (pronom, CC lieu).

J'habite **en** France (préposition indiquant un lieu).

Remplace ***en*, pronom**, par le groupe nominal ***de Lyon***.

Exercice

Souligne les compléments circonstanciels et indique pour chacun s'il s'agit du temps, du lieu ou de la manière.

Au mois de juillet, nous séjournons à Nice et nous en revenons une semaine avant la rentrée des classes. Nous y passons très agréablement l'été. Nous apprécions beaucoup le climat méditerranéen.

➤ CORRIGÉS PAGE 393

Voir aussi **Prépositions**

Complément d'objet direct (COD)

Éva découvre **un trésor.**

quoi ? → COD

un trésor répond à la question : « qu'est-ce qu'Éva découvre ? », **un trésor** est COD.

Définition

• **Le complément d'objet direct** (COD) est appelé ainsi parce qu'il complète un verbe auquel il est rattaché **directement**, sans préposition. Il indique sur quoi porte l'action du verbe.

Le chien attrape **le chat.**

• **Le COD est un complément essentiel** car on ne peut **ni le supprimer, ni le déplacer** sans rendre la phrase incompréhensible ou sans en changer le sens.

Repérage du COD

Le COD est le mot ou le groupe de mots qu'on peut encadrer par ***c'est… que*** ou ***ce sont… que***, suivi du sujet et du verbe.

C'est **un trésor** qu'Éva découvre.

Le COD répond à la question « qu'est-ce qu'Éva découvre ? »

Place du COD

• **Si le COD est un groupe nominal**, il est placé après le verbe. Il subit l'action du verbe. Pierre bat **Paul.**

• **Si le COD est un pronom personnel** (*me, te, le, la, l', les, nous, vous, leur*), il se place avant le verbe. Sophie **te** regarde.

Nature du COD

- Nom propre : J'ai rencontré **Victor.**
- Groupe nominal : Sam collectionne **les timbres**.
- Pronom personnel : Marine, vous **l'**avez déjà vue.
- Verbe à l'infinitif : Nous aimons **jouer**.
- Proposition : Je sais **que tu cuisines bien**.

Astuce

Certains groupes nominaux COD sont introduits par un article partitif (***du***, ***de la*** ou ***des***) qui indique une certaine quantité.

Tu as mangé **de la purée**. (Tu as mangé **quoi ?**)

À ne pas confondre avec la préposition ***de*** qui introduit un COI.

Tu parles **de** tes vacances. (Tu parles **de quoi** ?)

Verbes transitifs - verbes intransitifs

- **Certains verbes transitifs** se construisent toujours avec un COD.

  Nous apercevons **le château fort**. (COD)

- **Certains verbes transitifs** se construisent avec ou sans COD.

  Il chante **un air connu**. (COD) Il chante.

- **Les verbes intransitifs** *(rire, partir…)* ne sont jamais suivis d'un COD. Nous partons demain. (CC de temps)

Piège à éviter

Après un verbe d'état (*être, sembler…), on ne trouve jamais de COD, mais un attribut du sujet. Léa est **une jeune athlète**.

Exercice

Souligne les COD.

À la plage, j'adore me promener. J'ai vu des crevettes dans une mare. J'ai plongé mon épuisette dans l'eau. Je sais que maman les préparera pour le repas.

➤ CORRIGÉS PAGE 393

Voir aussi **Complément de verbe**

Complément d'objet indirect (COI) et COS

Tu parles **de** tes vacances **à** tes amis.
verbe — COI — COS

tes vacances est relié au verbe *parler* par la **préposition *de***. Il permet de savoir **de quoi l'on parle**. **tes amis** est relié au verbe *parler* par la **préposition *à***. Il permet de savoir **à qui l'on parle**.

Définition

• **Le complément d'objet indirect** (COI) complète le verbe auquel il est rattaché à l'aide d'une préposition (***à*, *de*...**).

• **C'est un complément essentiel** qu'on ne peut ni supprimer ni déplacer. Il répond à la question : *à qui ? à quoi ? de qui ? de quoi ?*

Je pense **à ma grand-mère.** (Je pense à qui ?)

Place du COI

• Le COI est en général placé **après le verbe**. Il écrit à **ses amis**.

• Lorsque le COI est un **pronom personnel**, il se place **avant le verbe**.

Je **lui** réponds.

Nature du COI

• Groupe nominal : J'écris **à ma sœur**.

• Le pronom personnel est différent selon qu'il concerne :

– un animé, comme une personne ou un animal (*lui, elle, eux, elles*).

J'ai parlé à Manon. → Je **lui** ai parlé.

– un inanimé, comme un objet, un lieu, une idée... (*en*).

J'ai parlé de ta voiture. → J'**en** ai parlé.

• Pronom indéfini : Il ne pense **à rien**.

• Verbe à l'infinitif : Il pense **à venir**.

Verbes introduisant le COI

Les verbes qui introduisent un COI se construisent avec ***à***, ***de*** ou ***en*** (*écrire à, discuter de, se plaindre de/à, parler à/de, croire à/en*).

Je me plains **à** ma tante. (C'est à ma tante que je me plains.)

Je me plains **de** ma tante. (Je me plains à propos de ma tante.)

Emploi des articles définis contractés

Lorsqu'elle introduit un COI commençant par ***le*** ou ***les***,

– la préposition ***à*** se contracte avec l'article défini → ***au, aux.***

Je parle **au** (à+le) **boulanger** et **aux** (à+les) **clients**.

– la préposition ***de*** se contracte avec l'article défini → ***du, des***.

Il s'étonne **du** (de+le) **bruit** et **des** (de+les) **odeurs**.

Le complément d'objet second

• Lorsque la phrase comporte déjà un COD ou un COI, le deuxième complément s'appelle un complément d'objet second (COS) ou complément d'attribution.

• Les verbes comme *donner, offrir, envoyer, parler, dire* se construisent avec un COD et un COS.

J'ai donné un timbre (COD) **à ma sœur** (COS).

Piège à éviter

Ne confonds pas ***leur*, pronom COI** avec ***leur*, adjectif possessif.**
Pour repérer le COI, tu dois remplacer ***leur*** par ***lui***.

Je **leur** dis bonjour. Je **lui** dis bonjour. (pronom COI)

Je connais **leur** fille. (adjectif possessif)

Exercice

Souligne en bleu les COI et en rouge les COS.

Le touriste s'étonne de l'immensité de la ville. Il s'arrête et s'adresse à un habitant. Il demande son chemin à cet homme.

➤ CORRIGÉS PAGE 393

GRAMMAIRE

Voir aussi **Complément d'objet direct (COD)**

Complément de verbe, Complément de phrase

Le kangourou se nourrit **d'herbes.**

verbe ← complément

Le paysan a fauché son champ **avant la pluie.**

phrase ← complément

d'herbes complète le verbe *se nourrit* : c'est un **complément de verbe**. **avant la pluie** complète l'ensemble de la phrase : c'est un **complément de phrase**.

Définition

- **Le complément de verbe complète le verbe** en apportant des informations. C'est un **complément essentiel** que l'on peut rarement déplacer ou supprimer.

  Le singe mange **une banane.**

- **Le complément de phrase complète l'ensemble de la phrase** et pas seulement le verbe. Il précise le sens de la phrase en apportant des informations supplémentaires. C'est un **complément non essentiel** que l'on peut déplacer ou supprimer.

  Pour Noël, son père lui a offert une raquette.

  Son père lui a offert une raquette **pour Noël.**

Différents compléments de verbe

- Le complément de verbe peut être rattaché au verbe :

– directement (COD) : Tu bois **un jus d'orange**.

– indirectement, à l'aide d'une préposition introduisant :

  - un COI : Tu téléphones **à ton cousin**.
  - un COS : Tu écris une lettre **à ta sœur**.

Place du complément de verbe

Le complément de verbe est placé après le verbe qu'il complète. Il est rarement déplaçable.

Mon père a **une nouvelle voiture**.

Différents compléments de phrase

Les compléments de phrase sont des compléments circonstanciels de :
- temps : Il est passé nous voir **avant le déjeuner**.
- lieu : J'irai **dans les Vosges**.
- cause : Il aide ses amis **par générosité**.

Attention ! Le verbe ***aller*** est suivi d'un complément circonstanciel de lieu qu'on ne peut ni déplacer ni supprimer : il est essentiel.

Nous allons **en Alsace**.

Piège à éviter

L'adverbe peut être un complément de verbe ou un complément de phrase.

Cette voiture démarre **vite**. (complément de verbe)

Vite, il faut rentrer à la maison. (complément de phrase)

GRAMMAIRE

Exercice

Souligne les compléments de verbe et entoure les compléments de phrase.

Au mois de mars, le jardinier a semé des graines dans son potager. Il voulait cultiver des salades et des poireaux pour les vendre aux touristes, sur le marché. Malheureusement, la gelée a détruit sa récolte.

➤ CORRIGÉS PAGE 393

Voir aussi **COD, COI, Complément circonstanciel**

Complément du nom

Cette cravate **à pois** est un cadeau.
nom — complément du nom

pois est lié au nom *cravate* par la préposition ***à*** ;
il complète le sens du nom *cravate*.
pois est un nom complément du nom.

Définition

Le complément du nom donne une précision sur le nom qu'il complète. C'est une expansion du nom.

Anissa met un morceau **de sucre** dans son café.

Vincent a acheté un vase **en porcelaine**.

Complément du nom et prépositions

Le complément du nom est introduit le plus souvent par une préposition :

- de : une paire de **gants**
- à : un coffret à **bijoux**
- en : une bague en **or**
- par : la division par **dix**
- sur : une fenêtre sur **cour**
- contre : un vaccin contre **la rage**
- pour : un shampoing pour **cheveux secs**

Rapports entre nom et complément du nom

La préposition ***de*** peut indiquer différents rapports entre le nom et son complément du nom.

la guerre **de Troie** (lieu)
un cri **de joie** (cause)
les fêtes **de Noël** (temps)
une feuille **de papier** (matière)
la maison **de mon cousin** (possession)
une robe **de soirée** (destination)

Piège à éviter

Le rapport de possession entre un nom et son complément de nom s'exprime à l'aide de la préposition ***de***.

On dit : le chapeau de papa et non ~~le chapeau à papa~~.

Nature du complément du nom

Le complément du nom peut appartenir à des catégories grammaticales différentes.

- Nom propre : le manteau **de Louis**
- Nom commun : une boîte **à chaussures**
- Groupe nominal : la maison **du coin de la rue**
- Pronom : la participation **de tous**, la confiance **en soi**
- Adverbe : les gens **d'ici**
- Infinitif : un fer **à repasser**
- Proposition relative : le blouson **que j'ai acheté**

Place du complément du nom

Le complément du nom est en général placé :

– après le nom qu'il complète. C'est le cas dans la plupart des phrases affirmatives :

Ce fermier est un grand producteur **de maïs**.

– avant le nom qu'il complète, dans des phrases interrogatives :

De quelles céréales ce fermier est-il producteur ?

Exercice

Souligne les compléments du nom.

Le boulanger de mon quartier cuit du pain. Il se sert de farine de seigle. La cliente met ses baguettes dans un panier en osier, puis elle enfile ses gants de cuir avant de pousser la porte de la boutique.

➤ CORRIGÉS PAGE 393

Voir aussi **Prépositions, Noms communs, Noms propres**

GRAMMAIRE

Conjonctions de coordination

Le clown rit **et** pleure.
verbe | verbe
conjonction de coordination

et coordonne deux verbes : *rit, pleure.*
C'est une conjonction de coordination.

Définition

Les conjonctions de coordination (***mais, ou, et, donc, or, ni, car***) relient des mots de même nature et de même fonction.

Il achète des fruits **et** des légumes.
GN/COD GN/COD

Nature et fonction des mots reliés par une conjonction de coordination

Les mots ou groupes de mots reliés par une conjonction de coordination sont de même nature et de même fonction.

Venez à huit heures **ou** à neuf heures.
groupe nominal/CCT groupe nominal/CCT

Il n'est **ni** orgueilleux **ni** vantard.
adjectif/attribut adjectif/attribut

Il chante **mais** il danse aussi.
verbe verbe

Propositions coordonnées

Une conjonction de coordination peut aussi relier des propositions qui sont l'une et l'autre indépendantes pour former une phrase complexe. Ces propositions sont alors coordonnées.

Je me lève tôt. La route est longue. (2 propositions indépendantes)

Je me lève tôt **car** la route est longue.

prop. indépendante conj. de coordination prop. indépendante

Sens des conjonctions de coordination

Chaque conjonction de coordination a un sens bien précis.

SENS	CONJONCTIONS DE COORDINATION	EXEMPLES
addition	et	Je mange du pain **et** du beurre.
alternative	ou	Elle viendra le matin **ou** le soir.
cause	car	Il se repose **car** il est malade.
conséquence	donc	J'ai faim, **donc** je mange.
négation	ni	Je ne bois **ni** thé **ni** café.
objection	or	Elle m'a attendu, **or** je ne suis pas venu.
concession	mais	Il gagne peu **mais** il économise.

Piège à éviter

Pour ne pas confondre **préposition** et **conjonction de coordination**, demande-toi quelle est la fonction des mots reliés. S'ils ont la même fonction, il s'agit d'une conjonction de coordination.

Un chien fougueux **mais** obéissant. (conj. de coordination)

épithète de *chien* épithète de *chien*

J'ai un paquet **de** bonbons. (préposition)

COD complément de nom

Exercice

Souligne les conjonctions de coordination.

Thibaud est parti à l'heure prévue, mais il n'est toujours pas arrivé au cinéma. Il s'est perdu en route ou il a bavardé. Il est entré dans la salle après le début de la séance : or, par chance, le film n'était pas encore commencé.

➤ CORRIGÉS PAGE 393

Voir aussi **Mots invariables**

Conjonctions de subordination

Le pêcheur s'impatiente **quand**
proposition principale — conjonction de subordination

le poisson ne mord pas.
proposition subordonnée

quand relie la proposition subordonnée conjonctive à la proposition principale.
quand est une conjonction de subordination.

Définition

• Une conjonction de subordination introduit une proposition subordonnée conjonctive. La proposition subordonnée conjonctive dépend d'une proposition principale.

Le pâtissier souhaite **que** la pâtissière vende tous ses gâteaux.
proposition principale — conjonction de subordination

• Les principales conjonctions de subordination sont : *que, quand, si, comme, lorsque…*

Forme des conjonctions de subordination

• Les conjonctions de subordination sont constituées d'un **seul mot** : *que, qu', quand…*

• Les locutions conjonctives de subordination sont constituées de **plusieurs mots** : *afin que, bien que, parce que, si bien que…*

Conjonctions et propositions subordonnées conjonctives

• **Les conjonctions *que, qu'*** introduisent une proposition subordonnée conjonctive complément d'objet (COD).

Nous savons **qu'il** fera beau demain. Nous savons quoi ?

• Toutes les autres conjonctions de subordination introduisent une proposition conjonctive circonstancielle (*lorsque, comme, puisque, si, s'*).

Lorsque le marché est fini, le poissonnier lave son étalage.

Le poissonnier lave son étalage quand ?

Sens des conjonctions et locutions de subordination

Les conjonctions et locutions de subordination introduisent différentes circonstances.

but	afin que, pour que
cause	parce que, puisque
condition	à condition que, si
conséquence	si bien que, de sorte que
concession	bien que, quoique
temps	quand, lorsque, dès que, avant que, comme

Piège à éviter

Attention au mode employé avec ***avant que*** et ***après que*** !

• La locution conjonctive *avant que* est suivie du **subjonctif**.

Il a annoncé un contrôle **avant que** nous soyons sortis.

• La locution conjonctive *après que* est suivie de **l'indicatif**.

Il a effacé le tableau **après que** nous sommes sortis.

Exercice

Complète par les conjonctions de subordination *qu', quand, puisqu'*.

Le skieur est tombé ... le remonte-pente s'est arrêté. Il a d'abord cru ... il pourrait remonter la piste pour rejoindre le groupe. Mais le moniteur lui a dit ... il était préférable de descendre. Le skieur a obéi .... il avait confiance en son moniteur.

➤ CORRIGÉS PAGE 393

Voir aussi **Propositions subordonnées**

Déterminants

Je cherche **un** sac, tu sais, **mon** sac rose, **le** sac qu'on m'a offert.

un, **mon** et **le** **déterminent** le nom ***sac***. Ce sont des **déterminants** du nom *sac*. **mon** indique à qui appartient le sac ; **le** dit de quel sac on parle, **un** permet simplement de dire qu'il s'agit d'un sac.

Définition

Le déterminant accompagne un nom commun, il se place devant lui.

ma voiture, **quelques** feuilles

Il s'accorde en genre et en nombre avec le nom commun.

mon skate, mes baskets, ma trousse

masculin singulier, pluriel, féminin singulier

Tableau des déterminants

NOM	RÔLE	SINGULIER	PLURIEL
articles définis	désignent des personnes, des animaux ou des objets connus	le, la, l'	les
articles indéfinis	désignent des personnes, des animaux ou des objets inconnus	un, une	des
articles partitifs	indiquent un nom non dénombrable (qu'on ne peut pas séparer en unités)	du, de l'	des
adjectifs démonstratifs	montrent des personnes, des animaux, des choses	ce, cet, cette	ces

NOM	RÔLE	SINGULIER	PLURIEL
adjectifs exclamatifs	marquent l'exclamation	quel, quelle	quels, quelles
adjectifs indéfinis	indiquent une quantité indéfinie ou nulle	aucun, chaque, nul, tout	certains, plusieurs, quelques
adjectifs interrogatifs	marquent l'interrogation	quel, quelle	quels, quelles
adjectifs numéraux	indiquent un nombre précis	un	deux, trois...
adjectifs possessifs	indiquent la possession	mon, ton, son, ma, ta, sa, notre, votre, leur	mes, tes, ses, nos, vos, leurs

GRAMMAIRE

Nom avec ou sans déterminant

- Un nom est presque toujours accompagné d'un déterminant.
- Un nom peut parfois s'employer sans déterminant après *avec, de*...

  Je découpe une image avec soin.

- Si le nom est accompagné d'un adjectif qualificatif, on utilise généralement un déterminant.

  Je travaille avec **un** grand soin.

- Un nom peut être accompagné de plusieurs déterminants.

  plusieurs autres personnes, **certains autres** événements

Exercice

Complète par le déterminant qui convient.

J'ai trouvé ... petit chat abandonné dans ... avenue de ... République. ... chaton était adorable. ... miaulements attendrissants il poussait ! Je l'ai adopté et c'est maintenant ... ami le plus fidèle.

➤ CORRIGÉS PAGE 393

Voir aussi **Articles, Adjectifs indéfinis..., Noms propres**

Féminin et pluriel, genre et nombre

Le fermier a **un lapin gris** et **des vaches blanches.**

un, **lapin** et **gris** sont des mots de genre masculin et de nombre singulier. **des, vaches, blanches** sont des mots de genre féminin et de nombre pluriel.

Définition

• **Le genre** sert à indiquer si un nom appartient à la catégorie du masculin ou à celle du féminin. Le dictionnaire indique le genre des noms : un homme (n.m.), une louve (n.f.).

• **Le nombre** sert à indiquer si le nom désignant la personne, l'animal, la chose ou l'idée est unique, donc au singulier, par opposition au pluriel : un verre, deux verres.

• L'adjectif qui accompagne le nom prend la marque du genre et du pluriel : un bon livre, des bons livres.

Accord en genre et en nombre

• **Lorsqu'un nom est au féminin**, le déterminant et l'adjectif qualificatif qui l'accompagnent portent la marque du féminin : un petit garçon, un**e** petit**e** **fille.**

• **Lorsqu'un nom est au pluriel**, le déterminant et l'adjectif qualificatif qui l'accompagnent portent la marque du pluriel : un grand lit, des grand**s** lit**s.**

Marques du féminin à l'oral

• **Dans les adjectifs terminés par une consonne**, on entend la marque du féminin : une souris gri**se.**

• **Dans les adjectifs terminés par une voyelle**, on n'entend pas la marque du féminin (le ***e*** est muet) : une fillette joli**e.**

Marques du pluriel à l'oral

Dans certains mots, on n'entend pas la marque du pluriel :

– la plupart des noms : des loup**s** / des ga**z** / des veau**x**

– la plupart des adjectifs : rouge**s** / haut**s** / grand**s** / boisé**s**

– des formes verbales terminées par ***-ent*** : ils cour**ent.**

Noms employés au singulier ou au pluriel

• **Certains noms ne s'emploient essentiellement qu'au singulier.** Ces noms désignent :

– la matière : l'or, l'argent, le métal ;

– des noms abstraits : l'orgueil, la charité, la bonté, le malheur ;

– le nom des sciences ou des arts : la chimie, la peinture.

• **Certains noms ne s'emploient qu'au pluriel** : archives, catacombes, confins, décombres, dépens, entrailles, fiançailles, frais, funérailles, mœurs, obsèques, ténèbres, vivres…

! Piège à éviter

Le genre de certains noms masculins fait souvent l'objet d'hésitations,

– soit parce qu'ils commencent par une voyelle :
alvéole, antre, astérisque, automne, emblème, insigne

– soit parce qu'ils sont le plus souvent au pluriel :
haltères, pétales, tentacules, viscères.

Exercice

Mets les groupes nominaux au féminin pluriel.

mon petit frère – un vélo noir – ce garçon distrait – un jour long – son cousin timide

➤ CORRIGÉS PAGE 394

Voir aussi **Féminin des noms, Pluriel des noms**

Nature et fonction

Mon voisin a **une nature** courageuse. L'entreprise a confié à mon voisin **plusieurs fonctions** : gardien, puis jardinier.

Mon voisin est courageux : c'est sa **nature** ; elle reste la même dans toutes les situations. De même, la **nature du mot voisin** ne varie pas. Dans les deux phrases, c'est un nom. La **fonction** de mon voisin a changé au cours de sa vie. De même, **la fonction du mot voisin** a varié : d'abord sujet, puis COI.

Définition

- **Un mot a toujours la même nature** quelle que soit sa place dans la phrase, c'est-à-dire qu'il appartient à une catégorie grammaticale et une seule. Le dictionnaire indique la nature des mots : balai : nom commun ; courir : verbe.
- **Un même mot peut occuper différentes fonctions.** La fonction, c'est comme le rôle que joue un acteur dans un film : le sujet fait souvent une action, l'objet la subit...

Le chat (sujet) miaule. Je caresse **le chat** (COD).

Deux natures pour un mot

Un mot peut appartenir à différentes catégories : le mot ***sourire*** peut être un nom s'il est précédé d'un déterminant, ou un verbe.

Il a fait un **sourire** (nom). Il ne sait pas **sourire** (verbe).

Différentes natures de mots

nom	tableau, chat…
déterminant	le, une, des, ma, ces, quelques…
adjectif qualificatif	grand, beau…
pronom	je, il, la, on…
verbe	ralentir, voir, partir…
conjonction de coordination	mais, ou, et, donc…
conjonction de subordination	que, quand…
préposition	par, pour, en, à, de, avec…
adverbe	vite, doucement, trop…
onomatopée	boum, crac…

Différentes fonctions

FONCTIONS D'UN NOM	sujet	Le **chat** miaule.
	COD	Je bois du **thé**.
	COI, COS	Je parle à **Sarah** de son **sac**.
	complément de nom	C'est le sac de ma **mère**.
	compl. circonstanciel	Je vais à **Lille**.

FONCTIONS D'UN ADJECTIF QUALIFICATIF	épithète	J'ai un **gentil** hamster.
	apposé	**Patient**, il guette sa proie.
	attribut du sujet	Il est **fatigué**. Il est **intelligent**.
	attribut du COD	Je trouve cette robe **sublime**.

GRAMMAIRE

Exercice

Indique la nature des mots en gras et la fonction des mots soulignés.

Le lion cruel poursuit la **gazelle** dans la savane. Il **tente** de la rattraper pour la dévorer. **Heureusement**, elle réussit à lui échapper.

➤ CORRIGÉS PAGE 394

Noms animés, noms inanimés

Simon enfile son nouveau **maillot** pour jouer avec ses **cousins**.

Simon et ses **cousins** sont des êtres vivants (animés) et **maillot** est un objet (inanimé).

Définition

Les noms communs sont divisés en deux groupes : les noms animés (un ours, un homme) et les noms inanimés (la table, le courage).

Noms animés

Les noms animés désignent des êtres vivants qui peuvent se déplacer par eux-mêmes. Ce sont les humains et les animaux.

un boulanger, un enfant, une fille, un chat, un éléphant

Noms inanimés

Les noms inanimés sont divisés en deux catégories : les noms concrets et les noms abstraits.

- **Les noms concrets** désignent des choses que nous pouvons toucher : un téléphone, un avion, une trousse, une balle.
- **Les noms abstraits** désignent :

– des phénomènes (la tempête),

– des événements (le mariage),

– des notions et des idées que l'on ne peut ni voir ni toucher (l'amitié, la pauvreté, la peur, l'honnêteté).

Remplacement par un pronom

Il est nécessaire de connaître la différence entre un nom animé et un nom inanimé quand il s'agit de les remplacer par un pronom. Certains pronoms interrogatifs et indéfinis changent de forme selon qu'ils remplacent un nom animé ou un nom inanimé.

Il voit son chat. **Qui** voit-il ?

Il voit sa bicyclette. **Que** voit-il ?

Il pense à son frère. Il pense à **lui**. Il pense à quelqu'un.

Il pense à ses résultats. Il **y** pense. Il pense à quelque chose.

Il rit de sa camarade. Il rit d'**elle**.

Il rit de ses blagues. Il **en** rit.

Piège à éviter

- **La préposition *chez*** introduit un complément circonstanciel de lieu correspondant à un **nom animé**.

  Il a rendez-vous chez **le boucher**. (animé)

- **La préposition *à*** introduit un complément circonstanciel de lieu correspondant à un **nom inanimé**.

  Il se rend à **la boucherie**. (inanimé)

Exercice

Indique si les noms en gras sont animés ou inanimés.

La **gourmandise** et la **paresse** sont deux **défauts** que possèdent de nombreuses **personnes**. Les **enfants** sont souvent attirés par les **sucreries**.

➤ CORRIGÉS PAGE 394

GRAMMAIRE

Voir aussi **Noms communs**

Noms communs, noms propres

Léonard de Vinci a peint plusieurs **tableaux**.

Léonard de Vinci désigne un peintre qui possède un nom qui lui est propre. C'est un **nom propre**.
tableaux désigne des objets. C'est un **nom commun**.

Définition

• **Le nom propre** ne désigne qu'un seul être ou qu'un seul lieu, il est unique. Il prend une majuscule.

Picasso, Paris.

• **Les noms communs** désignent l'ensemble des êtres vivants et des choses organisés en catégories : humains, animaux, objets, métiers, idées... Ils commencent par une lettre minuscule.

fillette, lion, dentiste, amitié

Nom propre et déterminant

• **On considère comme noms propres :** les prénoms, les noms de famille, les surnoms, les noms géographiques, les noms d'habitants d'un pays, d'une région ou d'une ville : Marie Durant, Fanfan, l'Espagne, Bourges, la Seine, un Français, un Breton.

• En général, les noms propres ne sont pas accompagnés d'un déterminant (Pierre), mais de nombreux lieux géographiques ainsi que le nom des habitants s'écrivent avec un déterminant : les Alpes, la Méditerranée, les Pyrénées, les Anglais.

• Les noms propres précédés ou suivis d'un adjectif peuvent être accompagnés d'un déterminant : mon cher Victor.

• Les noms propres n'ont pas de pluriel : les Dupont.

Nom commun et déterminant

Les noms communs sont le plus souvent accompagnés d'un déterminant qui peut être un article ou un adjectif :
– un article : un enfant, la fille, des garçons, de l'eau, du pain
– un adjectif possessif : mon enfant, un adjectif démonstratif : cet enfant, un adjectif indéfini : certains enfants.

Noms dénombrables, noms indénombrables

- **Les noms dénombrables** désignent des êtres ou des choses que l'on peut compter. Leur quantité varie. Elle est indiquée par des adjectifs numéraux ou indéfinis : un ballon, quelques ballons, vingt ballons.
- **Les noms indénombrables** désignent des êtres ou des choses que l'on ne peut pas séparer en unités et qui sont souvent précédés d'un article partitif : de l'eau, du sucre, de l'or, du courage, de l'intelligence, de la force...

GRAMMAIRE

Piège à éviter

Quelquefois des noms dénombrables sont employés comme noms indénombrables :

À midi nous avons dégusté du bœuf très tendre.
(au sens de la viande de bœuf)

Le nom *bœuf* est alors précédé de l'article partitif *du*.

Exercice

Souligne en bleu les noms propres et en rouge les noms communs.

Je me suis promenée près du Rhône avec Marc. Des péniches passaient sous les ponts et nous les avons regardées. Soudain, deux personnes nous ont appelés. C'étaient les Martin que nous n'avions pas vus depuis l'été dernier.

➤ CORRIGÉS PAGE 394

Voir aussi **Déterminants, Noms animés**

Phrases affirmative et négative

Pierre choisit le piranha. Il **ne** choisit **pas** le piranha.
phrase affirmative — phrase négative

La négation **ne... pas** qui entoure le verbe *choisit* indique que Pierre ne choisit pas le piranha.

Définition

• **La phrase affirmative** exprime qu'un fait a lieu, ou qu'on est d'accord avec quelqu'un.

• **La phrase négative** exprime qu'un fait ou un événement n'a pas lieu ou que l'on n'est pas d'accord avec quelqu'un.

Je **n'**ai **pas** vu ce spectacle. Il **n'**en est **pas** question.

Les mots de la négation

En règle générale, la négation est composée de deux mots. C'est une locution adverbiale : *ne… jamais, ne… plus, ne… rien, ne… personne.*

Place de la négation

• La négation encadre le verbe lorsqu'il est à un temps simple.

Je **ne** suis **pas** un menteur. Je **ne** la crois **plus**.

• La négation encadre l'auxiliaire lorsque le verbe est à un temps composé.

Tu **n'**as **pas** cru son histoire. Il **ne** nous a **pas** crus.

• La négation se place devant le verbe à l'infinitif.

J'ai peur de **ne rien** comprendre.

• La négation encadre le verbe lorsqu'il est à l'impératif.

Ne m'appelle **plus**.

Les articles et la négation

Lorsqu'on passe d'une phrase affirmative à une phrase négative, on remplace les articles indéfinis (*un, une, des*) ou les partitifs (*du, de la, des*) par *de* ou *d'*.

J'ai **un** chien. → Je **n'**ai pas **de** chien.
article indéfini

J'ai **de la** farine. → Je **n'**ai pas **de** farine.
article partitif

Emploi de *ni*

La conjonction *ni* peut coordonner deux mots.

Le plus souvent, la conjonction *ni* est répétée et la négation *ne... pas* est remplacée par *ne*.

Je **ne** bois **ni** café **ni** thé. Il **ne** nage **ni ne** plonge.

Emploi de *ne... que*

La locution adverbiale *ne... que* a le même sens que l'adverbe *seulement*. Elle exprime une restriction.

Je **n'**ai gagné **qu'**une seule fois.

GRAMMAIRE

Piège à éviter

Dans une phrase négative, il ne faut pas oublier à l'écrit le ***n'*** après ***on***, car il ne s'entend pas à l'oral.

On n'a pas terminé cette maquette.

Exercice

Mets ces phrases à la forme négative en employant des négations différentes. Pour l'une d'elles, emploie *ni... ni*.

Le professeur a un cartable en cuir. Il écrit au tableau avec une craie blanche. Les élèves ont sorti leur stylo et leur cahier.

➤ CORRIGÉS PAGE 394

Phrases déclarative, interrogative, exclamative, injonctive

Le coq chante. → phrase déclarative
Qui chante ? → phrase interrogative
Quelle voix il a ! → phrase exclamative
Faites-le taire. → phrase injonctive

Définition

Il existe quatre types de phrases :
- déclarative : Je mange un éclair au chocolat.
- interrogative : Que buvez-vous ?
- exclamative : Comme ces fraises sont sucrées !
- injonctive : Arrêtez immédiatement.

Ces phrases peuvent être affirmatives ou négatives.

La phrase déclarative

La phrase déclarative permet d'affirmer une opinion, de donner une information ou de raconter un événement. Elle se termine par un **point**.

Ma maison a été cambriolée. Je n'aime pas les films policiers.

La phrase interrogative

• La phrase interrogative permet de formuler une question. Elle se termine par un **point d'interrogation**. Il existe trois façons de poser une question : Viens-tu ? Est-ce que tu viens ? Tu viens ?

• Il y a deux types de questions :

– **L'interrogation totale** porte sur toute la phrase. La réponse attendue est *oui* ou *non*. – Viens-tu ? – Non !

– **L'interrogation partielle** porte sur une partie de la phrase et est introduite par un pronom interrogatif (*qui, lequel, à quoi, comment…*). La réponse attendue donne l'information.

– Comment es-tu venu ? – En train !

La phrase exclamative

La phrase exclamative se termine par un **point d'exclamation**. Elle permet d'exprimer un sentiment, comme la surprise, l'intérêt, la joie, la colère ou l'envie. Quelle chance tu as !

La phrase injonctive

- La phrase injonctive permet de donner un ordre, un conseil ou d'exprimer un souhait ou une interdiction. Elle se termine par un **point** ou un **point d'exclamation**.
- On emploie souvent un verbe à l'impératif. Dépêche-toi !
- On peut également employer : « il faut que », « tu dois », « tu devrais ». Il faut que tu travailles. Tu devrais m'écouter.
- Parfois la phrase injonctive ne contient pas de verbe. Silence, là-bas !

Astuce

Pour ne pas confondre la phrase injonctive et la phrase exclamative, il faut se demander si la phrase contient un verbe conjugué à l'impératif ou précédé d'une formule comme « tu dois » ou « il faut que ». Dans ce cas, c'est une phrase injonctive car elle donne un ordre. Rentre ! Il faut que tu rentres immédiatement.

Exercice

Indique le type de chacune des phrases.

Un jour, Phaéton demande à son père Apollon une faveur.
– Prête-moi le char du soleil, père.
– Quelle insolence !
– Doutes-tu de moi ?

➤ CORRIGÉS PAGE 394

Voir aussi **Adjectifs exclamatifs, adjectifs interrogatifs**

Phrase simple, phrase complexe

Je **réfléchis.** un seul verbe conjugué → phrase simple

Je **me concentre** car je **veux** gagner la partie.
2 verbes conjugués → phrase complexe

Définition

- Une phrase est une suite de mots qui a un sens.
- Elle commence par une majuscule et se termine par un point.
- Elle est simple ou complexe selon le nombre de verbes qu'elle comporte.

Mon frère **participe** à un concours de cerfs-volants. (phrase simple)

Ces enfants **sont** polis car ils **disent** toujours « bonjour ». (phrase complexe)

Phrase simple

- Une phrase simple contient un seul verbe conjugué. Elle se suffit à elle-même. Elle équivaut à une proposition indépendante.

Une phrase avec un verbe correspond à une proposition.

Les enfants **courent** dans la forêt.
1 verbe = 1 proposition → phrase simple

- Une phrase est le plus souvent composée de deux parties : ce dont on parle et ce que l'on en dit.

<u>La Terre est bleue</u> <u>comme une orange.</u>
ce dont on parle — ce que l'on en dit

Phrase complexe

Une phrase complexe contient plusieurs verbes conjugués.

Elle contient autant de propositions que de verbes.

Nadir **pleure** car sa console **est** cassée.

2 verbes donc 2 propositions

Elle **prend** son parapluie, **ouvre** la porte et **s'élance** dans la rue.

3 verbes donc 3 propositions

Astuce

Ne confonds pas les mots *phrase* et *proposition*.

- Une phrase peut contenir plusieurs propositions ayant chacune son verbe.

Je me lève quand le réveil sonne.

proposition 1 proposition 2

- Une phrase peut contenir une seule proposition.

Le réveil sonne.

Exercices

1. Compte le nombre de verbes dans chaque phrase.

Le bébé pleure dans son berceau. Tu cours jusqu'à l'arrêt de bus. Mes parents sont contents puisque la neige est tombée. Le chauffeur de bus a stoppé le véhicule lorsque les passagers ont appuyé sur la sonnette.

2. Souligne les phrases complexes.

Mon grand-père est un conteur extraordinaire. Il m'a raconté une aventure dont il est le héros. Cela se passait lorsqu'il était un jeune homme. Il passait alors quelques jours avec ses parents dans une région isolée du Canada. Un soir, un ours s'approcha de la maison et terrorisa toute la famille.

➤ CORRIGÉS PAGE 394

Voir aussi **Proposition indépendante, Propositions principale et subordonnée**

Phrase verbale, phrase non verbale

Louise **lit** le gros titre de son magazine.
1 verbe → la phrase est verbale

« Mariage d'une star. »
pas de verbe → la phrase est non verbale

Définition

• Une phrase est une suite de mots qui a un sens.
Elle commence par une majuscule et se termine par un point.

• Une phrase est verbale ou non verbale selon qu'elle contient un verbe.

Voyage au Tibet. Je regarde souvent les dessins animés.
phrase non verbale — phrase verbale

Les informations d'une phrase

Une phrase répond à deux questions : « De qui ou de quoi parle-t-on ? » et « Qu'est-ce que l'on en dit ? »

Les pompiers éteignent l'incendie.
De qui parle-t-on ? Des pompiers.
Qu'est-ce que l'on en dit ? Ils éteignent l'incendie.

Phrase verbale

• La phrase verbale contient au moins **un verbe conjugué**.

• Le verbe se trouve dans la partie de la phrase qui répond à la question : « Qu'est-ce que l'on en dit ? »

Il pleut et les escargots en profitent pour sortir.

• Parfois la phrase verbale se réduit à un seul verbe conjugué à l'impératif. Avance ! Cours !

Phrase non verbale

Certaines phrases ne contiennent pas de verbe.

- On les appelle phrases nominales car elles se réduisent généralement à un groupe nominal.

  Quel pantalon original ! Pas de vent aujourd'hui.

- Les phrases non verbales peuvent être composées d'un seul mot :

– un adverbe : Dehors !

– un adjectif : Gourmand !

– une interjection : Bah !

Titres et publicité

Phrases verbales et phrases non verbales peuvent s'employer dans des titres de journaux ou des slogans publicitaires.

– Phrases verbales : Victor est enfin retrouvé. Faites du sport.

– Phrases non verbales : Le retour de Victor. Pour la santé : du sport.

Piège à éviter

Pour ne pas confondre une phrase verbale contenant un verbe à l'impératif à la 2e personne du singulier et une phrase non verbale, mets le verbe au pluriel.

Alerte-moi si nécessaire. (phrase verbale) → Alertez-moi…

Alerte au feu. (phrase non verbale)

Exercice

Indique pour chaque phrase si elle est verbale ou non verbale.

a. Le loup s'approche du Chaperon. **b.** La fillette ne le craint pas. **c.** Quelle insouciance ! **d.** Elle discute en pleine forêt avec le dévoreur d'enfants. **e.** Incroyable ! **f.** Le loup ne la mange pas.

➤ CORRIGÉS PAGE 394

Voir aussi **Phrase simple, phrase complexe**

Ponctuation (1)

Si je l'ai vu sortir ? Je crois !
interrogation exclamation

Ma vue n'est pas très bonne.
fin de la phrase déclarative

Définition

• La ponctuation est un ensemble de signes qui permettent de comprendre une phrase ou un texte.

• Une phrase commence par une majuscule et se termine par un point. En changeant un signe de ponctuation dans une phrase, on peut en modifier le sens.

La tempête arrive. La tempête arrive ?

Le point

• Le point indique que la phrase déclarative ou injonctive se termine. La phrase qui suit commence par une majuscule.

Elisa avance. Tu la suivras. Avance vite.

• À l'oral, le point est marqué par une pause longue et une voix descendante. Medhi est arrivé. (↘)

Le point d'interrogation

• Le point d'interrogation en fin de phrase interrogative indique que l'on pose une question. La phrase suivante commence par une majuscule.

Quand es-tu en vacances ? Où iras-tu ?

• À l'oral, la voix monte. Medhi est arrivé ? (↗)

Le point d'exclamation

Le point d'exclamation en fin de phrase exclamative exprime la colère, la surprise, la joie. Il peut terminer aussi la phrase injonctive. La phrase suivante commence par une majuscule.

Quelle chance ! Comme tu dois être heureux ! Sors d'ici !

Les points de suspension

• Les points de suspension indiquent que la phrase n'est pas terminée.

– Où étais-tu hier ?

– C'est-à-dire... (les points de suspension indiquent que le personnage est embarrassé pour répondre à la question)

• Les points de suspension servent aussi à indiquer que l'on interrompt quelqu'un ou que l'on ne veut pas révéler quelque chose.

Piège à éviter

Il ne faut pas oublier de mettre une majuscule après le point, le point d'interrogation, le point d'exclamation et les points de suspension.

Quel temps est prévu demain **?** Encore de la pluie **!** Il a déjà plu lundi, mardi, mercredi**...** J'attends l'été avec impatience**.**

Exercice

Ponctue les phrases suivantes.

Que font Paul et Sophie ☐

Ces deux petits enfants curieux montent au grenier ☐

Quelle joie pour eux de découvrir les vieux jouets de leurs parents ☐

Dans un coffre, ils trouvent des voitures anciennes, une dînette, un jeu de construction ☐

➤ CORRIGÉS PAGE 394

Voir aussi **Phrase déclarative..., Propositions indépendantes, juxtaposées**

Ponctuation (2)

pause courte — explication — pause moyenne

Oui, je l'ai vu sortir : ma vue est très bonne ;
la tienne, en revanche, n'est pas bonne…

suspension

La virgule

La virgule permet de séparer divers éléments de la phrase. Elle se traduit par une pause courte à l'oral.

- Elle sépare les mots de même nature et les mots d'une énumération.

  Elle a vendu des jacinthes**,** des roses et des œillets.

- Elle permet aussi de mettre en avant un mot ou un groupe de mots de la phrase.

  Hier**,** comme chaque jour**,** ma mère m'a accompagné à l'école.

  Triste**,** il a quitté ses camarades.

Les deux points

Les deux points servent à annoncer :

– une énumération :

Paul a pensé à tout **:** aux ballons, aux serpentins et même aux confettis.

– une explication :

Pierre expliqua la fin du film **:** le héros avait perdu ses pouvoirs.

– un dialogue :

Il annonça **:** « Demain la pluie cessera et nous pourrons partir. »

Le point-virgule

Le point-virgule marque une pause plus importante que la virgule. Il sépare des propositions indépendantes. Il y a souvent un lien logique entre les idées des deux propositions.

Clara est heureuse **;** elle a trouvé la solution.

Clara est heureuse parce qu'elle a trouvé la solution.

Piège à éviter

Attention ! Après un point-virgule, il n'y a pas de majuscule.

Le ciel menaçait ; l'orage n'était pas loin.

Les guillemets

- Lorsque les paroles d'une personne sont rapportées, elles sont encadrées par des guillemets.
- Lorsqu'un nouveau personnage prend la parole, on doit aller à la ligne et mettre un **tiret**.

« Alors, as-tu réussi ton examen ?

– Je ne suis pas certain de mon résultat au dernier exercice. »

Les parenthèses

Les parenthèses donnent une information complémentaire.

Elle attrapa la souris **(**vous savez, une souris grise, banale**)** et s'amusa à la dresser.

Exercice

Mets la ponctuation qui convient.

☐ Je vais organiser une sortie au musée ☐ annonce la maîtresse. J'ai beaucoup hésité entre trois musées ☐ le musée d'Orsay ☐ le Louvre ☐ le musée de Cluny.

☐ Lequel avez-vous choisi ? ☐, interrompent les élèves.

➤ CORRIGÉS PAGE 395

Voir aussi **Propositions juxtaposées**

GRAMMAIRE

Prépositions

Cendrillon a quitté le bal **à** minuit,
verbe préposition compl. circ.

elle a perdu sa pantoufle **dans** le parc.
nom préposition compl. circ.

à rattache *a quitté* au mot *minuit* et indique quand se passe l'action ; **dans** rattache *a perdu* à *le parc* et indique où se passe l'action : **à** et **dans** sont des **prépositions**.

Définition

Une préposition rattache un mot à un autre mot dans la phrase. Ces mots peuvent être de même nature ou de nature différente.

Il marche **avec** élégance. Je prends un train **pour** Lyon.
verbe préposition nom nom préposition nom

Prépositions et locutions prépositionnelles

- **Les prépositions** sont constituées d'**un seul mot** : *à, de, en, par, pour, avec, parmi, sans, devant, sur…*
- **Les locutions prépositionnelles** sont constituées de **plusieurs mots** : *à cause de, grâce à, près de, loin de, au-dessus de…*

Les prépositions *de* et *à*

Les prépositions *de* et *à* peuvent rattacher un mot à un nom, un verbe ou un adjectif qualificatif. Elles introduisent différents compléments :

– complément de nom : J'aime les fruits **à** noyau.

– complément de verbe : Je viens **de** Rome.

– complément d'adjectif : Je suis rouge **de** colère.

Sens des prépositions

Une même préposition peut avoir des sens différents.

accompagnement	avec, sans	avec ma sœur
agent	par	puni par le maître
but	pour, afin de, dans l'intention de	travailler pour réussir
cause	à cause de, de, grâce à	rouge de colère
comparaison	comme, à la manière de	écrire à la manière de Prévert
condition	à condition de	à condition de rester
conséquence	de manière à	de manière à progresser
contenu	de	un pot de confiture
destinataire	à	donner à quelqu'un
exception	sauf	sauf moi
lieu	à, chez, dans, devant, sur, vers	J'irai à Lyon.
manière	avec, de, d', en, par, sans	avec force, d'un ton joyeux
matière	de, en	un fil de fer
moyen	avec, par, sans	avec un marteau
possession	de	le stylo de Léa
qualité	à	une robe à fleurs
temps	à, après, avant, dans, de, depuis, dès, en, pendant, pour, vers	Viens à quatre heures.
usage	à	une cuillère à soupe

Piège à éviter

Il ne faut pas confondre la fonction des mots introduits par ***du***.

Du bateau, j'ai vu les marins. J'ai vu les marins **du** bateau.

préposition introduisant un CC de lieu / préposition introduisant un compl. de nom

Exercice

Souligne les prépositions.

L'explorateur est revenu du pôle Nord avec son équipe. Ils ont rapporté des photos magnifiques pour les montrer à leurs amis, sans oublier, bien sûr, leur famille.

➤ CORRIGÉS PAGE 395

Voir aussi **Mots invariables**

Pronoms

Les bandits capturent la princesse et **ils la** cachent dans une grotte.

Le GN *les bandits* est remplacé par **ils**. Le GN *la princesse* est remplacé par **la**. **Ils** et **la** sont mis **à la place** de **noms**, ce sont des **pronoms**.

Définition

- Un pronom remplace un nom, un groupe nominal pour éviter une répétition.
- On remplace par un pronom ce dont on a déjà parlé auparavant. On doit faire attention à bien repérer ce que le pronom représente.

Les enfants jouent dans le sable avec leur mère. **Ils** sont joyeux.

Catégories de pronoms

Il existe plusieurs catégories de pronoms.

PRONOMS PERSONNELS	je, tu, il, elle, on, nous, vous, ils, elles, me, moi, te, toi, le, la, lui, les, leur, eux, en, y	**Je te** demande souvent l'heure. Jani chante bien. **Vous en** parlez souvent.
PRONOMS POSSESSIFS	le mien, la mienne, les miens, les miennes, le tien, la tienne, les tiens, les tiennes, le sien, la sienne, les siens, les siennes, le nôtre, la nôtre, les nôtres, le vôtre, la vôtre, les vôtres, le leur, la leur, les leurs	Mes baskets sont confortables et **les tiennes** aussi.

PRONOMS DÉMONSTRATIFS	celui, celle, ceux, celles, ce, c', celui-ci, celui-là, celle-ci, celle-là, ceux-ci, ceux-là, celles-ci, celles-là, ceci, cela, ça	La côte est rude mais **cela** ne le gêne pas.
PRONOMS RELATIFS	qui, que, qu', dont, où, lequel, laquelle, lesquels, lesquelles, auquel, à laquelle, auxquels, auxquelles, duquel, de laquelle, desquels, desquelles	La montagne **que** tu vois est enneigée l'hiver.
PRONOMS INTERROGATIFS	qui, que, quoi	**Qui** es-tu ?
PRONOMS INDÉFINIS	aucun, certains, chacun, personne, quelques-uns, rien, tout	**Rien** ne l'ennuie.

! Piège à éviter

Ne confonds pas ***qui*** **pronom interrogatif** et ***qui*** **pronom relatif.**

- Le pronom relatif est précédé d'un nom.

  C'est le facteur **qui** a sonné.

- Le pronom interrogatif est précédé d'un verbe.

  Je me demande **qui** est là.

Exercice

Recopie les pronoms et précise leur nature, telle qu'elle est indiquée dans le tableau ci-dessus.

La sorcière est rentrée chez elle. Elle a aperçu un crapaud et l'a jeté dans sa marmite qui bouillait. Celui-ci s'est débattu sans rien pouvoir faire. Personne n'a pu lui venir en aide. Il a servi de souper à la sorcière.

➤ CORRIGÉS PAGE 395

Voir aussi **Pronoms démonstratifs, indéfinis, interrogatifs, personnels, possessifs, relatifs**

Pronoms démonstratifs

Mon sac à dos est neuf, **celui** de mon frère aussi.

pronom démonstratif

celui remplace le nom *sac à dos*. Il désigne un sac à dos particulier : « le sac à dos de mon frère ». C'est un **pronom démonstratif**.

Définition

Le pronom démonstratif remplace un nom ou un groupe nominal. Il désigne sans les nommer un objet, une personne ou un événement dont on a déjà parlé ou que l'on connaît, et que l'on pointe particulièrement du doigt.

Ma robe est rose. **Celle** de ma cousine est bleue.

Forme simple et forme composée

- Le pronom démonstratif se présente sous deux formes :

– forme simple : *celui, celle, ceux, celles, ce…*

– forme composée : *celui-là (ci), celle-là (ci), ceux-là (ci)…*

- Les formes composées indiquent la proximité des objets (*ceux-ci)* ou leur éloignement (*ceux-là).*

Accord en genre et en nombre

- **Les pronoms démonstratifs *celui, ceux, celle, celui-ci…*** changent de forme selon le genre et le nombre du nom qu'ils remplacent.

De toutes mes amies, c'est **celle** que je préfère (Sophie). De toutes mes amies, ce sont **celles** que je préfère (Sophie, Louise, Meriem).

- **Les pronoms démonstratifs *ce, ceci, cela, ça*** ne remplacent pas un nom particulier, mais un sujet général. Ils ne changent pas de forme et sont invariables. Que voulez-vous manger ? **Cela** m'est égal.

Piège à éviter

Attention à l'emploi de *ceci* et de *cela*.

- ***Ceci*** annonce ce dont on va parler : Je vous confie **ceci** : je vais déménager.
- ***Cela*** résume ce qui a été dit : J'ai voulu vous confier **cela** pour que vous puissiez me remplacer.
- Il est incorrect de dire : ~~Ceci dit~~. Il faut dire : **Cela dit**.

Tableau des pronoms démonstratifs

	SINGULIER		PLURIEL		INVARIABLE
	MASCULIN	FÉMININ	MASCULIN	FÉMININ	
FORMES SIMPLES	celui	celle	ceux	celles	ce/c'
FORMES COMPOSÉES	celui-ci celui-là	celle-ci celle-là	ceux-ci ceux-là	celles-ci celles-là	ceci cela, ça

Fonction des pronoms démonstratifs

Le pronom démonstratif peut occuper toutes les fonctions du nom :

– sujet : **Celui-ci** me va.

– complément du nom : Le prix de **celui-ci** me convient.

– complément d'objet : Pour découper **cela**, il me faut des ciseaux.

– complément circonstanciel : Sur **ce**, il quitta la table.

GRAMMAIRE

Exercice

Indique si les pronoms démonstratifs sont de forme simple ou composée.

Cette armoire normande est magnifique ; celle-ci est moins belle, mais d'un prix plus abordable. C'est ce que dit mon père au marchand qui lui répond : « Regardez ce motif et ces pieds ; ça, c'est du travail d'artiste. »

➤ CORRIGÉS PAGE 395

Voir aussi **Pronoms**

Pronoms indéfinis

La maîtresse dit à ses élèves : « **Chacun** choisit un poème. **Tous** sont de La Fontaine. »

Chacun signifie chaque élève de la classe, sans définir de qui il s'agit. **Tous** signifie tous les poèmes, dans leur ensemble. **Chacun** et **tous** sont des **pronoms indéfinis**.

Définition

- On appelle pronoms indéfinis les mots suivants : *chacun, certains, personne, plusieurs, quelques, tout...*
- Les pronoms indéfinis peuvent remplacer le nom d'une personne, d'un animal ou d'un objet déjà mentionné.

  Parmi ces écharpes, **aucune** ne m'appartient.

Parfois, les pronoms indéfinis ne représentent aucun nom mentionné auparavant.

  Tous l'ont applaudi.

- Ils expriment la quantité de manière plus ou moins précise.

  Personne n'est venu. **Plusieurs** ont téléphoné.
  0 personne — un nombre imprécis de personnes

Catégories de pronoms indéfinis

Les pronoms indéfinis peuvent se classer en plusieurs catégories.

- ***Aucun, rien, personne*** : permettent de ne distinguer aucun des éléments d'un groupe. **Personne** ne lui dit la vérité.
- ***Tous (toute, toutes), chacun (chacune)*** : désignent tous les éléments d'un groupe. **Tous** l'ont acclamé.

• ***Certain(es), les un(e)s, les autres, quelqu'un, quelques-un(e)s, plusieurs*** : désignent certains éléments d'un groupe.

Les uns résistent, **les autres** se rendent.

• ***On*** (pronom personnel indéfini) : ne s'emploie que pour désigner des êtres humains ; il signifie *tout le monde, n'importe qui* et souvent *nous*.

On sonne à la grille.

Piège à éviter

• ***Personne*** et ***rien*** sont invariables. Lorsqu'ils sont sujets, le verbe se met au singulier.

Personne ne rit. **Rien** ne me convient.

• ***Plusieurs*** est toujours au pluriel.

Parmi ces fruits, **plusieurs** me plaisent.

• ***Aucun*** varie en genre, mais est le plus souvent au singulier.

Parmi ces friandises, **aucune** ne me plaît.

Fonction des pronoms indéfinis

Les pronoms indéfinis peuvent avoir pour fonction :

– sujet : **Quelqu'un** vient.

– COD : Je n'ai vu **personne**.

– COI : Elle n'a peur de **rien**.

– complément circonstanciel : Je ne voyais la peur chez **aucun** d'entre eux.

Exercice

Souligne les pronoms indéfinis.

Chacun peut s'asseoir ; certains trouveront des places au fond. Toutes ne sont pas aussi confortables, mais aucune n'empêche de voir le spectacle et personne ne sera mécontent.

➤ CORRIGÉS PAGE 395

Voir aussi **Pronoms**

Pronoms interrogatifs

Tu as plusieurs casquettes : **laquelle** préfères-tu ?

pronom interrogatif

laquelle évite la répétition du **nom** *casquette* **;** il remplace « quelle casquette » et il introduit une **interrogation** : **laquelle** est un **pronom interrogatif.**

Définition

- **Le pronom interrogatif remplace un adjectif interrogatif suivi d'un nom**, dans une phrase interrogative.

  Elle nous prête souvent ses sacs à main. **Lequel** t'a-t-elle prêté ?
  (Quel sac t'a-t-elle prêté ?)

- Les pronoms interrogatifs s'emploient dans des questions auxquelles on ne peut répondre ni par *oui* ni par *non*.

  – **De quoi** te nourris-tu ? – De fruits.

Forme des pronoms interrogatifs

Les pronoms interrogatifs font partie de la famille des mots interrogatifs.

qui	Qui a sonné ?
que	Que dit-elle ?
(à/de) quoi	À quoi penses-tu ? De quoi se plaint-il ?
lequel, lesquels, laquelle, lesquelles	Laquelle choisis-tu ?

Interrogation simple - complexe

On emploie les pronoms interrogatifs dans des questions.

- **L'interrogation est simple** : il y a inversion du sujet et du verbe.

  De qui se moque Cyril ?

- **L'interrogation est complexe** : le sujet se place avant le verbe et il y a reprise du sujet par un pronom personnel.

  De qui Cyril se moque-t-il ?

L'interrogation complexe est obligatoire après le pronom *à qui* quand le verbe a :

– un deuxième **complément d'objet indirect** ;

  À qui Simone a-t-elle parlé de vous ?

– un **complément d'objet direct.**

  À qui Louis a-t-il confié un secret ?

GRAMMAIRE

Fonction du pronom interrogatif

Le pronom interrogatif peut avoir plusieurs fonctions.

Sujet	**Qui** téléphone ?
Attribut	**Quel** est ton prénom ? (Ton prénom, **quel** est-il ?)
COD	**Que** voit Émilie ?
COI	**À qui** écrivez-vous ?

Exercice

Complète les phrases par un pronom interrogatif.

... t'intéresses-tu ? ... t'a dit qu'il fallait absolument voir le dernier film de Jean Dujardin ? .... de tes amis adore cet acteur ? ... parle le scénario de ses dernières aventures dans le rôle de OSS 117 ?

➤ CORRIGÉS PAGE 395

Voir aussi **Adjectifs interrogatifs, Phrase interrogative**

Pronoms personnels

Le chat est trempé, **il** déteste ça.

pronom personnel

Le pronom il remplace *chat*. Il est mis à la place d'un **nom** ; c'est un pro**nom.**

Définition

Un pronom personnel s'emploie pour parler de quelqu'un ou de quelque chose sans le nommer. Il **remplace aussi un nom ou un groupe nominal**. Il permet d'éviter une répétition.

La chamelle est assoiffée, **elle** se désaltère.

Forme et fonction des pronoms personnels

Certains pronoms changent de forme selon leur fonction ou selon la personne qui parle ou qui est désignée.

SUJET	je	tu	il, elle, on	nous	vous	ils, elles
COD	me	te	le, la	nous	vous	les
COI	me, moi	te, toi	lui	nous	vous	leur, eux

Pronoms personnels sujets

• *Je, tu, il, elle, nous, vous, ils, elles* sont des pronoms personnels sujets. Ils correspondent chacun à une personne précise.

• Les pronoms *moi, toi, lui, elle, nous, vous, eux, elles* **renforcent** le sujet sur lequel on veut insister. Ce sont des pronoms personnels sujets renforcés.

Moi, je viendrai seul et **toi**, tu seras accompagné de ton frère.

Pronoms personnels compléments

- Les pronoms personnels compléments se placent avant le verbe.

  Je vois le soleil. Je **le** vois. (COD)

  Tu envoies une carte à ta mère. Tu **lui** envoies une carte. (COI)

- Lorsqu'un pronom personnel COD et un pronom personnel COI sont employés dans la même phrase, le pronom COD se place avant le pronom COI.

  Elle offre un bouquet (COD) à sa mère (COI). Elle **le** (COD) **lui** (COI) offre.

Le pronom personnel *en*

- Il peut remplacer un nom ou un groupe nominal précédé d'un article partitif, qui a pour fonction COD. Elle boit du lait. Elle **en** boit.
- Il peut remplacer un nom ou un groupe nominal qui commence par la préposition *de*, qui a pour fonction COI.

  Il vit de la pêche. Il **en** vit.

- Il peut remplacer un complément circonstanciel de lieu.

  La taupe sort de son trou. Elle **en** sort.

Le pronom personnel *y*

- Il peut remplacer un nom ou un groupe nominal qui commence par la préposition *à*, qui a pour fonction COI.

  Je pense à ma sœur. J'**y** pense souvent.

- Il peut remplacer un complément circonstanciel de lieu.

  Je vais au théâtre ce soir. J'**y** vais.

Exercice

Relève les pronoms personnels et indique leur fonction.

J'entends un oiseau chanter. Il a une voix mélodieuse qui me ravit. Je l'appelle, mais il s'envole. Mes amies et moi, nous le regardons s'éloigner et lui disons adieu.

➤ CORRIGÉS PAGE 395

Voir aussi **Sujet, COD, COI, Complément circonstanciel**

Pronoms possessifs

Tu prends tes rollers et je prends **les miens.**

pronom possessif

les miens remplacent *mes rollers*. Celui qui parle possède les rollers. **les miens** est un **pronom possessif**.

Définition

- **Le pronom possessif remplace un nom** ou un groupe nominal. Il indique qui possède un objet ou un animal.

  Tu as ton ordinateur, j'ai **le mien.** (mon ordinateur)

  Son chien est un caniche, **le nôtre** est un boxer. (notre chien)

- Le pronom possessif indique aussi un lien entre des personnes.

  Mon père est grand, **le tien** est plus petit. (ton père)

Tableau des pronoms possessifs

	SINGULIER		PLURIEL	
	MASCULIN	FÉMININ	MASCULIN	FÉMININ
UN POSSESSEUR	le mien le tien le sien	la mienne la tienne la sienne	les miens les tiens les siens	les miennes les tiennes les siennes
PLUSIEURS POSSESSEURS	le nôtre le vôtre le leur	la nôtre la vôtre la leur	les nôtres les vôtres les leurs	les nôtres les vôtres les leurs

Précédé de la préposition *à* ou *de*, le pronom possessif présente des formes contractées : *au mien, du mien, aux nôtres, des nôtres.*

Accord des pronoms possessifs

Les pronoms possessifs varient en genre, en nombre et en personne.

- **Le pronom possessif s'accorde en personne** avec celui qui possède l'être ou la chose dont on parle.

  Ce jouet m'appartient : c'est **le mien**, c'est moi qui le possède.

  Ce jouet leur appartient : c'est **le leur**, ce sont elles ou eux qui le possèdent.

- **Le pronom possessif prend le genre et le nombre** de l'objet possédé. Je te prête mon vélo et je prends **le tien.** (masc. sing.)

  Je te prête ma console et je prends **la tienne.** (fém. sing.)

Piège à éviter

Il ne faut pas confondre *notre* et *votre* qui sont des adjectifs possessifs avec *le nôtre* et *le vôtre* qui sont des pronoms possessifs et portent un accent circonflexe.

Notre chat vagabonde. C'est **le nôtre.**
l'adjectif possessif est suivi d'un nom

GRAMMAIRE

Fonction des pronoms possessifs

Le pronom possessif peut avoir toutes les fonctions du nom :
– sujet : Mon frère habite en ville, **le tien** a déménagé.
– COD : Lance ta balle et attrape **la mienne.**
– COI : J'ai oublié mon goûter, j'ai profité **du tien.**
– CC lieu : Prends les fruits de mon panier et mets-les dans **le tien.**

Exercice

Complète les phrases par des pronoms possessifs.

Ma cousine prétend que cette écharpe est ... . Je suis furieuse car je suis sûre que c'est ... . Et toi, ne serais-tu pas en colère si ton frère te disait que ce CD est ... alors que c'est faux et que c'est vraiment ... ?

➤ CORRIGÉS PAGE 395

Voir aussi **Pronoms**

Pronoms relatifs

Je surveille <u>mon chat</u> **qui** aime bien les poissons.

antécédent — pronom relatif

qui reprend *mon chat* et permet d'en faire le sujet du verbe *aime*.
Le pronom relatif **qui** reprend l'antécédent *mon chat*.

Définition

Le pronom relatif reprend et complète un nom ou un groupe nominal, qu'on appelle **antécédent**. Le pronom relatif introduit une proposition subordonnée relative.

Tu achètes <u>des pâtes</u> **qui** sont fabriquées en Italie.

antécédent — pronom relatif

Forme des pronoms relatifs

- **Forme simple**

qui	Elle a acheté une robe **qui** était couleur du temps.
que	J'ai fini le travail **que** tu m'as demandé.
dont	Vous avez acheté la voiture **dont** vous rêviez.
où	Il viendra à l'heure précise **où** a lieu la réunion.

- **Forme composée**

lequel(s), laquelle(s), auquel, duquel…	Voici les solutions **auxquelles** je pense.
par lequel laquelle…	C'est la route **par laquelle** nous sommes arrivés.

Fonction des pronoms relatifs

Le pronom relatif peut occuper différentes fonctions dans la proposition subordonnée relative.

sujet	Ma voiture, **qui** est neuve, est en panne. *qui* reprend *voiture* ; *qui* est le sujet du verbe *être*.
COD	Le livre **que** je lis est passionnant. *que* remplace *livre* ; *que* est COD du verbe *lire*.
COI	La personne **à qui** je m'adresse est ma tante. *qui* remplace *tante*, précédé de la préposition *à*, *qui* est COI du verbe *s'adresser*.
complément de nom	La chanson **dont** j'écoute un extrait passe souvent à la radio. *dont* est complément du nom *extrait* → J'écoute un extrait de la chanson.
complément circonstanciel	Je suis passé par un chemin **où** j'ai cueilli des mûres. *où* remplace *chemin* et est CC de lieu du verbe *cueillir*.

Piège à éviter

Ne confonds pas ***que*, pronom relatif**, qui introduit une proposition subordonnée relative, et ***que*, conjonction de subordination** qui introduit une proposition subordonnée conjonctive objet.

La glace **que** je mange est à la framboise.
antécédent + *que* → pronom relatif

Je sais **que** tu as raison.
verbe + *que* → conjonction de subordination

Exercice

Complète les phrases par un pronom relatif.

Te souviens-tu de l'histoire ... je t'ai parlé hier et ... tu as beaucoup appréciée ? C'est ma mère ... me l'a racontée, après l'avoir lue dans un journal ... il y a une rubrique « faits divers » très originale.

➤ CORRIGÉS PAGE 396

Voir aussi **Propositions subordonnées**

GRAMMAIRE

Propositions indépendantes, juxtaposées, coordonnées

1 verbe — 1 verbe

Le vent **souffle** , le navigateur **hisse** les voiles.

1 proposition indépendante — 1 proposition indépendante

phrase

Les verbes **souffle** et **hisse** sont les noyaux de chacune des deux **propositions.**

Définition

• **Une proposition est organisée autour d'un seul verbe conjugué** auquel se rattachent un sujet et, souvent, des compléments.

Les élèves **entrent** dans la classe avec lenteur.

1 verbe

• **Une phrase simple** est formée d'une seule proposition.

Elle sourit à tout le monde.

• **Une phrase complexe** est composée d'au moins deux verbes conjugués, donc de deux propositions.

Elle **sourit**, mais elle **est** triste.

La proposition indépendante

• **Une proposition indépendante constitue une phrase à elle seule.** Elle ne dépend d'aucune autre proposition.

Je regarde par la fenêtre.

Les propositions indépendantes juxtaposées

Dans une phrase complexe, lorsque deux ou plusieurs **propositions indépendantes** sont reliées par une **virgule**, un **point-virgule** ou par les **deux points**, on dit qu'elles sont **juxtaposées**.

Le temps **est** pluvieux, je **prends** mon parapluie ; je **sors** : la pluie **s'est arrêtée**.

Ces propositions peuvent être lues séparément, elles gardent leur sens.

Les propositions indépendantes coordonnées

Dans une phrase complexe, les propositions indépendantes peuvent être reliées par une conjonction de coordination (*mais, ou, et, donc, or, ni, car*). On dit qu'elles sont coordonnées.

Ma tante **a préparé** une tarte et je l'**ai mangée**.

Ces propositions peuvent être lues séparément, elles gardent leur sens.

GRAMMAIRE

Astuce

Pour te rappeler la liste des conjonctions de coordination, mémorise la phrase :

Mais où est donc Ornicar ?

(mais, ou, et, donc, or, ni, car)

Exercice

Indique si les propositions sont indépendantes, juxtaposées ou coordonnées. Souligne l'élément qui les relie.

Le bébé pleure et sa maman le console. Ma petite sœur refuse d'aller dormir. Sylvain a téléphoné, il vient manger ce soir. Je termine vite mon repas car j'ai rendez-vous avec mes amis. Le singe épluche une banane.

➤ CORRIGÉS PAGE 396

Voir aussi **Conjonctions de coordination**

Propositions principale et subordonnée

1 verbe — Le pilote démarre (proposition principale)
1 verbe — quand le drapeau se lève. (proposition subordonnée)

phrase

Le pilote démarre peut constituer une phrase. C'est la **proposition principale**. **quand le drapeau se lève** ne peut exister seule. Elle est **subordonnée** à la principale.

Définition

- **Une proposition est organisée autour d'un verbe conjugué,** auquel se rattachent un sujet et, souvent, des compléments. Elle peut constituer un phrase à elle seule.

  Les abeilles **butinent** les fleurs. 1 verbe → 1 proposition

- **Une phrase complexe** peut être constituée de deux propositions : elles peuvent être une proposition **principale** et une proposition **subordonnée** qui ne peut exister seule.

  Les abeilles butinent les fleurs (proposition principale) qui sont écloses. (proposition subordonnée)

La proposition principale

- **La proposition principale commande une ou plusieurs propositions subordonnées** qui ne pourraient pas exister sans elle.

  Tu me montreras ta console de jeux (proposition principale) quand je passerai chez toi. (proposition subordonnée)

- **Parfois la proposition principale peut exister sans la subordonnée.**

  Je vais déjeuner (proposition principale) (parce que je commence à avoir faim). (proposition subordonnée)

La proposition subordonnée

Il existe trois types de propositions subordonnées : les relatives, les conjonctives COD et les conjonctives circonstancielles.

- **La proposition subordonnée relative** complète un nom.

  C'est une **chanson** que je connais bien.

  (que je connais bien → proposition subordonnée relative)

- **La proposition subordonnée conjonctive** complète un verbe.

  Elle **pense** que ses amis seront présents.

  (que ses amis seront présents → proposition subordonnée conjonctive COD)

  Elle nous **appellera** quand elle sera rentrée chez elle.

  (quand elle sera rentrée chez elle → proposition subordonnée conjonctive circonstancielle)

- Les propositions subordonnées sont introduites par des petits **mots subordonnants** : pronoms relatifs (*qui, que, dont, où*), conjonctions de subordination (*lorsque, quand, si, après que, parce que, pour que, afin que, bien que*…).

  Le train arrivera à l'heure **s'**il n'y a pas d'incident sur les voies.

Piège à éviter

Dans une proposition subordonnée introduite par la conjonction de subordination ***bien que***, le verbe est conjugué au **subjonctif**.

Je suis allée à la danse ce matin, bien que je sois malade.

Exercice

Souligne en bleu les propositions principales et en rouge les propositions subordonnées.

Nous savons tous que tu passes en sixième l'an prochain. Tu connais bien les professeurs que tu vas avoir au collège. Ma tante affirme qu'il pleuvra demain. Les chalets où vivent les montagnards sont recouverts de neige.

➤ CORRIGÉS PAGE 396

Voir aussi **Propositions subordonnées**

Propositions subordonnées

J'ai un chat qui attrape des lézards.
verbe 1 — antécédent — proposition subordonnée relative (avec verbe 2)

Je trouve qu'il est agile.
verbe 1 — proposition conjonctive COD (avec verbe 2)

Le lézard sortira quand il fera beau.
verbe 1 — proposition conjonctive circonstancielle (avec verbe 2)

Définition

• **Une proposition subordonnée dépend** d'une proposition principale. Je crois **qu'il fera beau.**
proposition principale — proposition subordonnée

• **La proposition subordonnée complète** obligatoirement une **proposition principale**. Elle complète :

– un nom de la proposition principale : c'est une **relative** ;

– un verbe de la proposition principale ; elle est alors soit **conjonctive COD**, soit **conjonctive circonstancielle.**

La proposition subordonnée relative

• La proposition subordonnée relative **complète un nom** de la proposition principale, c'est un **complément du nom.**

• La proposition subordonnée relative **est introduite par un pronom relatif** (*qui, que, où, dont)* qui reprend un nom, son **antécédent**.

Les chats sont des animaux **qui aiment chasser.**
antécédent — pronom relatif

La proposition subordonnée conjonctive COD

- La proposition subordonnée conjonctive COD **complète le verbe** de la proposition principale. Elle a pour fonction **complément d'objet direct** du verbe de la principale.

Le vétérinaire annonce **que le cheval est blessé.**
Le vétérinaire annonce quoi ? (COD)

- La proposition subordonnée conjonctive COD **est introduite par un mot subordonnant** : la conjonction de subordination *que.*

La proposition subordonnée conjonctive circonstancielle

- La proposition subordonnée conjonctive circonstancielle **est introduite par une conjonction de subordination.** Elle a pour fonction **complément circonstanciel** du verbe de la principale.

Venez **quand vous le pourrez.**

- On peut la **déplacer** ou la **supprimer**.

Quand vous le pourrez, venez. / Venez.

- La proposition subordonnée conjonctive circonstancielle **complète le verbe** de la proposition principale en précisant les circonstances de l'action. Elle a plusieurs sens :

– temps : La course commença **quand le départ fut donné.**

– condition : La course aura lieu **si tous les coureurs sont présents.**

– cause : Le départ de la course sera retardé **parce que les concurrents ne sont pas prêts.**

GRAMMAIRE

Exercice

Repère les propositions subordonnées puis indique leur nature.

Elle découvre un animal qui est apeuré. Vous savez qu'ils vivent dans une ferme du Périgord ? Lorsque la nuit tombe, la conteuse raconte les légendes d'autrefois. Je connais un endroit où l'hiver est doux.

➤ CORRIGÉS PAGE 396

Voir aussi **Pronoms relatifs**

Sujet

La souris grignote.
sujet verbe

La souris fait l'action de grignoter. C'est elle dont on parle. C'est le **sujet** de la phrase. On en dit quelque chose : *elle grignote*.

Définition

Le sujet est un mot ou un groupe de mots qui indique **de qui ou de quoi l'on parle** (personne, animal ou objet). Il désigne aussi l'auteur de l'action ou ce sur quoi porte la qualité exprimée par le verbe. Il est indispensable à une phrase verbale.

L'oiseau chante. **La maison** est rouge.

Identifier le sujet

- **La fonction sujet** répond aux questions : *qui est-ce qui ?* ou *qu'est-ce qui ?* **Elle** parle. Qui est-ce qui parle ? Elle.
- **On peut aussi identifier le sujet** en le plaçant entre *c'est* et *qui*. C'est **elle** qui parle.

Accord du verbe avec le sujet

Il est essentiel de reconnaître le sujet car il donne au verbe ses marques de personne, de nombre et de genre.

Je marche. Tu marches. L'ouvrier creuse. Les ouvriers creusent.

Place du sujet

- Le mot ou le groupe de mots qui occupe la fonction sujet se place très souvent **avant le verbe**. **Pierre** joue au ballon.

- Le sujet est placé **après le verbe** :

– dans une phrase interrogative : Viens-**tu** ?

– dans un dialogue pour indiquer qui parle : « Vous chantez ? », demanda **la fourmi**.

– après des adverbes comme *ainsi, sans doute, en vain, peut-être,* placés en début de phrase : Ainsi parlait **Tom**.

– pour mettre en valeur un complément circonstanciel en début de phrase : Au bord d'un clair ruisseau buvait **une colombe**.

Piège à éviter

- **Une phrase impérative** se construit sans sujet. Mange ta soupe.
- **Quand deux verbes sont coordonnés**, on n'exprime le sujet qu'une fois. **Léo** se dirigea vers la porte et sortit.

GRAMMAIRE

Nature du sujet

nom	**Nicolas** pleure.
groupe nominal	**Le chien de Nicolas** aboie.
pronom personnel	**Il** répond.
autres pronoms : possessif, démonstratif, indéfini	**Les miens** sont neufs. **Ceux-ci** sont chers. **Certains** résistent.
verbe à l'infinitif	**Dormir** est nécessaire.
proposition subordonnée relative	**Qui dort** dîne.

Exercice

Indique la nature des sujets des phrases.

Près des eucalyptus, des pandas se reposent. Ils ont l'air tranquille. Ceux-là restent à l'ombre. Qui aime les animaux évite de troubler leur repos.

➤ CORRIGÉS PAGE 396

Voir aussi **Accord sujet-verbe**

Verbe

L'enfant joue au ballon. / avec ses amis.

sujet — verbe — compléments

Le verbe **joue** désigne une **action**. Il est complété par des groupes nominaux de différentes fonctions : sujet, compléments.

Définition

Le verbe est le noyau de la phrase. C'est à lui que se rattachent le sujet et les compléments. Il donne une information sur l'action qui se déroule. Le renard **dévore** une poule.

Le verbe varie

- La forme du verbe change selon le temps auquel il est conjugué.

– Présent : En ce moment, il **observe** les oiseaux.

– Passé : Hier, il **a observé** les oiseaux.

– Futur : Demain, il **observera** les oiseaux.

- La forme du verbe varie lorsque la personne change.

  Je parl**e**. Tu parl**es**. Ils parl**ent**.

- La forme du verbe change lorsque la voix à laquelle il est employé change. Il **regarde**. (voix active) Il **est regardé**. (voix passive) Il **se regarde**. (voix pronominale)

Verbes d'action

- Le verbe exprime le plus souvent une action. On l'appelle **verbe d'action**. Les enfants **chantent**. Le kangourou **saute**.

• Certains verbes se construisent avec un complément d'objet direct : ils sont **transitifs directs**. Elle **croque** une pomme.

• Certains verbes se construisent avec un complément d'objet indirect : ils sont **transitifs indirects**. Le maître **parle** à la directrice.

• Certains verbes n'admettent pas de complément d'objet : ils sont **intransitifs**. Je **dors**.

Verbes d'état

• **Le verbe d'état** relie le sujet (personne, objet) à son attribut (adjectif qualificatif, groupe nominal...).

Mon ami **semble** triste. Ce chanteur **est** un artiste célèbre.

• **Les verbes d'état** les plus fréquents sont : *être, paraître, sembler, devenir, demeurer, rester, passer pour, avoir l'air...*

Piège à éviter

Attention ! Quand le verbe *être* sert à former des temps composés, il n'est pas verbe d'état.

Mariette **est partie**. auxiliaire *être* → *partir* est au passé composé.

Temps du verbe

• Lorsque le verbe s'emploie aux temps simples, il est formé d'un seul élément. Je **mange** un croissant.

• Lorsque le verbe s'emploie aux temps composés, il est formé de deux éléments : auxiliaire *être* ou *avoir* + participe passé.

Elle **a trouvé** un trésor. Ils **sont partis** sans guide.

Exercice

Relève les verbes d'action et indique s'ils sont transitifs ou intransitifs.

Mon chien apprécie sa promenade quotidienne. Dans ce parc animalier vivent de nombreuses espèces. Les enfants se promènent en forêt. Ils observent des fourmilières.

➤ CORRIGÉS PAGE 396

Voir aussi **Auxiliaires, Temps simples**

GRAMMAIRE

Voix active et voix passive

Les pirates attaquent les marins.

le sujet agit — le COD subit

Les marins sont attaqués par les pirates.

le sujet subit — le complément d'agent agit

Les deux phrases ont le même sens mais dans la 1re phrase, **les pirates** est sujet du verbe *attaquer* : ils font l'action. Dans la 2e phrase, c'est **les marins** qui est sujet : ils subissent l'action, ils sont attaqués.

Définition

- **À la voix active**, le sujet fait l'action.

  Manon envoie un message.

- **À la voix passive**, le sujet subit l'action.

  Un message est envoyé par Manon.

De la voix active à la voix passive

- **Une phrase active** peut être transformée en phrase passive si son verbe admet un complément d'objet direct (c'est un verbe transitif direct).

Un inconnu a allumé l'incendie.

sujet — COD

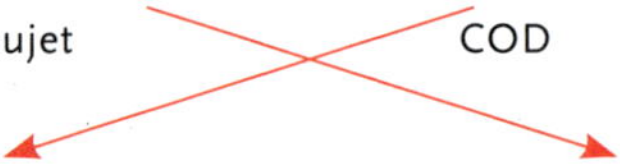

L'incendie a été allumé par un inconnu.

sujet — complément d'agent

- **Le COD de la phrase active** devient alors le sujet de la phrase passive. Le sujet de la phrase active devient le complément d'agent de la phrase passive.

Temps de la voix passive

- Le verbe à la voix passive est conjugué avec **l'auxiliaire *être* suivi du participe passé du verbe**. Le verbe peut être conjugué à tous les temps.

TEMPS	VOIX ACTIVE	VOIX PASSIVE
présent	Léa déguste une glace.	Une glace est dégustée par Léa.
imparfait	Léa dégustait une glace.	Une glace était dégustée par Léa.
futur simple	Léa dégustera une glace.	Une glace sera dégustée par Léa.
passé simple	Léa dégusta une glace.	Une glace fut dégustée par Léa.
passé composé	Léa a dégusté une glace.	Une glace a été dégustée par Léa.

- Pour repérer à quel temps est le verbe de la voix passive, il faut regarder le temps de l'auxiliaire.

Complément d'agent

- À la voix passive, il est possible de ne pas préciser qui fait l'action.
  Oh ! Le vase est cassé. (Oh ! On a cassé le vase.)
- Mais on peut aussi citer l'auteur de l'action grâce à un **complément d'agent**. Le vase a été cassé par Pierre.
- **Le complément d'agent** est introduit à l'aide de la préposition ***par*** ou ***de***. Il est puni **par** ses parents. Mozart est connu **de** tous.

Piège à éviter

Il ne faut pas confondre le présent de la voix passive avec le passé composé de la voix active.

La glace **est mangée** par Céline. (présent, voix passive)
Céline **est allée** au cinéma. (passé composé, voix active)

Exercice

Transforme les phrases à la voix passive.

Le facteur distribue des colis. La tempête a arraché les arbres. L'enfant cassa un jouet. Une moto a doublé une file de voitures.

➤ CORRIGÉS PAGE 396

GRAMMAIRE

Voir aussi COD, Auxiliaire *être*

Orthographe
Les accords

Accord dans le groupe nominal

Théo habite un**e** petit**e** maison blan**che**.

nom féminin

une, **petite** et **blanche** s'accordent avec **maison**.

Règle générale

Les déterminants (articles et adjectifs possessifs, démonstratifs, indéfinis et numéraux) et les adjectifs qualificatifs s'accordent **en genre et en nombre** avec le nom noyau.

les beau**x** livre**s** – cet**te** gentil**le** fille

Le groupe nominal

Le groupe nominal (GN) est un ensemble de mots : un déterminant et un ou plusieurs adjectifs qualificatifs, groupés autour d'un **nom noyau**.

une grande fille

groupe nominal = 1 déterminant + 1 adjectif qualificatif + nom noyau

Piège à éviter

Parmi les déterminants, les adjectifs numéraux cardinaux sont invariables, sauf ***vingt*** et ***cent*** qui se mettent au pluriel seulement quand ils sont multipliés et qu'ils ne sont pas suivis d'un autre adjectif numéral.

quatre-vingt-huit images / quatre-vingt**s** images

Accord d'un adjectif avec des noms au masculin singulier

Quand plusieurs noms sont au masculin singulier, l'adjectif qualificatif qui s'y rapporte s'accorde au masculin pluriel.

un arbre et un arbuste feuillu**s**

un magicien et un clown étonnant**s**

Accord d'un adjectif avec des noms au féminin singulier

Quand plusieurs noms sont au féminin singulier, l'adjectif qualificatif qui s'y rapporte s'accorde au féminin pluriel.

une chemise et une cravate vert**es**

une assiette et une nappe assorti**es**

Accord d'un adjectif avec des noms de genre différent

Quand les noms ont des genres différents, l'adjectif qualificatif qui s'y rapporte s'accorde au masculin pluriel.

une fille et un garçon vif**s**

un drap et une housse blanc**s**

Exercice

Accorde chaque adjectif comme il convient.

une fille et un garçon amusant... – un manteau et un pantalon assorti...– une actrice et une chanteuse connu... – un train et un avion rapide... – un vent et une pluie violent...

➤ CORRIGÉS PAGE 397

Voir aussi **Féminin des adjectifs, Pluriel des adjectifs**

Accord dans la phrase

Le petit animal dort.

Les petits animaux dorment.

Chaque mot du groupe nominal **le petit animal** est au singulier, **dort** est donc au singulier.

Chaque mot du groupe nominal **les petits animaux** est au pluriel, **dorment** est donc au pluriel.

Règle générale

La phrase simple est formée d'un groupe nominal (GN) et d'un groupe verbal (GV). Des accords sont nécessaires :

– à l'intérieur de chacun de ces deux groupes de mots,

– entre le sujet et le verbe.

[Les gros chats] miaulent sur le toit.

GN sujet — GV verbe

Accord dans le groupe nominal

• À l'intérieur du groupe nominal, **le nom commun s'accorde en en genre et en nombre avec son déterminant.**

un chat – une chatte – des objets – les enfants

• Dans le groupe nominal, **l'adjectif qualificatif s'accorde en genre et en nombre avec le nom** qu'il qualifie.

un homme brun – des garçons bruns – une femme brune – des fillettes brunes

Accord du groupe nominal sujet avec le groupe verbal

Dans la phrase, le verbe s'accorde avec le groupe nominal sujet.

[Les oiseaux] s'envolent vers les plus hautes branches.

GN sujet — verbe

Piège à éviter

Au présent de l'indicatif, les formes des verbes du 1er groupe se prononcent de manière identique à la 3e personne du singulier et à la 3e personne du pluriel. Il faut donc se demander quel est le nombre du sujet avant d'effectuer l'accord entre le sujet et le verbe.

[La souris] dévore des graines. **[Les souris]** dévorent des graines.

sujet singulier — verbe singulier — sujet pluriel — verbe pluriel

Exercices

1. Effectue les accords si nécessaire.

Les promeneur... marche... le long des rives verdoyant... du canal... . Ils s'arrête... de temps à autre pour observer les long... péniche... qui glisse... majestueusement sur les eau... miroitant... .

2. Écris au singulier les phrases.

Les grands arbres plient sous le vent. Les étoiles brillent dans le ciel. Des énormes blocs calcaires ferment l'entrée. Les pales de l'hélicoptère tournent vite. Ces hauts sommets enneigés impressionnent les touristes.

➤ CORRIGÉS PAGE 397

Voir aussi **Accord dans le groupe nominal, Accord sujet-verbe**

Accord du participe passé avec *être* et *avoir*

Anissa a trébuché et elle est tombée.

Anissa	a	trébuché	elle	est	tombée
féminin singulier	auxiliaire *avoir*	participe passé	féminin singulier	auxiliaire *être*	participe passé

Le participe passé **trébuché** est employé avec **l'auxiliaire *avoir***. **Il ne s'accorde pas** avec le sujet *Anissa*.

Le participe passé **tombée** est employé avec **l'auxiliaire *être*. Il s'accorde** avec le sujet *elle* ; *tombée* prend un *e*, marque du féminin.

Règle générale

- **Le participe passé employé avec l'auxiliaire *être*** s'accorde en genre et en nombre avec le sujet du verbe.
- **Le participe passé employé avec l'auxiliaire *avoir*** s'accorde en genre et en nombre avec le COD placé avant le verbe.

Elles sont part**ies**. Les fraises qu'ils ont cueilli**es** sont mûres.

Participe passé employé avec l'auxiliaire *être*

Le participe passé employé avec l'auxiliaire *être* s'accorde en genre et en nombre avec le sujet.

Paul **est** enfin rentr**é**. (masculin singulier) La ville **est** envahi**e**. (féminin singulier)

Les habitants **étaient** terroris**és**. (masculin pluriel) Les routes **seront** bloqu**ées**. (féminin pluriel)

Participe passé employé avec l'auxiliaire *avoir*

- **Le participe passé employé avec l'auxiliaire *avoir* ne s'accorde pas avec son sujet.**

Les fillettes **ont ri**. Les animateurs **ont prévu** une sortie.

• **Le participe passé employé avec l'auxiliaire *avoir*** ne s'accorde pas avec le COD lorsque celui-ci est placé après le verbe. **Il s'accorde si le COD est placé avant le verbe.**

J'ai achet**é** une glace.

Le COD est placé après le verbe : le participe passé ne s'accorde pas.

Voici la glace que j'ai achet**ée**.

Le COD (*que*, qui remplace l'antécédent *glace*) est placé avant le verbe : le participe passé s'accorde.

Cette glace, je l'ai achet**ée**.

Le COD (*l'*, qui remplace *glace*) est placé avant le verbe : le participe passé s'accorde.

Participe passé employé sans auxiliaire

Le participe passé employé sans auxiliaire s'emploie comme un adjectif : il s'accorde en genre et en nombre avec le nom qu'il accompagne : la rose fanée, les fleurs offertes, le cheval dressé, les dessins terminés.

Piège à éviter

Pour ne pas confondre le participe passé *-é* avec l'infinitif *-er* des verbes du 1er groupe, il faut le remplacer par un participe passé d'un verbe du 2e ou du 3e groupe.

Elle a termin**é** son travail. Elle a fin**i** son travail.

(participe passé)

Elle va termin**er** son travail. Elle va fin**ir** son travail.

(verbe à l'infinitif)

Exercice

Complète les participes passés.

Elle a trouv... la réponse. Ces fleurs coup... forment un bouquet printanier. Ma sœur est tomb... sur le carrelage. Ces animaux sont élev... en plein air. Rest... seuls sans leurs parents, Sophie et Rémi ont pass... la soirée à regarder un film. Ils sont all... se coucher très tard.

➤ CORRIGÉS PAGE 397

Voir aussi **Auxiliaires, COD**

Accord du participe passé des verbes pronominaux

Julie et Célia se sont bien amus**ées** à la marelle.
sujet féminin pluriel — participe passé féminin pluriel

amusées est le participe passé du verbe pronominal *s'amuser* au passé composé. Il s'accorde avec le sujet **Julie et Célia** au féminin pluriel.

Définition

Un verbe à la forme pronominale est composé d'un **verbe** et d'un **pronom réfléchi** *(me, te, se, nous, vous, se)*. Ce pronom renvoie à la même personne que le sujet. **L'action du sujet porte sur lui-même.**

Mon grand-père s'est souvenu de ce conte.

Marion s'est bien amusée. (Elle a amusé elle-même.)

Le participe passé des verbes pronominaux s'accorde

Le participe passé s'accorde avec le sujet :

- **s'il s'agit** de **verbes essentiellement pronominaux** :

  Léa s'est souvenu**e** de cette histoire.

Un verbe essentiellement pronominal n'existe que sous cette forme, il est toujours accompagné d'un pronom : s'évanouir, s'enfuir, se souvenir...

- **s'il s'agit** de **verbes pronominaux de sens passif** :

  La maison s'est vite construite.

• **si le pronom est un COD** placé avant un verbe **occasionnellement pronominal :**

Elle s'est regard**ée** dans le miroir.

Elle a regardé elle-même. (s' = elle-même = COD)

Un verbe occasionnellement pronominal peut exister avec ou sans pronom : battre / se battre, lever / se lever…

Le participe passé des verbes pronominaux ne s'accorde pas

Il n'y a pas d'accord :

• **si le COD est placé après le verbe** :

Elles se sont lav**é** les cheveux (COD). **Mais** elles se (COD) sont lav**ées**.

• **si le pronom réfléchi est un COI** :

Elle s'est di**t** que tout allait bien.
COI (elle a dit à elle-même)

Ils se sont sour**i**.
COI (ils ont souri l'un à l'autre)

Apprends par cœur

La cruche s'est cassée. Elle s'est cassé la jambe. Elles se sont disputées. Elles se sont souvenues. Ils se sont égarés.

Exercice

Effectue l'accord si nécessaire.

Les oiseaux se sont envolé… . La fillette s'est égratigné… le genou. Les enfants se sont souvenu… de leurs poésies. Elle s'est reconnu… sur l'écran. Elle s'est repéré… sur le plan.

➤ CORRIGÉS PAGE 397

Voir aussi **Accord du participe passé avec *être*, Verbes pronominaux**

Accord sujet – verbe

Le vent souffl**e** et les feuilles vol**ent**.

Le vent	souffle	Les feuilles	volent
sujet singulier	verbe singulier	sujet pluriel	verbe pluriel

Règle générale

Le verbe s'accorde toujours avec le sujet quand le verbe est conjugué à un temps simple.

Les enfants cour**ent**.

Qui court ? Ce sont les enfants. Le verbe prend la marque du pluriel ***-ent***.

Accord du verbe placé avant ou après le sujet

- **Le sujet est souvent placé avant le verbe.** Le chat miaul**e**.
- **Parfois le sujet est placé après le verbe.** On dit qu'il est inversé.

– À la forme interrogative : Quand part**ons**-nous ?

Partons s'accorde avec *nous*. C'est nous qui partons.

– Lorsqu'on veut mettre en avant des compléments en début de phrase : À l'horizon se dessin**ent** les voiliers.

*se dessin**ent*** s'accorde avec *les voiliers*, nom au pluriel. Ce sont les voiliers qui se dessinent.

- **Le verbe peut être éloigné du sujet** par d'autres mots :

Les violons, tout juste accordés, repos**ent** sur la table.

Piège à éviter

Attention, l'inversion du sujet avec le verbe nécessite parfois l'ajout d'un ***t*** supplémentaire.

Aime-**t**-il le chocolat ?

Accord de plusieurs verbes avec un sujet

Plusieurs verbes peuvent s'accorder avec un même sujet.

Le joueur tir**e** et marqu**e** un but. (1 sujet au singulier → verbes au singulier)

Accord d'un verbe avec plusieurs sujets

• **Un verbe peut s'accorder avec plusieurs sujets au singulier** coordonnés ou juxtaposés. Il se met alors au pluriel.

Éric, Marc et Anaïs pass**ent** leurs vacances ensemble. (= ils)

• **Si l'un des sujets est *moi*,** le verbe se met à la 1re personne du pluriel. Éric et moi pass**ons** nos vacances ensemble. (= nous)

• **Si l'un des sujets est *toi*,** le verbe se met à la 2e personne du pluriel.

Éric et toi pass**ez** vos vacances ensemble. (= vous)

Accord du verbe avec un sujet particulier

• **Si le sujet est un adverbe de quantité** (*beaucoup, trop, combien, peu...*), le verbe s'accorde avec le complément de cet adverbe.

Trop **d'élèves ont** échoué à cet exercice.

• **Si le sujet est un collectif** (*la plupart, un grand nombre, la majorité...*), le verbe peut être au singulier ou au pluriel.

Un grand nombre d'oiseaux survol**ent** / survol**e** l'océan.

• **Si le sujet est un pronom** (*tout, rien, ce...*) qui reprend plusieurs noms, le verbe s'accorde avec ce pronom.

Le cirque, les manèges, le cinéma, tout amus**e** Sam.

• **Si le sujet est le pronom relatif *qui*,** c'est l'antécédent qui commande l'accord. C'est toi qui chanter**as**.

Exercice

Accorde les verbes comme il convient.

Tu regarde... la télévision. Tes frères profite... de ton inattention pour sortir. Maman rentr... . Tes frères et toi *(être)* ... punis pour une semaine. Ton père et ta sœur arrive... ensuite.

➤ CORRIGÉS PAGE 397

Voir aussi **Sujet**

Féminin des adjectifs qualificatifs

La **petite** poule picore l'herbe **verte** et **haute**.

petite, **verte** et **haute** sont le féminin des adjectifs qualificatifs *petit*, *vert* et *haut*.

Règle générale

On forme le plus souvent le féminin de l'adjectif qualificatif en lui ajoutant ***e*** : grand / grand**e**, gris / gris**e**.

Féminin des adjectifs se terminant par *-ul, -ien, -el, -eil, -il*

• Les adjectifs au masculin en *-ul, -ien, -el, -eil, -il* doublent la consonne au féminin : nul / nul**le**, ancien / ancien**ne**, annuel / annuel**le**, pareil / pareil**le**, gentil / gentil**le**.

• D'autres adjectifs, se terminant par une consonne, doublent aussi cette consonne au féminin : bon / bon**ne**, bas / bas**se**.

Féminin des adjectifs en *-er*

Les adjectifs terminés par *-er* au masculin ont un féminin qui peut varier par un changement d'accent : léger / lég**ère**, dernier / derni**ère**.

Féminin des adjectifs en *-et*

Les adjectifs terminés par *-et* au masculin ont un féminin en ***-ette*** : coqu**ette**, net / n**ette**, ou en ***-ète*** : complet / compl**ète**, secret / secr**ète**, inquiet / inqui**ète**.

Féminin des adjectifs en *-eux, -aux, -oux*

Les adjectifs terminés par *-eux* au masculin ont un féminin en ***-euse*** : creux / cr**euse**, malheureux / malheur**euse**, précieux / préci**euse**.

Piège à éviter

Les adjectifs terminés par *-aux*, *-oux* au masculin ont un féminin en ***-ausse*, *-ousse* ou *-ouce***.

faux → fau**sse** – doux → dou**ce** – roux → rou**sse**

Féminin des adjectifs en *-f*

Les adjectifs en *-f* au masculin ont un féminin en ***-ve*** : vif / vi**ve**.

Féminin des adjectifs en *-c*

Les adjectifs terminés par *-c* au masculin ont un féminin en ***-che*** : blanc / blan**che** ou en ***-que*** : public / publi**que**, grec / grec**que**.

Féminin des adjectifs en *-eur*

Les adjectifs terminés par *-eur* au masculin ont un féminin en ***-euse*** : voleur / vol**euse**, en ***-rice*** : réducteur / réduct**rice**, ou en ***-eresse*** : enchanteur / enchant**eresse**.

Féminin des adjectifs en *-gu*

Les adjectifs masculins en *-gu* ont un féminin en ***-guë*** : aigu / aig**uë**.

Féminins identiques ou complètement différents

- Les adjectifs terminés par *-e* au masculin ne changent pas au féminin : calme / calme, tranquille / tranquille, aimable / aimable.
- Certains adjectifs au masculin changent de forme (de radical) au féminin : beau / belle, fou / folle, vieux / vieille, malin / maligne, frais / fraîche, tiers / tierce.

Exercice

Trouve le féminin de chaque adjectif masculin.

plein – beau – gentil – poli – entier – rond – réel – souriant – vif

➤ CORRIGÉS PAGE 397

Voir aussi **Accord dans le GN**

Féminin des noms (1)

Ce **livre** a une **illustration** étonnante.
livre est un nom masculin.
illustration est un nom féminin.

Définition

En français, les noms communs sont soit au féminin (*la porte*) soit au masculin (*le plafond*). C'est ce qu'on appelle le genre des noms.

Noms de genre fixe

Le genre des noms inanimés (qui désignent les objets, les choses, les sentiments, les idées) ne change pas. Il n'y a pas de relation entre leur genre et leur sens. Une forêt, un bois, la joie, le bonheur.

! *Piège à éviter*

Les parties d'une fleur sont de genre masculin comme ***un pétale, un pistil*** ou de genre féminin comme ***une corolle, une étamine***. Le dictionnaire permet de vérifier le genre des noms inanimés.

Féminins en *-ée, -ie, -ue, -aie, -eue, -oie, -oue*

La plupart des noms féminins s'écrivent avec un *-e* en finale du nom après les voyelles *é, i, u, ai, eu, oi, ou.*

– Finale en *-ée* : bouée, fée, idée, tranchée, volée
– Finale en *-ie* : colonie, jalousie, manie, pie, pluie, sortie, vie
– Finale en *-ue* : avenue, cohue, étendue, rue, statue
– Finale en *-aie* : baie, haie, monnaie, raie

– Finale en *-eue* : banlieue, lieue, queue
– Finale en *-oie* : courroie, joie, oie, proie, soie
– Finale en *-oue* : boue, moue, roue

Féminins en *-e*

Pour passer du nom animé (personne ou animal) masculin au nom féminin, on ajoute souvent un *e*.

MASCULIN	FÉMININ
un marchand	une marchand**e**
un bavard	une bavard**e**
un employé	une employé**e**

Féminins identiques aux formes du masculin

Certains noms sont identiques au masculin et au féminin. C'est le déterminant qui indique le genre.

MASCULIN	FÉMININ
un enfant	une enfant
un élève	une élève
un touriste	une touriste

Piège à éviter

Le changement de genre d'un mot peut en modifier le sens.

***Le tour** du monde en 80 jours* est un roman de Jules Verne.

De **la tour** de ce château, on domine la vallée.

Exercice

Complète le féminin des noms, si nécessaire.

une voisin... – une rat... – une élève... – une étudiant... – une ours...

➤ CORRIGÉS PAGE 397

Voir aussi **Féminin des noms (2)**

Féminin des noms (2)

Du haut de la tour, la **princesse** guette son **prince**.

princesse est le féminin de **prince**. On a ajouté la terminaison ***-esse*** au masculin.

Féminins en *-ère, -ière, -euse, -trice, -esse*

- Les noms masculins en… *-er, -ier, -eur, -teur, -e* ont un féminin terminé en…*-ère, -ière, -euse, -trice, -esse.*
- Ils expriment souvent des métiers.

MASCULIN	FÉMININ
un boulang**er**	une boulang**ère**
un charcut**ier**	une charcut**ière**
un vend**eur**	une vend**euse**
un inspec**teur**	une inspec**trice**
un princ**e**	une princ**esse**

Féminins en *-ouse*

- Les noms masculins en *-oux* font leur féminin en *-ouse* :

  ép**oux** / ép**ouse**.

Féminins en *-nne, -tte*

Pour passer du nom animé masculin en *-an, -at, -ien, -ion* au nom féminin correspondant, il faut doubler la consonne finale et ajouter *e*.

MASCULIN	FÉMININ
un paysan	une paysa**nne**
un pharmacien	une pharmacie**nne**
un lion	une lio**nne**
un chat	une cha**tte**

Féminins irréguliers

Le passage du masculin au féminin change parfois la forme du mot.

MASCULIN	FÉMININ
un monsieur	une dame
un garçon	une fille
un père	une mère
un frère	une sœur
un neveu	une nièce
un roi	une reine
un cheval	une jument
un canard	une cane
un sanglier	une laie

Apprends par cœur

le fou / la folle – le cerf / la biche – le loup / la louve – le veuf / la veuve – le docteur / la doctoresse

Exercices

1. Donne le féminin des noms.

un comédien – un chien – un monsieur – un roi – un directeur – un skieur – un boucher – un acteur – un charcutier – un voleur – un ogre

2. Donne le masculin des noms.

une louve – une sœur – une tante – une fille – une princesse – une chanteuse – une épouse – une bouchère – une maîtresse

➤ CORRIGÉS PAGE 397

Voir aussi **Noms communs**

Pluriel des adjectifs numéraux

Ce poisson est capable de respirer plus de **quatre** minutes hors de l'eau.

L'adjectif numéral cardinal **quatre** ne s'accorde pas.

ADJECTIF NUMÉRAL CARDINAL	ADJECTIF NUMÉRAL ORDINAL
un, deux, trois... vingt, cent, mille...	premier, deuxième... douzième, dernier...

Accord de l'adjectif numéral cardinal

- Les adjectifs numéraux cardinaux comme ***deux, cinq, dix***... sont **invariables**, à l'exception de ***vingt*** et ***cent***.

  Quatre élèves, cinq enfants.

- **Accord de *vingt* et *cent***

Les adjectifs numéraux *vingt* et *cent* s'accordent quand ils sont multipliés par un adjectif numéral et ne sont pas suivis d'un autre adjectif numéral.

quatre-**vingts** (*vingt* est multiplié par *quatre* **mais** n'est suivi d'aucun autre adjectif numéral → accord)

quatre-**vingt**-douze (*vingt* est multiplié par *quatre* **et** est suivi d'un autre adjectif numéral → pas d'accord)

huit **cents** (*huit* x *cent* = huit cents)

huit **cent** six

• **Accord de *mille, millier, million, milliard***

L'adjectif numéral ***mille*** est toujours **invariable**, mais ***millier***, ***million***, ***milliard***, qui sont des noms, **prennent un s au pluriel**.

Deux mille euros, **trois milliers** d'oiseaux, **trois milliards** d'étoiles.

Pièges à éviter

- Lorsqu'on écrit des dates, il n'y a jamais d'accord.

  L'année **huit cent** a vu Charlemagne sacré empereur.

- On peut écrire ***mille*** ou ***mil***.

  En l'an **mil** huit cent.

Accord de l'adjectif numéral ordinal

L'adjectif numéral ordinal prend un ***s*** au pluriel.

les **premiers** froids

les **douzièmes** de chaque liste

Le trait d'union

Il est d'usage de mettre un trait d'union pour les adjectifs numéraux composés inférieurs à ***cent***, sauf s'ils contiennent ***et***.

Soixante-dix-huit, quatre-vingt-dix-neuf, vingt **et** un.

Apprends par cœur

cinq – six – sept – douze – treize – quinze – vingt – trente – quarante – cinquante – soixante

Exercice

Écris en lettres les nombres suivants :

13 – 27 – 52 – 65 – 80 – 86 – 109 – 300 – 704 – 2 000.

➤ CORRIGÉS PAGE 397

Voir aussi **Accord dans le GN**

Pluriel des adjectifs qualificatifs

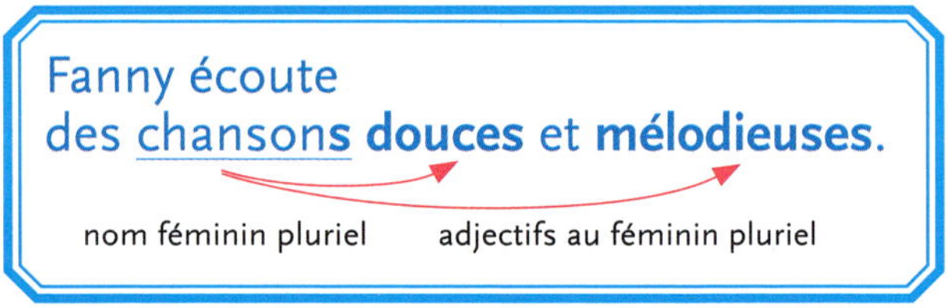

Règle générale

- Les adjectifs qualificatifs s'accordent avec le nom qu'ils qualifient.
- Les adjectifs prennent le plus souvent un ***s*** au pluriel.

  un sol lisse / des sols lisse**s**

Accord des adjectifs féminins

Les adjectifs qui s'accordent avec un nom féminin pluriel se terminent le plus souvent par *-**es***.

un dessin amusant / des illustrations amusant**es**

un pantalon court / des chaussettes court**es**

Accord des adjectifs terminés par *-s*, *-x*

Les adjectifs terminés par *-s* ou *-x* au singulier sont **invariables**.

un enfant heureu**x** / des enfants heureu**x**

un gro**s** camion / des gro**s** camions

Accord des adjectifs terminés par *-al*

Les adjectifs terminés par *-al* ont le plus souvent un pluriel en *-**aux***.

un air amic**al**/des airs amic**aux**, un aigle roy**al**/des aigles roy**aux**

Exceptions : certains adjectifs terminés par *-al* font leur pluriel en *-**s*** :
ban**al**, banc**al**, fat**al**, fin**al**, glaci**al**, nat**al**, nav**al**. Des lits banc**als.**

Accord des adjectifs en *-eau*

Les adjectifs terminés par *-eau* font leur pluriel en ***-eaux*** :

beau / b**eaux** – nouveau / nouv**eaux**

Accord des adjectifs avec plusieurs noms

• Lorsqu'un adjectif qualificatif est employé avec **deux noms singuliers**, il s'accorde au pluriel.

Ce cinéma et ce café sont **complets.** (masculin pluriel)

La réservation et la location sont **complètes.** (féminin pluriel)

• Lorsqu'un adjectif qualificatif est employé avec **des noms de genres différents**, il s'accorde au masculin pluriel.

La représentation et le film sont **complets.**

Accord des adjectifs de couleur

• **Lorsque la couleur est désignée par un seul adjectif**, celui-ci s'accorde en genre et en nombre avec le nom qu'il qualifie.

des écharpes rouges, des voitures noires

• **Si l'adjectif de couleur provient d'un nom de fruit**, de fleur ou de pierre précieuse, il reste invariable. Des robes marron.

Exceptions : rose, fauve, mauve, pourpre.

Apprends par cœur

Des mots, des événements… banals, bancals, fatals, finals, glacials, natals, navals.

Exercice

Accorde l'adjectif des groupes nominaux.

des journées calme… – des efforts important… – de nouveau… élèves – des cartons orange… – des accords fina….

➤ CORRIGÉS PAGE 398

Voir aussi **Féminin des adjectifs qualificatifs**

Pluriel des noms communs

Des coccinelle**s** s'envolent.

déterminant pluriel — nom pluriel

coccinelles est un nom, au pluriel il prend un **s**. Au singulier, ce nom s'écrit ***coccinelle***.

Règle générale

Le plus souvent, il suffit d'ajouter un **s** à un nom au singulier pour obtenir son pluriel.

un camarade / des camarade**s**

Pluriel des noms en *-ou*

• Les noms terminés par *-ou* au singulier font le plus souvent leur pluriel en *-**ous*** : un tr**ou** / des tr**ous**.

• **Exceptions** : sept noms prennent un *-**x*** au pluriel : bijou, caillou, chou, genou, hibou, joujou, pou. Un bij**ou** / des bij**oux**.

Pluriel des noms en *-al*

• Généralement, les noms terminés par *-al* au singulier font leur pluriel en *-**aux*** : un boc**al** / des boc**aux**.

• **Exceptions** : ces noms prennent un *-**s*** au pluriel : bal, carnaval, chacal, festival, régal, récital, aval, cérémonial. Un festiv**al** / des festiv**als**.

Pluriel des noms en *-ail*

• Certains noms terminés par *-ail* au singulier se terminent par un *-**s*** au pluriel : des dét**ails**, des gouvern**ails**, des port**ails**.

• Quelques noms terminés par *-ail* au singulier font leur pluriel en ***-aux*** : corail, bail, émail, soupirail, travail, vitrail. Des trav**aux**.

Pluriel des noms en *-eu, -au, -eau*

• Les noms terminés par *-eu, -au, -eau* au singulier prennent le plus souvent un *-x* au pluriel : des j**eux**, des tuy**aux**, des troup**eaux**.

• **Exceptions** : des land**aus**, des bl**eus**, des pn**eus**, des sarr**aus** (blouse de travail), des ém**eus** (oiseau), des li**eus** (poisson).

Pluriel des noms en *-s, -x, -z*

• Les noms terminés au singulier par *-s, -x, -z* ne changent pas au pluriel *:* un puit**s** / des puit**s**, un pri**x** / des pri**x**, un ne**z** / des ne**z**.

Particularités

• Certains noms ont une forme différente au pluriel : un ciel / des cieux, un œil / des yeux, un aïeul / des aïeux, de l'ail / des aulx.

• Certains noms ne s'emploient qu'au pluriel : archives, catacombes, entrailles, fiançailles, mœurs, ténèbres, vivres.

• Certains noms s'emploient presque toujours au singulier. Il s'agit des noms de matière (l'or, l'argent, le fer, la chaux, la vanille), des noms abstraits (le courage, la malchance), des noms de sciences ou d'arts (la chimie, la peinture, le cinéma).

Apprends par cœur

des bleus – des landaus – des pneus – des festivals – des portails – un œil / des yeux – un ciel / des cieux

Exercice

Mets les noms au pluriel.

le train – le pneu – le travail – le carnaval – l'œil – le jeu – le prix – le vitrail – le genou – le lieu (endroit) – le lieu (poisson)

➤ CORRIGÉS PAGE 398

Voir aussi **Noms communs**

Pluriel des noms composés

Mes **grands-parents** adorent leurs **poissons-chats**.

grands-parents est composé d'un nom et d'un adjectif : tous les deux prennent un **s** au pluriel.
poissons-chats est composé de deux noms : tous les deux prennent un **s** au pluriel.

Règle générale

- Un nom composé est souvent formé de deux ou trois mots. Il désigne un seul objet, une seule chose, une seule personne. Il contient parfois un ou des traits d'union qui relie(nt) les mots.

  un grand-père, un clin d'œil, un timbre-poste

- **Seuls l'adjectif et le nom** prennent la marque du pluriel :

des basse**s**-cour**s**, des porte**s**-fenêtre**s** (des portes qui servent de fenêtres).
adjectif + nom — nom + nom

- **Le verbe et l'adverbe** restent invariables :

des **porte**-bagages (qui porte les bagages), des **avant**-scènes.
verbe + nom — adverbe + nom

Adjectif + nom, adjectif + adjectif

Dans un nom composé formé d'un adjectif et d'un nom ou de deux adjectifs, ces mots s'accordent au pluriel : des court**s**-circuit**s**, des cerf**s**-volant**s**, des sourd**s**-muet**s**.

Verbe + verbe

Quand le nom composé est formé de deux verbes, il reste invariable : des savoir-faire.

Verbe + nom

- Le verbe ne s'accorde pas : des serre-tête**s**.
- L'accord du nom varie selon le sens : des pare-brise (qui protège de la brise), des portefeuille**s** (qui porte des feuilles).

Piège à éviter

Un nom composé avec le mot ***garde*** :
– s'accorde quand celui-ci est employé comme nom : des garde**s**-chasse**s**.
– reste invariable quand celui-ci est un verbe : des garde-manger.

Adverbe / préposition + nom

L'adverbe ou la préposition est invariable et le nom s'accorde :

– **au singulier** lorsque le sens l'exige : des après-midi (après le midi), des sans-abri (sans un abri) ;

– **au pluriel** : des arrière-pensée**s** (des pensées hypocrites), des sous-titre**s** (des titres de plus petits caractères).

Nom + préposition + nom

Dans un nom composé d'un nom, d'une préposition et d'un nom, **seul le premier nom s'accorde au pluriel.**

des arc**s**-en-ciel, des chef**s**-d'œuvre, des pomme**s** de terre

Apprends par cœur

une demi-heure – des demi-cuillerées – une heure et demie

Exercice

Écris au pluriel les noms composés.

un marteau-piqueur – un libre-service – un après-ski – un serre-tête – un porte-plume – un garde-forestier – un rouge-gorge

➤ CORRIGÉS PAGE 398

Voir aussi **Prépositions, Adverbes**

Orthographe
Sons et lettres

Abréviations et sigles

M. Dupont est monté à temps à bord du **TGV**.

M. signifie **Monsieur**. C'est une **abréviation**.
TGV signifie Train à Grande Vitesse. C'est un **sigle**.

Définition

- **Une abréviation** est la forme réduite d'un mot. Le mot est alors réduit à une lettre ou à quelques lettres, souvent suivies d'un point. adjectif : adj. / adverbe : adv.
- **Un sigle** est une forme abrégée, uniquement constituée des initiales de mots composés : UE : Union européenne

Formation d'une abréviation

- Certaines abréviations peuvent être formées de la première lettre du mot (et quelquefois d'un point).

  Nord : N — Monsieur : M.

- Certaines abréviations peuvent être formées de la première lettre et de la ou des dernières lettres du mot.

  Madame : Mme — Mademoiselle : Mlle

- Certaines abréviations sont formées d'une ou plusieurs lettres du mot.

  numéro : n° — *et cætera* : etc.
  exemple : ex. — familier : fam.
  document : doc — mathématiques : math

Emploi des abréviations

- En langage courant, on abrège parfois les mots.

  la télévision : la télé — la publicité : la pub
  la photographie : la photo — le cinéma : le ciné

• On emploie également des abréviations :
– dans le dictionnaire (n.f. : nom féminin, v. : verbe) ;
– pour désigner des lieux (av : avenue, bd : boulevard).

Abréviation et symbole scientifique

Les abréviations sont employées pour désigner les **unités de mesure**. Elles sont souvent symbolisées par la première lettre du mot ou par les premières lettres du préfixe et du radical.

– **Longueur** : km/kilomètre, m/mètre, cm/centimètre, mm/millimètre
– **Superficie** : a/are, ha/hectare
– **Capacité** : L/litre, dL/décilitre, cL/centilitre, mL/millilitre
– **Masse** : t/tonne, kg/kilogramme, g/gramme, mg/milligramme
– **Temps** : j/jour, h/heure, min/minute, s/seconde
– **Puissance** : W/watt
– **Monnaie** : €/euro

! *Piège à éviter*

Décamètre (dam), *décalitre* (dal) *décagramme* (dag) ne répondent pas à la règle générale. En effet, on emploie le préfixe ***da***- (***déca***), afin de ne pas le confondre avec le préfixe ***d***- (***déci***) de *décimètre* (dm), *décilitre* (dL), *décigramme* (dg).

Exemples de sigles

VTT : vélo tout-terrain
S.V.P. : s'il vous plaît
ONU : Organisation des Nations unies
HLM : habitation à loyer modéré
N.B. : *nota bene* (qui signifie *note bien*, c'est-à-dire : sois attentif)

Exercice

Retrouve le mot complet caché sous ces abréviations.

n.m. – av. – coll. – pron. – env. – max. – vol.

➤ CORRIGÉS PAGE 398

Voir aussi **Radical, préfixe et suffixe, Dictionnaire**

Accent aigu et accent grave

La fée se bat contre la sorcière.

fée a un **accent aigu** sur le *e*,
sorcière a un **accent grave** sur le *e*.

Mots écrits avec un accent aigu

L'accent aigu ne s'écrit que sur le *e*. La lettre *é* peut se trouver en début, au milieu ou à la fin des mots. Elle se prononce [e] (é).

EN DÉBUT DE MOT	À L'INTÉRIEUR DU MOT	EN FIN DE MOT OU DEVANT UN *E* FINAL
électrique une épée une équipe un été étonné éviter	la célébrité déguster la discrétion fainéant pénétrer le réveil	la beauté l'électricité le pré le thé la bouchée la rangée

Mots écrits avec un accent grave

• **La lettre *e* porte l'accent grave** à l'intérieur des mots : colère, crème, mètre, modèle, père, piège…

La lettre **è** se trouve parfois dans la dernière syllabe du mot : accès, excès, procès, succès, cacatoès…

Elle se prononce [ɛ] (ai).

• **La lettre *a* porte l'accent grave** uniquement en fin de mot (la prononciation ne change pas) : à, là, celle-là, celui-là, déjà, voilà, au-delà.

• **Le mot *où* est le seul** à porter un accent sur le *u*.

L'accent grave en conjugaison

• **Les verbes dont l'infinitif est en *-emer*** (*semer*), ***-ener*** (*mener*), ***-eser*** (*peser*), ***-ever*** (*lever*), ***-evrer*** (*sevrer*)… prennent un accent grave sur le *e* devant une syllabe muette, au présent, au futur et au conditionnel.

mener : je mène (présent), tu mèneras (futur),
il mènerait (conditionnel)

• **Quelques verbes en *-eler* et *-eter*** prennent un accent grave sur le *e* placé avant le *t* ou le *l*.

j'achète, je modèle, il gèle, il martèle, il crochète

• **Les verbes en *-éder*** (*céder*), ***-éger*** (*protéger*), ***-éguer*** (*léguer*), ***-égner*** (*régner*), ***-écer*** (*rapiécer*)… changent le *é* en *è* devant une syllabe muette finale.

céder : je cède   régner : je règne

Piège à éviter

Attention, des mots d'une même famille peuvent ne pas porter le même accent.

fidèle et fidélité, crème et crémier, collège et collégien

Apprends par cœur

déjà – athlète – espèce – pièce – poème – progrès

Exercice

Place les accents aigus ou graves qui manquent sur les mots.

eleve – regner – voila – celebrite – electricite – preceder – fidele – ete – riviere – lumiere – television – chevre – etonnant – degustation – cheque – au-dela – elephant – education

➤ CORRIGÉS PAGE 398

Voir aussi **Son** [a], **Son** [e], **Son** [ɛ]

Accent circonflexe et tréma

Un caïman empêche le canoë d'avancer.

Le *i* de **caïman** et le *e* de **canoë** sont surmontés d'un **tréma**. Le *e* au milieu du verbe **empêche** est surmonté d'un **accent circonflexe**.

Mots écrits avec un accent circonflexe

- **L'accent circonflexe peut se placer sur toutes les voyelles** (*a, e, i, o, u*), **sauf le** *y*.
- On trouve *â, ê* et *î* au début et à l'intérieur des mots.
- On trouve *ô* et *û* à l'intérieur des mots.

EN DÉBUT DE MOT	À L'INTÉRIEUR DU MOT			EN FIN DE MOT
une **â**me un **â**ne **ê**tre une **î**le	**â** un b**â**ton un ch**â**teau gr**â**ce un m**â**t p**â**le une p**â**te	**ê** une b**ê**te une f**ê**te une p**ê**che pr**ê**ter un r**ê**ve une t**ê**te	**î** un d**î**ner une hu**î**tre s'il vous pla**î**t	
	ô un contr**ô**le une c**ô**te dr**ô**le	un fant**ô**me un p**ô**le un r**ô**ti	**û** une br**û**lure m**û**r une piq**û**re	

L'accent circonflexe et les familles de mots

- **L'accent circonflexe est souvent la marque d'un** *s* qui a disparu, et que l'on retrouve parfois dans un mot de la même famille :

  f**ê**te / fe**s**tival   h**ô**pital / ho**s**pitalier

• **L'accent circonflexe se transforme en accent aigu** dans les mots d'une même famille : bê**t**e / bé**t**ail extrê**m**e / extré**m**ité

Astuce

L'accent circonflexe peut permettre la distinction de deux homonymes (mots qui se prononcent de la même manière) :

cote / côte, foret / forêt, mur / mûr

Il grimpe sur le **mur**. / Ce fruit est **mûr**.

Mots écrits avec un tréma

• **Le tréma se place sur les voyelles *e, i, u*.**

• Le tréma marque la séparation de deux voyelles : il faut prononcer l'une après l'autre les voyelles qui se suivent.

caïman, canoë, coïncidence, égoïste

Le tréma marque le féminin

Le *e* tréma sert à marquer le féminin de certains adjectifs. Il indique que le *u* se prononce.

aigu / aiguë, ambigu / ambiguë

Apprends par cœur

pâte – prêter – dîner – coïncidence – héroïque – maïs – mosaïque

Exercice

Complète les mots avec un accent circonflexe ou un tréma.

reve – chene – tete – naif – mais – ancetre – grele – honnete – foret

➤ CORRIGÉS PAGE 398

Voir aussi **Famille de mots**

Consonnes doubles à l'intérieur des mots

Le ballon est stoppé : l'arbitre siffle l'arrêt du match.

ballon, stoppé, siffle et **arrêt** possèdent une consonne double.

Place des consonnes doubles

Une consonne peut-être doublée entre :

– deux voyelles : allumette, ballon, manivelle, patronne, pomme

– une voyelle et la consonne *l* : acclamation, sifflement, supplier

– une voyelle et la consonne *r* : admettre, apprendre, souffrance

Piège à éviter

Attention ! Lorsqu'une consonne est double, il n'y a jamais d'accent sur la lettre ***e*** située avant.

chaussette	comète	grève
chandelle	modèle	sirène

La lettre *e* se prononce [ɛ] (è).

Consonnes doubles et conjugaison

• **Les verbes en *-eler* et *-eter*** doublent leur consonne *l* et *t* à certaines personnes, aux présent et futur de l'indicatif, aux présents du conditionnel, du subjonctif et de l'impératif :

il appelle, il appellera, il jetterait, qu'il jette, jette

• Il existe quelques exceptions où le *e* est accentué :

il achète, il gèle, il halète, il pèle

La consonne *s* doublée

Entre deux voyelles, la lettre *s* doublée se prononce [s].

assaut, assiette, assister, baisse, casser, essuyer

Les mots d'origine étrangère

Certaines fins de noms d'origine étrangère prennent une double consonne : bluff, jazz, miss, pull, watt.

Les adverbes en *-amment* et *-emment*

• Les adverbes formés à partir d'un adjectif terminé par ***-ent*** s'écrivent ***-emment***.

patient / patiemment, violent / violemment,
prudent / prudemment

• Les adverbes formés à partir d'un adjectif terminé par ***-ant*** s'écrivent ***-amment***.

brillant / brillamment, courant / couramment,
plaisant / plaisamment

Apprends par cœur

colline – ficelle – gomme – commerce – consonne – tonnerre – appui – applaudir – enveloppe – frapper – erreur – horrible – attente – quitter

Exercice

Complète chaque mot par une consonne simple ou double : *f/ff, m/mm, p/pp, s/ss.*

a......récier – a......latir – a......ommer – a......ister – coura......ent – fréque......ent – si......ler – sou......ler – a......artenir – e......uyer – e......ayer – a......reux – a......ercevoir – a......rocher – é......ouser – a......ener – e......ener – é......i

➤ CORRIGÉS PAGE 398

Voir aussi **Début des mots en *ab-*, Son** [ɛ]

Consonnes finales muettes

Le loup surpris s'enfuit en laissant son repas.

p, **s**, **t** sont des consonnes muettes : on ne les prononce pas. On les trouve à la fin des mots.

Repérer une consonne finale muette

Pour savoir comment écrire la fin des mots, on peut chercher :

– le féminin : chau**d**/chau**de**, surpri**s**/surpri**se**, anglai**s**/anglai**se** ;

– des mots de la même famille : refu**s**/refuser, préci**s**/précision.

Le *s* muet final

• On trouve le *s* muet à la fin des noms masculins :

bra**s**, coli**s**, corp**s**, do**s**, ju**s**, moi**s**, repa**s**, temp**s**...

Exceptions : brebi**s**, foi**s**, souri**s**.

• Les verbes se terminent souvent par un *s* muet quand ils sont conjugués avec *je, tu* et *nous* à certains temps :

je vien**s**, je venai**s**, tu viendrai**s**, nous viendrion**s**

Le *t* muet final

De nombreux mots sont terminés par un *t* muet :

NOMS MASCULINS	acha**t**, articha**ut**, aspec**t**, bou**t**, circui**t**, clima**t**, défau**t**, endroi**t**, exploi**t**, frui**t**, li**t**, po**t**, résulta**t**, sau**t**, toi**t**...
ADJECTIFS	adroi**t**, peti**t**...
ADVERBES	maladroitemen**t**, surtou**t**, terriblemen**t**, vraimen**t**...
VERBES	il fini**t**, il pri**t**, il tenai**t**, elles arriveron**t**...

Exception : *nuit* est féminin.

Le *x* muet final

La lettre *x* termine des noms féminins ou masculins, certains adjectifs et quelques verbes conjugués au présent de l'indicatif :

NOMS	choi**x**, épou**x**, noi**x**, pai**x**, pri**x**, tou**x**, voi**x**...
ADJECTIFS	deu**x**, dou**x**, fau**x**, heureu**x**, soucieu**x**...
VERBES	je veu**x**, je peu**x**...

Piège à éviter

À l'oral, le *s* et le *x* en fin de mot se prononcent [z] « ze » lorsqu'ils sont suivis d'un mot commençant par une voyelle.

trois enfants – deux arbres

(z) enfants ← liaison → (z) arbres

Les lettres *b, c, d, g, l, p* muettes finales

À la fin de quelques mots, on trouve les consonnes :

- b : plom**b**
- c : ban**c**, cro**c**, jon**c**, tron**c**
- d : accor**d**, bor**d**, chau**d**, lour**d**, ni**d**, pie**d**, sour**d**
- g : étan**g**, haren**g**, jou**g**, lon**g**
- l : fusi**l**, genti**l**, outi**l**
- p : beaucou**p**, cham**p**, cou**p**, dra**p**, lou**p**, tro**p**

Exercice

Complète la lettre muette manquante de l'adjectif dans chaque groupe nominal.

un croissant chau.... – un enfant surpri... – un genti... garçon – un parent conten... – un gran... chapeau – un lon... cou

➤ CORRIGÉS PAGE 398

Voir aussi **Féminin des adjectifs qualificatifs**

Début des mots en *ab-*, *ac-*, *ad-*, *af-*, *ag-*, *am-*, *an-* , *ap-*

Mon chien **ad**ore **ab**oyer après mes **am**is.

Les mots **adore, aboyer, amis** commençant par ***ad-***, ***ab-***, ***am-*** ne doublent pas la consonne.

Mots commençant par *ab-*

Les mots commençant par *ab-* prennent le plus souvent un *b*.

abandon, **ab**attre, **ab**ord, **ab**oyer, **ab**ri, **ab**us

Exceptions : **abb**é, **abb**aye.

Mots commençant par *ac-*

Les mots commençant par *ac-* prennent le plus souvent deux *c*, surtout si à l'oral on prononce [ks].

accabler, **acc**élération, **acc**ent, **acc**epter, **acc**essible, **acc**essoire, **acc**ident, **acc**lamer, **acc**ompagner, **acc**ourir, **acc**user

Exceptions : **ac**adémie, **ac**ajou, **ac**ariâtre, **ac**arien, **ac**ompte, **ac**robate.

Mots commençant par *ad-*

Les mots commençant par *ad-* prennent le plus souvent un *d*.

adapter, **ad**hérer, **ad**jectif, **ad**joint, **ad**orer, **ad**resse, **ad**verbe

Exceptions : **add**itif, **add**ition, **add**ucteur, **add**uction.

Mots commençant par *af-*

Les mots commençant par *af-* prennent le plus souvent deux *f*.

affaire, **aff**amer, **aff**iche, **aff**ilié, **aff**irmation, **aff**luence, **aff**olé, **aff**ranchir, **aff**reux, **aff**ronter, **aff**ûter

Exceptions : **Af**ghan, **af**in, **af**ricain, **Af**rique.

Mots commençant par *ag-*

Les mots commençant par *ag-* prennent le plus souvent un *g*.

agrafe, **ag**réable, **ag**ression, **ag**riculteur, **ag**ripper, **ag**rume

Exceptions : **agg**lomérer, **agg**lutiner, **agg**raver.

Mots commençant par *am-*

Les mots commençant par *am-* prennent le plus souvent un *m*.

amateur, **am**azone, **am**ical, **am**itié, **am**ortir

Exceptions : **amm**oniac, **amm**onite.

Mots commençant par *an-*

Les mots commençant par *an-* prennent le plus souvent un *n*.

analphabète, **an**atomie, **an**éantir, **an**onyme

Quelques exceptions : **ann**eau, **ann**ée, **ann**once, **ann**uaire...

Mots commençant par *ap-*

Les mots commençant par *ap-* prennent le plus souvent deux *p*.

appareil, **app**arence, **app**eler, **app**endicite, **app**orter

Exceptions : **ap**ercevoir, **ap**erçu, **ap**éritif, **ap**iculture, **ap**itoiement.

Apprends par cœur

abattre – accélérer – acrobate – addition – adresse – affaire – Afrique – agglomération – aggraver – anonyme – annonce – apercevoir – appeler

Exercice

Complète les mots avec *b* ou *bb*, *c* ou *cc*, *d* ou *dd*.

a...ition – a...aptation – a...opter – a...orable – a...attre – a...us – a...aye – a...oyer – a...riter – a...essible – a...identé – a...robate

➤ CORRIGÉS PAGE 399

Voir aussi **Sons** [a], [ã], [f] **et** [g]

Début des mots en *ar-*, *at-*, *em-*, *en-*, *il-*, *im-*, *in-*, *ir-*

Hugo s'est **att**ablé devant l'**imm**ense buffet.

Les mots commençant par ***at-***, ***im-*** doublent le plus souvent la consonne.

Mots commençant par *ar-*

Les mots commençant par *ar-* prennent le plus souvent deux *r*.

arracher, **arr**anger, **arr**êt, **arr**ière, **arr**ivée, **arr**ogant, **arr**ondir, **arr**osage, **arr**osoir

Exceptions : **ar**abe, **ar**aignée, **ar**bitre, **ar**bre, **ar**c, **ar**gent, **ar**me.

Mots commençant par *at-*

Les mots commençant par *at-* prennent le plus souvent deux *t*.

attabler, **att**ache, **att**aque, **att**endre, **att**ention, **att**irer, **att**raction, **att**ractif, **att**raper, **att**ribuer, **att**risté

Exceptions : **at**elier, **at**mosphère, **at**oll, **at**ome, **at**rocité.

Mots commençant par *em-*

Les mots commençant par *em-* prennent le plus souvent un *m*.

empaillé, **em**pâter, **em**pêcher, **em**pereur, **em**piler, **em**ploi, **em**plir, **em**ployer, **em**preinte

Exceptions : **emm**êler, **emm**ener, **emm**itoufler.

Mots commençant par *en-*

Les mots commençant par *en-* prennent le plus souvent un *n*.

encadrer, **en**caissé, **en**cercler, **en**chantement, **en**cre, **en**dive, **en**duire

Exceptions : **enn**eiger, **enn**obli, **enn**emi, **enn**ui.

Mots commençant par *il-*

Les mots commençant par *il-* prennent le plus souvent deux *l*.

illettré, **ill**isible, **ill**umination, **ill**usion, **ill**ustration, **ill**ogique

Exceptions : **î**le, **î**lot.

Mots commençant par *im-*

Les mots commençant par *im-* prennent le plus souvent deux *m*.

immédiat, **imm**ense, **imm**erger, **imm**euble, **imm**obiliser

Exceptions : **im**age, **im**agination, **im**iter.

Mots commençant par *in-*

Les mots commençant par *in-* prennent le plus souvent un *n*.

incorrect, **in**différent, **in**dividu, **in**erte, **in**fini, **in**firme, **in**fluence, **in**génieur, **in**sensible, **in**térêt

Exceptions : **inn**ocent, **inn**ombrable, **inn**ovation.

Mots commençant par *ir-*

Les mots commençant par *ir-* prennent le plus souvent deux *r*.

irréaliste, **irr**éel, **irr**éparable, **irr**igation, **irr**iter

Exceptions : **ir**is, **ir**onie.

Apprends par cœur

arriver – attaque – empereur – emmener – encadré – ennemi – illisible – île – immédiat – image – intérêt – innocent – irréel

Exercice

Complète les mots avec *l* ou *ll*, *m* ou *mm*, *n* ou *nn*, *r* ou *rr*, *t* ou *tt*.

a...ière – a...ivée – a...acher – a...irer – e...ployer – e...ener – e...uyer – i...ogique – i...aginer – i...euble – i...ocent – i...iter

➤ CORRIGÉS PAGE 399

Voir aussi **Sons** [a], [i], [ɛ̃], [ɑ̃]

e muet

Cette mariée est belle.

Le *e* muet ne s'entend pas à l'oral.

Définition

- Une lettre muette ne s'entend pas à l'oral.
- Le *e* muet est placé souvent à la fin des mots et parfois à l'intérieur des mots : branch**e**, joi**e**, aboi**e**ment.

Noms terminés par *-ie*

De nombreux noms féminins terminés par le son [i] s'écrivent *-ie.*

allergi**e**, bougi**e**, éclairci**e**, inerti**e**, pharmaci**e**, prairi**e**

Exceptions : brebis, fourmi, nuit, perdrix, souris.

Noms terminés par *-ue*

La plupart des noms féminins terminés par le son [y] (u) se terminent en *-ue.*

avenu**e**, ru**e**, tortu**e**

Exceptions : bru, glu, tribu, vertu.

Noms terminés par *-ée*

- La plupart des noms féminins terminés par le son [e] (é) s'écrivent *-ée.*

avancé**e**, cheminé**e**, marié**e**, pensé**e**

Exception : clé (ou clef).

• Les noms féminins indiquant un contenu se terminent par *-ée*.

assiettée, cuillerée, fourchettée

Ainsi que les noms : dictée, jetée, montée, pâtée, portée.

• Certains noms masculins peuvent se terminer par ***-ée*** : le lycée.

Noms terminés par plusieurs voyelles + *-e*

Certains noms féminins qui se terminent par plusieurs voyelles s'écrivent avec un *e* muet final. craie, roue, queue, joie, parapluie

Noms et adjectifs terminés par *-re*

• Certains noms masculins et féminins terminés par le son [R] s'écrivent *-re*. galère, histoire, mare, mesure, salaire

• Les adjectifs terminés par *-oire, -aire, -ore, -ire, -are* s'écrivent de la même façon au masculin et au féminin.

carnivore, lunaire, opératoire, pire, polaire, provisoire, rare, solaire, solitaire, supplémentaire

Mots écrits avec un *e* muet à l'intérieur

Les mots ayant un *e* muet à l'intérieur proviennent souvent d'un nom dérivé d'un verbe du premier groupe en *-er*.

remercier / remerciement – dénouer / dénouement – éternuer / éternuement – payer / paiement

Apprends par cœur

bougie – cuillerée – éternuement – lycée – paiement – parapluie

Exercice

Complète la terminaison des mots avec un *-e*, si nécessaire.

Le tigre est carnivor..., le cheval est herbivor... . La cheminé... chauffe bien la pièce. La bougi... est éteinte. La fourmi... transporte une brindille dans la monté... .

➤ CORRIGÉS PAGE 399

Voir aussi **Sons** [wa], [war]

Fin des mots en -*ciel*, -*cien*, -*cière*, -*ciaire*, -*tion*...

Le magi**cien** et la sor**cière** préparent une nouvelle po**tion**.

Mots terminés par -*ciel* et -*tiel*

- **On écrit -*ciel* après *i* et *an*.**

  artifi**ciel**, circonstan**ciel**, logi**ciel**, offi**ciel**, superfi**ciel**

Exceptions : substan**tiel**, intersti**tiel**.

- **On écrit -*tiel* après *en*.**

  démen**tiel**, essen**tiel**, événemen**tiel**, présiden**tiel**, résiden**tiel**

Mots terminés par -*cien*, -*tien*, -*sien*, -*ssien*

- **On écrit souvent -*cien* à la fin des mots qui désignent un métier.**

  an**cien**, magi**cien**, musi**cien**, pharma**cien**

- **On écrit -*tien* à la fin de certains adjectifs dérivés de noms propres.**

  capé**tien** (Capet), égyp**tien** (Égypte), haï**tien** (Haïti), mar**tien** (Mars), véni**tien** (Venise)

- **On écrit -*ssien* ou -*sien* à la fin de quelques mots :**

  paroi**ssien**, pru**ssien**, tar**sien**

Mots terminés par -*cière*, -*sière*, -*ssière*

On écrit -*cière*, -*sière*, -*ssière* à la fin des noms et des adjectifs féminins : pou**ssière**. Pour connaître la bonne écriture, on peut s'aider :

– des noms et adjectifs au masculin :

bour**sière** (boursier), dépen**sière** (dépensier), pâti**ssière** (pâtissier), roman**cière** (romancier), sor**cière** (sorcier)

– des noms de la même famille :

glacière (glace), saucière (sauce)

Mots terminés par *-ciaire* et *-tiaire*

- **On écrit *-ciaire*** après les voyelles *a, i* à la fin de certains mots.

bénéficiaire, glaciaire, judiciaire

- **On écrit *-tiaire*** à la fin de certains noms au masculin ou au féminin : tertiaire.

Noms terminés par *-sion, -ssion, -tion, -cion* et *-xion*

- **On écrit *-sion, -ssion* ou *-tion*** à la fin de certains noms.

ascension, attention, conversion, dimension, discussion, distribution, éducation, émission, impression, passion, portion, pulsation

- **On écrit toujours *-tion* après *c* et *p*.**

action, collection, fraction, jonction, option

- **On écrit toujours *-sion* après *l*.**

émulsion, révulsion

- **On écrit plus rarement *-cion* ou *-xion*** à la fin des noms.

annexion, flexion, réflexion, suspicion

Apprends par cœur

ancien – attention – dimension – discussion – égyptien – essentiel – glaciaire – le sien – poussière – réflexion – superficiel

Exercice

Complète les mots par *-sion, -ssion, -tion, -xion*.

une atten...... – la pa...... – une frac....... – une ascen........ – une po...... – une éduca...... – une impre...... – une fle......

➤ CORRIGÉS PAGE 399

Voir aussi **Féminin des noms (2)**

Fin des mots en *-eur*, *-eurs*, *-œur*...

La sœur de ton ami nage dans le bonheur.

Le son [œʀ] peut s'écrire de différentes façons : *-eur* (bonheur), *-œur* (sœur).

Noms terminés par *-eur*

La plupart des noms masculins et féminins terminés par le son [œʀ] s'écrivent *-eur*.

NOMS MASCULINS	NOMS FÉMININS
l'auteur le bonheur le radiateur le sculpteur le tailleur	la fureur la lenteur l'odeur la peur la stupeur

Exceptions : le b**eurre**, la dem**eure**, l'h**eure**, un h**eurt**, un l**eurre**.

Piège à éviter

La bonne ***heure*** et *le bonh**eur*** ne s'écrivent pas de la même manière.

Le premier est au féminin et se termine par ***-eure***.

Le second est au masculin et se termine par ***-eur***.

Noms terminés par *-œur*

Certains noms masculins et féminins terminés par le son [œʀ] s'écrivent *-œur*.

le ch**œur**, le c**œur**, la ranc**œur**, la s**œur**

Mots terminés par *-eurs*

Les mots invariables suivants terminés par le son [œʀ] s'écrivent *-eurs*. ailleurs, d'ailleurs, plusieurs

Adjectifs terminés par *-eur, -eure*

- Les adjectifs masculins terminés par le son [œʀ] s'écrivent *-eur*.

  antérieur, mineur, postérieur, supérieur
- Les adjectifs féminins terminés par le son [œʀ] s'écrivent *-eure*.

  antérieure, mineure, postérieure, supérieure

Formes verbales terminées par *-eure, -eures, -eurs, -eurt, -eurent*

Au présent de l'indicatif et du subjonctif, certains verbes se terminent par *-eure, -eures, -eurs, -eurt, -eurent*.

- Au présent de l'indicatif :

  je pleure, tu pleures, il pleure, ils pleurent

  je meurs, il meurt, ils meurent
- Au présent du subjonctif :

  que je pleure, que tu pleures, qu'il pleure, qu'ils pleurent

Apprends par cœur

ailleurs – beurre – bonheur – chœur – cœur – demeure – heure – plusieurs – rancœur – sœur

Exercice

Complète les mots avec *-eur, -eure* ou *-œur*.

Il est souvent à l'h...... . Le médecin entend les battements du c..... . J'ai eu p...... en entendant ce bruit. La tortue avance avec lent..... . La mâchoire supéri...... du tigre est impressionnante.

➤ CORRIGÉS PAGE 399

Voir aussi **Sons** [ø], [œ]

Fin des mots en *-oir*, *-oire*

Cette hist**oire** de mir**oir** nous a enchantés.

Le son [waʀ] s'écrit ***-oire*** dans les noms féminins, comme le mot **histoire** et le plus souvent ***-oir*** dans les noms masculins, comme le mot **miroir**.

Noms terminés par *-oire*

Tous les noms féminins en [waʀ] se terminent par *-oire*.

arm**oire**, balanç**oire**, écum**oire**, f**oire**, hist**oire**, mém**oire**, nage**oire**, patin**oire**, rôtiss**oire**

Noms terminés par *-oir*

• Les noms masculins finissant par le son [waʀ] s'écrivent le plus souvent *-oir*.

abreuv**oir**, boud**oir**, bouge**oir**, coul**oir**, entonn**oir**, esp**oir**, hach**oir**, l**oir**, mir**oir**, réserv**oir**

• Certains noms masculins se terminent par *-oire*.

conservat**oire**, interrogat**oire**, laborat**oire**, pourb**oire**, réfect**oire**, territ**oire**

Adjectifs en *-oire*

Le son [waʀ] s'écrit *-oire* à la fin des adjectifs, qu'ils soient au féminin ou au masculin.

access**oire**, éliminat**oire**, illus**oire**, mérit**oire**, migrat**oire**, obligat**oire**, provis**oire**, respirat**oire**, transit**oire**

Le permis est obligat**oire.** L'école est obligat**oire**.

Exception : noir.

Il porte une chemise n**oire** et son foulard est également n**oir**.

Piège à éviter

Attention à l'orthographe du mot ***couard*** qui se termine par le son [waʀ] (oir).

Pour bien écrire un mot, on peut chercher un mot de la même famille :

Dans couardise, tu entends le **d** qui se trouve à la fin de couar**d**.

Verbes en *-oir* et *-oire*

Certains verbes à l'infinitif du 3e groupe se terminent en *-oir* ou *-oire*.

b**oire**, cr**oire**, dev**oir**, fall**oir**, pouv**oir**, sav**oir**, v**oir**

Apprends par cœur

accessoire – conservatoire – couloir – laboratoire – pouvoir – pourboire – réfectoire – territoire

Exercices

1. Complète les mots avec *-oir* ou *-oire*.

le hach...... – le coul...... – la balanç...... – la mém...... – un permis obligat...... – une course éliminat...... – le conservat...... de musique

2. Fais correspondre chaque mot à sa définition.

laboratoire, couloir, parloir, réservoir, entonnoir

a. Récipient contenant la réserve d'un liquide.
b. Lieu où l'on peut parler.
c. Ustensile qui permet de remplir une bouteille avec un liquide.
d. Lieu où on effectue des expériences.
e. Espace étroit qui donne sur plusieurs pièces d'un appartement ou d'une maison.

➤ CORRIGÉS PAGE 399

Voir aussi **Son** [wa]

Fin des noms en *-ail, -eil, -euil, -ueil, -ouil...*

Cette ab**eille** a le rév**eil** difficile.

Le son [ɛj] (eil) s'écrit ***-eille*** (**abeille**) ou ***-eil*** (**réveil**).

Noms terminés par *-ail* ou *-aille*

- Tous les noms masculins terminés par le son [aj] s'écrivent *-ail* :
  un évent**ail**.
- Tous les noms féminins terminés par le son [aj] s'écrivent *-aille* :
  la mur**aille**.

NOMS MASCULINS EN -AIL	NOMS FÉMININS EN -AILLE
l'attirail, le détail, l'épouvantail, le gouvernail, le vitrail	la bataille, la caille, la grisaille, la maille, la médaille, la paille, la rocaille, la taille

Noms terminés par *-eil* ou *-eille*

- Tous les noms masculins terminés par le son [ɛj] s'écrivent *-eil* :
  le sol**eil**.
- Tous les noms féminins terminés par le son [ɛj] s'écrivent *-eille* :
  la corb**eille**.

NOMS MASCULINS EN -EIL	NOMS FÉMININS EN -EILLE
l'appareil, le conseil, l'éveil, l'orteil, le sommeil, le vermeil	l'abeille, la bouteille, la groseille, la merveille, l'oreille

Noms terminés par *-euil* ou *-euille*

- Tous les noms masculins terminés par le son [œj] s'écrivent *-euil* :
  le faut**euil**.

• Le seul nom féminin terminé par le son [œj] s'écrit *-euille* : la **feuille**.

NOMS MASCULINS EN -EUIL	NOM FÉMININ EN -EUILLE
le bouvreuil, le chevreuil, le seuil, le treuil	la feuille

Exceptions : les noms masculins ***chèvrefeuille***, ***millefeuille*** et ***porte-feuille*** s'écrivent en *-euille*, car ils sont composés de deux mots, dont le nom féminin *feuille*.

Noms terminés par *-ueil*

Après les consonnes *c* et *g*, le son [œj] s'écrit *-ueil* :

un acc**ueil**, le cerc**ueil**, un éc**ueil**, l'org**ueil**, un rec**ueil**.

Noms terminés par *-ouil* ou *-ouille*

• Le seul nom masculin terminé par le son [uj] s'écrit *-ouil* :
le fen**ouil**.

• Tous les noms féminins terminés par le son [uj] s'écrivent *-ouille* :
la garg**ouille**.

NOM MASCULIN EN -OUIL	NOMS FÉMININS EN -OUILLE
le fenouil	la citrouille, la grenouille, la rouille, la patrouille

Apprends par cœur

accueil – détail – écueil – feuille – grenouille – œil – orgueil – recueil – seuil – sommeil

Exercice

Complète les noms avec *-eil* ou *-eille*.

un cons...... utile – un sol...... brûlant – une or...... attentive – la corb...... de fruits – l'appar...... ménager – un rév...... matinal

➤ CORRIGÉS PAGE 399

Voir aussi **Son** [j]

Fin des noms en *-é, -ée, -er, -té, -tée, -tié, -tier*

La fée se méfie de l'amitié du sorcier.

fée est un nom féminin terminé par [e] qui s'écrit ***ée***.
amitié est un nom féminin terminé par [tje] qui s'écrit ***tié***.
sorcier est un nom masculin terminé par [e] qui s'écrit ***er***.

Noms terminés par *-é, -ée, -er*

- Les noms féminins terminés par le son [e] s'écrivent *-ée*.

  une all**ée**, une chemin**ée**, une f**ée**, une veill**ée**

Exception : clé ou clef.

- La plupart des noms masculins terminés par le son [e] s'écrivent *-er*.

  le dang**er**, l'épervi**er**, le sangli**er**, le sorci**er**, le soup**er**

- Quelques noms masculins terminés par le son [e] s'écrivent *-é*.

  le bl**é**, le caf**é**, le degr**é**

Piège à éviter

Certains noms masculins se terminant par le son [e] s'écrivent *-ée*.

le lyc**ée**, le mausol**ée**, le mus**ée**, le rez-de-chauss**ée**, le scarab**ée**, le troph**ée**…

Noms terminés par *-té* ou *-tée*

- La plupart des noms féminins terminés par le son [te] s'écrivent *-té*.

  l'atroci**té**, la bon**té**, la chari**té**, la liber**té**, la méchance**té**, la quali**té**

• Seuls ces noms féminins terminés par le son [te] s'écrivent *-tée* :

la bu**tée**, la dic**tée**, la je**tée**, la mon**tée**, la pâ**tée**, la por**tée**

Ainsi que ceux indiquant un contenu :

l'assiet**tée**, la brouet**tée**, la nui**tée**, la pelle**tée**...

Attention ! cô**té**, doig**té**, é**té**, trai**té** sont masculins.

Noms terminés par *-tié* ou *-tier*

• Les noms féminins terminés par le son [tje] s'écrivent *-tié*.

l'ami**tié**, la moi**tié**, la pi**tié**

• Les noms masculins terminés par le son [tje] s'écrivent *-er*.

le charcu**tier**, le quar**tier**, le sen**tier**

Apprends par cœur

amitié – côté – danger – dictée – jetée – liberté – pâtée – moitié – montée – musée – portée

Exercices

1. Complète les noms avec *-té, -tée, -tié* ou *-tier*.

Le chat apprécie la nouvelle pâ...... . L'ami...... est un beau sentiment. La mon...... est difficile. J'aime beaucoup l'é...... . J'ai facilement réussi la dic...... . La sévéri...... de ce professeur est connue. Le sen...... est escarpé. Le quar...... est désert.

2. Complète les noms avec *-é, -ée ou -er*.

Le sangli... fonce dans le bois. La f... a sa baguette magique. Il fait douze degr...s ce matin. Tom mange des céréales au petit déjeun... . Le bois brûle dans la chemin... . Un lyc... va être construit.

➤ CORRIGÉS PAGE 399

Voir aussi **Son** [e]

Fin des noms en -u, -ue, -ur, -ul, -ule...

La tortue a eu de la laitue au menu.

Il y a différentes façons d'écrire le son [y] (u) en fin de mot : ***u*** ou ***ue***.

Noms terminés par -u, -ue, -us, -ut, -ux

• **La plupart des noms féminins** se terminant par le son [y] (u) s'écrivent *-ue* : la **rue**.

Exceptions : br**u**, gl**u**, trib**u**, vert**u**.

• **Les noms masculins** se terminant par le son [y] s'écrivent *-u* ou avec la voyelle *u* suivie d'une consonne muette : *s, t, x*.

NOMS FÉMININS EN -UE	NOMS MASCULINS EN -U	NOMS MASCULINS EN -US, -UT, -UX
l'avenue, la crue, l'étendue, la laitue, la morue, la statue, la tenue, la tortue, la vue	le bossu, le contenu, l'écu, le fichu, l'individu, le menu, le tissu	l'affût, le bahut, le chalut, le flux, le jus

Noms terminés par -ur, -ûre

• La plupart des noms masculins et féminins terminés par le son [yʀ] (ur) s'écrivent *-ure*.

Exceptions : azur, fémur, futur, mur.

NOMS MASCULINS	NOMS FÉMININS
le mercure, le murmure	l'aventure, la coiffure, l'enluminure, l'envergure, l'éraflure, la mesure, la nourriture, la sculpture, la tenture

• L'accent circonflexe n'est plus obligatoire sur le *u*, mais l'usage le maintient comme dans : la m**ûre**, la piq**ûre**.

Piège à éviter

Attention ! Un même mot terminé par *-ue* ou *-ure* peut avoir deux natures grammaticales différentes.

Ta **venue** est souhaitée. Elle est **venue**.
nom — participe passé de *venir*

Le **murmure** d'un enfant. Il **murmure** sa poésie.
nom — verbe

Noms terminés par *-ul, -ule, -ulle*

La plupart des noms masculins ou féminins terminés par le son [yl] (ul) s'écrivent *-ule*.

NOMS MASCULINS	NOMS FÉMININS
le crépuscule, le monticule, le tentacule, le véhicule	la bascule, la libellule, la mule, la péninsule, la pilule, la rotule, la virgule
Exceptions : calc**ul**, cons**ul**, cum**ul**, rec**ul** et t**ulle**. *Pull* est un mot d'origine anglaise qui se termine avec deux *l*.	**Exception** : b**ulle**.

Apprends par cœur

tribu – vertu – azur – futur – mur – piqûre – bulle – calcul – recul

Exercice

Complète les mots par *-u, -ue, -ul, -ule* ou *-ure*.

une sculpt...... contemporaine – un calc...... simple – un véhic...... à moteur – une libell...... bleue – un énorme tentac...... – une trib...... d'Indiens – une r...... célèbre – une v...... perçante

➤ CORRIGÉS PAGE 399

Voir aussi **Accent circonflexe**

h muet et *h* aspiré

Un hibou hulule, un héron s'envole.
Quel bonheur !

La lettre ***h*** ne s'entend pas. On ne la prononce pas.

Le *h* muet en début de mot

• Le *h* muet peut se trouver en début de mot devant n'importe quelle voyelle.

L'**h**orloge du village, **h**abituellement à l'**h**eure, retarde.

• Lorsqu'on emploie l'article *les* ou *des* avec un nom pluriel commençant par un *h* muet, on effectue la liaison : les **h**ôtels.

Le *h* muet à l'intérieur des mots

• Le *h* muet peut se trouver à l'intérieur des mots formés de deux éléments, dont le second commence par *h* après une consonne : mal**h**onnête (mal-honnête).

Le mal**h**eur est in**h**abituel dans cette famille.

• On le trouve très rarement en fin de mot : a**h** !, maharadja**h**.

Mots d'origine grecque

Certains mots d'origine grecque s'écrivent avec un *h* muet au début ou au milieu d'un mot après une consonne : r**h**ume, t**h**éâtre.

Astuce

Hydro-, hippo-, ortho-, -pathie, rhino-, -thèque sont des préfixes et suffixes d'origine grecque. Grâce à la lettre *h*, tu peux savoir que ces mots viennent du grec : **h**ippopotame, **h**ippodrome, **h**ydravion, sympat**h**ie, médiat**h**èque, ort**h**ographe, r**h**inocéros.

Le *h* aspiré en début de mot

Le *h* aspiré peut se trouver en début de mot. Il est dit aspiré car il ne permet pas de faire la liaison avec le mot précédent.

Dans cette **h**aute **h**utte se cache un **h**éros.

Le *h* aspiré à l'intérieur des mots

Le *h* aspiré peut se trouver entre deux voyelles, elles se prononcent alors séparément : é-ba-hi.

Ce geste est incompré**h**ensible et une immense colère l'enva**h**it.

Tableau récapitulatif

H MUET EN DÉBUT DE MOT	H MUET À L'INTÉRIEUR DU MOT	H ASPIRÉ EN DÉBUT DE MOT	H ASPIRÉ À L'INTÉRIEUR DU MOT
habitation hélicoptère hésiter hirondelle hiver honneur hygiène	adhésion athlète bonheur enthousiasme panthère thé thon	hacher haie hameau hennir homard hoquet	ahuri cahot cohue trahison

Apprends par cœur

athlète – bonheur – bonhomme – habitant – hauteur – honte – sympathique – théâtre

Exercice

Complète chaque début de mot par *h*, si nécessaire.

...ôtel – ...abit – ...abri – ...onte – ...anter – ...ibou – ...italien – ...électeur – ...uile – ...otte – ...outil

➤ CORRIGÉS PAGE 399

Voir aussi **Histoire des mots : étymologie**

Homophones grammaticaux : *a/à, est/et, ou/où, on/ont*

Simon **a** réussi **à** convaincre ses parents :
il **a** sa console de jeux. Il **est** heureux. Il court **et** saute partout.

Il partira ensuite à la mer **ou** à la campagne.
Il ira là **où** ses parents voudront.

On imagine qu'ils **ont** déjà tout prévu.

Définition

• De nombreux mots qui ne contiennent qu'une syllabe sont homophones : ils se prononcent de la même façon mais s'écrivent de façon différente.

• Ils appartiennent :

– à une même catégorie grammaticale, mais varient selon le genre : **cet** arbre, **cette** maison.

– à des catégories de mots différentes ; ils ont donc des emplois différents.

Il ira à la mer **ou** à la montagne, là **où** vivent ses amis.

conjonction de coordination (ou) — pronom relatif (où)

a / à

• ***a* est la forme conjuguée du verbe *avoir*** à la 3e personne du singulier du présent de l'indicatif. Il peut aussi être employé comme auxiliaire dans un temps composé. Il **a** déjeuné rapidement.

On peut remplacer ***a*** par ***avait***. Pierre **a** / **avait** raison.

• ***à* est une préposition** (mot invariable) qui introduit un complément de nom ou de verbe. On peut la remplacer par une autre préposition. Elle vit **à** / **dans** Toulouse.

est / et

• ***est* est la forme conjuguée du verbe *être*** à la 3e personne du singulier du présent de l'indicatif. Elle peut être remplacée par une autre forme du verbe *être* : ***était, sera***. Il **est** / **était** heureux.

• ***et* est une conjonction de coordination**. Elle relie deux mots ou deux parties d'une phrase. On peut la remplacer par ***et puis***.

Tu manges du fromage **et** / **et puis** un dessert.

ou / où

• ***ou* est une conjonction de coordination**. Elle exprime un choix entre deux possibilités. ***Ou*** peut être remplacé par ***ou bien***.

Préfères-tu le café **ou** / **ou bien** le thé ?

• ***où* peut être pronom ou adverbe**. Il indique un lieu, un état, une situation. On peut remplacer ***où*** par ***à l'endroit où***.

Tu peux aller **où** / **à l'endroit où** tu veux.

on / ont

• ***ont* est la forme conjuguée du verbe *avoir*** à la 3e personne du pluriel au présent de l'indicatif. Elle peut être remplacée par une autre forme du verbe *avoir* : ***avaient***. Ils **ont** / **avaient** une voiture.

• ***on* est un pronom personnel ou un pronom indéfini**. On peut le remplacer par un autre pronom. **On** / **Il** le mange avec plaisir.

Exercice

Complète les phrases avec *a, à, et, est, ou, où, on, ont*.

Il avance ... petits pas. Il ... peur. Vous buvez du lait ... du chocolat ? La maison ... tu vis est grande. Les enfants ... un vélo rouge. ... part demain en Italie. Léa ... contente de son cadeau ... rougit de bonheur.

➤ CORRIGÉS PAGE 400

Homophones grammaticaux : *ce/se, ces/ses, c'est/s'est, son/sont*

Ce clown **se** produit tous les soirs.

Ses grimaces font beaucoup rire **ces** enfants.

Il **s'est** pressé car **c'est** le jour du spectacle.

Son numéro est une réussite. Les spectateurs **sont** ravis.

ce / se

• ***ce* est un adjectif démonstratif**, il est toujours placé devant un nom masculin. Il peut être remplacé par ***cette***, devant un nom féminin.

Ce livre / **Cette** histoire m'intéresse.

• ***ce* est aussi un pronom démonstratif**. Il peut se trouver devant un verbe, et le plus souvent le verbe *être*. On peut le remplacer par ***cela***.

Ce / Cela n'est pas important.

• ***se* est un pronom personnel réfléchi**, il est toujours placé devant un verbe. À la 1re personne du singulier, ***se*** devient ***me***.

Il **se** lave. / Je **me** lave.

ces / ses

• ***ces* est un adjectif démonstratif**. C'est un déterminant du nom. Il peut toujours être renforcé par ***-ci*** ou ***-là***.

Ces valises**(-là)** sont lourdes.

• ***ses* est un adjectif possessif.** C'est un déterminant du nom. On peut le remplacer par son singulier ***son***.

Lucas attache **ses** lacets / **son** lacet.

c'est / s'est

• ***c'est* (pronom démonstratif *c'* + verbe *être*)** sert à désigner un objet ou une personne. On peut le remplacer par ***ceci est***.

C'est / Ceci est un chat.

• ***s'est* fait partie d'un verbe pronominal conjugué au passé composé** : *il se presse / il s'est pressé*. En conjuguant ce verbe à la 1re personne du singulier, ***s'*** devient ***me suis***.

Il **s'est** dépêché. / Je **me suis** dépêché.

son / sont

• ***son* est un adjectif possessif.** C'est un déterminant. On peut le remplacer par son pluriel ***ses***.

J'ai vu **son** spectacle / **ses** spectacles.

• ***sont* est la forme conjuguée du verbe *être*** à la 3e personne du pluriel du présent de l'indicatif. On peut le remplacer par d'autres formes conjuguées du verbe *être* : ***étaient, seront***.

Ils **sont / étaient / seront** enthousiastes.

Exercice

Complète les phrases avec *ce, se, ces, ses, c'est, s'est, son, sont.*

... chiens-là aboient et ... bruyants. Il ... trompé de chemin. ... soir, je réviserai ma leçon. ... matin, il a promis de ... tenir sage. Ils ... venus à ... anniversaire. ... aujourd'hui la rentrée. Il a rangé ... livres sur l'étagère. Il a recopié ... résumé. Les élèves ... lèvent à la sonnerie. Ils ... sortis en retard.

➤ CORRIGÉS PAGE 400

Homophones grammaticaux : *la/ l'a(s)/ là, mais/ mes, ni/ n'y, si/ s'y*

La chatte Zoé est **là,** en haut de l'arbre. Je **la** vois d'en bas.
Mes amis l'appellent **mais** elle ne veut pas descendre.
Elle n'a **ni** faim **ni** soif. Je **n'y** comprends rien.
Elle est **si** petite dans les feuillages qu'elle **s'y** est bien cachée.

la / l'a(s) / là

• ***la* est un article défini féminin.** Il se place devant un nom. On peut le remplacer par l'article défini masculin ***le***.

La chatte / **Le** chat miaule.

• ***la* est aussi un pronom personnel.** On l'écrit devant un verbe. On peut le remplacer par le pronom personnel ***le***.

Je **la / le** vois.

• ***l'as/l'a* est composé du pronom personnel *l' (le/la)* + auxiliaire *avoir*** à la 2e ou à la 3e personne du singulier. On peut le remplacer par ***l'avais/l'avait***.

Ce livre, il **l'a / l'avait** acheté à prix réduit.

• ***là* est un adverbe de lieu.** On peut le remplacer par ***ici***.

Il est **là / ici** depuis deux heures.

mais / mes

• ***mais* est une conjonction de coordination.** Elle relie deux parties de phrase et exprime une opposition, une restriction.

Il a soif, **mais** n'a rien à boire.

• ***mes* est un adjectif possessif**, c'est un déterminant. Il est toujours placé devant un nom. On peut le remplacer par l'adjectif possessif singulier ***mon*** ou ***ma***.

J'ai parlé à **mes** frères / **mon** frère / **ma** sœur.

ni / n'y

• ***ni* est une conjonction de coordination négative**. Pour la reconnaître, on peut transformer la négation en affirmation : ***ni*** est remplacé par ***et***.

Paul n'a **ni** faim **ni** soif. / Il a faim **et** soif.

• ***n'y* est formé de la négation *n' (ne)* + pronom *y***. On peut le remplacer par ***à cela, dans cela***.

Elle **n'y** comprend rien. / Elle ne comprend rien **à cela**.

si / s'y

• ***si* est un adverbe** que l'on peut remplacer par ***très***.

Maman est **si / très** gentille avec moi.

• ***si* est aussi une conjonction**.

Si tout va bien, je te rejoins.

• ***s'y* est formé du pronom réfléchi *s' (se)* + pronom personnel *y***. On peut le remplacer par ***m'y***.

Il ne **s'y** habitue pas. / Je ne **m'y** habitue pas.

Exercice

Complète les phrases avec *ni, n'y, la, l'a, là, si, s'y, mais, mes.*

Cette course, ils ... participent pas cette année donc ... l'un ... l'autre ne gagneront. Ils planteront ..... tente de leurs parents ..... où ils s'arrêteront. Pierre ... déjà fait. ... tu y vas, il ... rend aussi. ... jouets sont solides .... mon frère en a cassé un.

➤ CORRIGÉS PAGE 400

Homophones grammaticaux : *leur/leurs, quelle(s)/qu'elle(s), quand/quant/qu'en, sans/s'en*

Léa et Mia ont emprunté de nombreux livres.
Leurs dessins **leur** plaisent beaucoup.
Mais les pages **qu'elles** ont lues sont très abîmées. **Quelle** histoire !
Elles ne **s'en** soucieraient pas **sans** toi.
Quant à ton livre, elles te le rendront **quand** elles l'auront terminé. **Qu'en** penses-tu ?

leur / leurs

• ***leur(s)* placé devant un nom est un adjectif possessif.** Le déterminant s'accorde en nombre avec le nom.

Leur chien est bien dressé. / **Leurs** chiens sont bien dressés.

• ***leur* placé devant un verbe est un pronom personnel.** Il est invariable. Il peut être remplacé par ***lui*** au singulier.

Ils **leur** racontent une histoire. / Ils **lui** racontent une histoire.

quelle(s) / qu'elle(s)

• ***quelle*(s) est un adjectif exclamatif ou interrogatif au féminin.** On peut le remplacer par ***quel(s)*** au masculin.

Quelle magnifique fleur ! / **Quel** magnifique bouquet !

• ***qu'elle(s)*** est formé :
– du pronom relatif *qu'* + pronom personnel *elle(s)* ;
– de la conjonction *qu'* + pronom personnel *elle(s)*.

On peut le remplacer par ***qu'il(s)***.

Il voit **qu'elle / qu'il** a raison.

quand / quant / qu'en

• ***quand* est un adverbe interrogatif.** Il peut être remplacé par ***à quel moment***.

Quand / À quel moment sors-tu ?

• ***quand* est une conjonction de subordination.** Elle peut être remplacée par ***lorsque***.

Quand / lorsque nous serons prêts, nous partirons.

• ***quant* est une préposition, suivie de *à* ou** de ***au***. Elle peut être remplacée par ***en ce qui concerne***.

Quant au repas / **En ce qui concerne** le repas, il sera offert.

• ***qu'en* est formé de *qu'*** (conjonction de subordination ou pronom) **et de *en*** (préposition ou adverbe). On peut le remplacer par ***que… de cela***.

Qu'en pense-t-il ? **Que** pense-t-il **de cela** ?

sans / s'en

• ***sans* est une préposition** qui est le contraire de ***avec***.

Vas-y **sans / avec** moi.

• ***s'en* est formé du pronom personnel réfléchi *s'* (*se*) + pronom adverbial *en*.** *S'en* se trouve devant un verbe pronominal. On peut conjuguer le verbe à une autre personne.

Elle **s'en** va. / Tu **t'en** vas.

Exercice

Complète les phrases avec *leur, leurs, qu'elle, quelle, sans, s'en*.

Michelle présente aux élèves les documents … a préparés. Elle … demande de se concentrer sur les questions. Tous les élèves ont répondu … se tromper. … réussite également pour … camarades de l'autre classe ! Ils … sont tous très bien sortis.

➤ CORRIGÉS PAGE 400

m devant m, b, p

Les enfants sont impatients de manger un grand nombre de bonbons.

La lettre *m* est présente devant le *p* de **impatients** et devant le *b* de **nombre**.
La lettre *n* est devant le *b* de **bonbons**.

Règle générale

On écrit *m* à la place de *n* devant les consonnes *m, b, p.*

Exceptions : bonbon, bonbonnière, bonbonne, embonpoint, néanmoins.

Mots écrits avec *am*

Le son [ɑ̃] (an) s'écrit *am* devant *m, b, p.*

ambulance, **amp**oule, b**amb**ou, c**amp**agne, c**amp**, ch**amb**re, ch**amp**, ch**amp**ignon, fl**amb**eau, j**amb**on, l**amp**e

Piège à éviter

On n'écrit jamais ***anm***, mais on peut écrire ***amn*** dans le mot ***amn**ésie* qui signifie « absence de mémoire ». Ce mot vient du nom de la déesse de la mémoire, **Mn**émosis.

Mots écrits avec *om*

Le son [ɔ̃] (on) s'écrit *om* devant *m, b, p.*

ombre, **omb**ilical, conc**omb**re, c**omp**agnie, c**omp**artiment, c**omp**as, c**omp**let, c**omp**ortement, c**omp**ote, c**omp**rimé, c**omp**te, n**omb**re, p**omp**e, p**omp**ier, s**omb**re, t**omb**er

Mots écrits avec *em*

Le son [ɑ̃] (an) s'écrit *em* devant *m, b, p.*

emballer, **emb**arquer, **emb**outeillage, **emb**rasser, **emm**agasiner, **emm**énager, **emm**ener, **emp**oisonner, **emp**orter, **emp**reinte, en**semb**le, **remp**arts, **temp**ête

Mots écrits avec *im*

On écrit *im* devant *m, b, p.*

imbattable, **imm**angeable, **imm**obile, **imm**oral, **imp**ardonnable, **imp**atient, **imp**erméable, **imp**ortant, **imp**ur, **timb**re, s**imp**le

Apprends par cœur

bonbon – bonbonne – embonpoint – néanmoins – campagne – emmener – important – nombre

Exercices

1. Complète les mots avec *n* ou *m*.

Cet athlète est i...battable.
La bo...bonne est pleine.
Sept est mon no...bre favori.
Il neige, néa...moins mon petit frère joue dehors.

2. Complète les mots avec un *m* ou deux *m*.

Il vient d'e...énager. Les e...bouteillages sont nombreux à Paris. Il e...porte une boisson pour la sortie. Ce prédateur reste i...obile. Tu traces des cercles avec ton co...pas. Ma petite cousine est i...patiente de refaire un tour de manège.

➤ CORRIGÉS PAGE 400

Voir aussi **Sens des préfixes, Sons** [ɛ̃], [ɑ̃]

Mots invariables

Elle chante **et** danse **souvent quand** elle est heureuse.

Elles chantent **et** dansent **souvent quand** elles sont heureuses.

et, **souvent**, **quand** sont des mots invariables.

Définition

Les mots invariables sont des mots qui ne changent jamais d'orthographe. Sont invariables :

– les adverbes, les conjonctions et les prépositions : toujours, encore, si, ou, avec ;

– les locutions adverbiales, prépositionnelles et de subordination qui comportent plusieurs mots : peut-être, grâce à, pendant que.

Adverbes et locutions adverbiales

• **Adverbes** : ailleurs, ainsi, aujourd'hui, autant, bien, certes, combien, comme, comment, demain, enfin, ensemble, fort, heureusement, hier, ici, là, loin, mal, moins, non, où, quand, oui, partout, peu, plus, pourquoi, puis, que, rapidement, très, vite...

! *Piège à éviter*

Ne confonds pas **l'adjectif *fort*** qui s'accorde en genre et en nombre avec le nom et **l'adverbe *fort*** qui est invariable.

Il est **fort**. Elle est **forte**, musclée. (adjectifs)
Il est **fort** gentil. Il est **très** gentil. (adverbes)

• **Locutions adverbiales** : bien sûr, d'ailleurs, ne... guère, ne... jamais, ne... pas, ne... plus, peut-être...

Conjonctions de coordination

mais, où, et, donc, or, ni, car (Mais où est donc Ornicar ?)

Conjonctions et locutions de subordination

• **Conjonctions de subordination** : comme, lorsque, puisque, quand, que, quoique, si...

• **Locutions de subordination** : à condition que, afin que, après que, au moment où, au point que, avant que, bien que, de peur que, de sorte que, parce que, pour que, pourvu que, sans que, si bien que, tandis que.

Prépositions et locutions prépositionnelles

• **Prépositions** : à, avec, dans, de, depuis, en, entre, par, pendant, pour, sans...

• **Locutions prépositionnelles** : à cause de, au-dessus de, avant de, au-dessous de, en vue de, grâce à...

Piège à éviter

Employées avec un article défini, les prépositions ***à*** et ***de*** se contractent : au – aux / du – des

à + le – à + les / de + le – de + les

Exercice

Indique la nature des mots ou groupes de mots soulignés.

Tu ne viens jamais à la piscine. Léo dort, donc tu peux sortir. Ma mère prend son parapluie parce qu'il commence à pleuvoir. Mon chien court vite.

➤ CORRIGÉS PAGE 400

Voir aussi **Prépositions, Adverbes, Conjonctions**

Sons [a] et [ɑ] : a, à, â

Ce château en ruine abrite des chats.

Les sons [a] et [ɑ] peuvent s'écrire ***a*** ou ***â***.

Mots écrits avec *a*

• Le son [a] s'écrit dans toutes les positions d'un mot, au début, en milieu et en fin de mot : ami, valise, cinéma.

• En début de mot, la lettre *a* peut être suivie d'une ou de deux consonnes : aplatir, une affaire.

EN DÉBUT DE MOT		EN MILIEU DE MOT	EN FIN DE MOT
un **a**bri **a**grandir un **a**stronaute un **a**vocat	un **a**ccident une **a**ddition **a**ffaiblir un **a**rrosoir	le c**a**deau le g**a**rçon p**a**sser le s**a**von	le ciném**a** le mimos**a** un opér**a** le pyjam**a**

Mots écrits avec *à*

Le son [a] s'écrit *à* uniquement à la fin des mots.

là (celle-là), déjà, voilà, au-delà

Mots écrits avec *ha* et *hâ*

Le son [a] s'écrit *ha* en début ou en milieu de mot, *hâ* seulement en début de mot.

EN DÉBUT DE MOT	EN MILIEU DE MOT	EN FIN DE MOT
habile un **ha**bit **hâ**lé **hâ**te	in**ha**bité in**ha**bituel in**ha**ler mal**ha**bile	

Mots écrits avec *â*, *as*, *at*

Le son [ɑ] s'écrit *â* en début et en milieu de mot, *as* ou *at* en fin de mot.

EN DÉBUT DE MOT	EN MILIEU DE MOT	EN FIN DE MOT
âcre	le b**â**ton	le br**as**
un **â**ge	le c**â**lin	le matel**as**
une **â**me	le ch**â**teau	le rep**as**
un **â**ne	le cr**â**ne	le candid**at**
âpre	la gr**â**ce	le clim**at**
l'**â**tre	la p**â**te	le résult**at**

Astuce

Pour savoir si, à la fin d'un mot, le ***a*** est suivi d'une lettre muette, on peut parfois le mettre au féminin.

Chat se termine par un *t*, car au féminin, il s'écrit *chatte*.

Mots en *-emment* ou *-amment*

- Le son [a] s'écrit *e* comme dans ***femme*** et dans les adverbes en *-emm-* formés à partir d'adjectifs qui se terminent par *-ent*.

  fréquent → fréqu**e**mment – prudent → prud**e**mment

- Les adjectifs en *-ant* donnent des adverbes en *-amm-*.

  brillant → brill**a**mment – vaillant → vaill**a**mment

Apprends par cœur

bâton – château – gâteau – lâche – mâle – pâle – bras – repas – au-delà – celle-là – déjà – voilà

Exercice

Complète les mots avec *a*, *â*, *ha*.

Son ...mi a dix ans demain. Ton ...bit est neuf. Le jongleur est ...bile. L'...ne est parfois têtu. Il ...vance vite. La p...te à pain est levée.

➤ CORRIGÉS PAGE 400

Voir aussi **Accent circonflexe**

Son [ɑ̃] : an, en, aon…

Le chant du paon enchante l'orang-outan.

Le son [ɑ̃] s'écrit le plus souvent ***an*** et ***en***.

Mots écrits avec *an*

Le son [ɑ̃] s'écrit *an* au début, au milieu, en fin de mot ou après la lettre muette *h*.

EN DÉBUT DE MOT	EN MILIEU DE MOT	EN FIN DE MOT
un **an**gle une **an**goisse une **an**tenne la **han**che le **han**dicap le **han**gar	une aval**an**che la br**an**che débr**an**ché le l**an**gage le mél**an**ge m**an**quer	le cl**an** le div**an** un écr**an** un océ**an** le rub**an** le volc**an**

Mots écrits avec *en*

Le son [ɑ̃] s'écrit *en* en début et en milieu du mot, jamais en fin de mot.

EN DÉBUT DE MOT		EN MILIEU DE MOT		EN FIN DE MOT
encore une **en**dive un **en**nui	une **en**cre **en**fin **en**richir	le cal**en**drier la m**en**the la t**en**tative	un év**en**tail pr**en**dre v**en**dredi	

Piège à éviter

Attention ! Devant les consonnes ***m, b, p***, les graphies *an* et *en* deviennent *amb, amp, emb, emm, emp* : une **amb**iance, une **amp**oule, un c**amp**, **emm**ener, ens**emb**le, **emp**orter, t**emp**s.

Mots en *-ance, -ence, -anse, -ense, -ande, -ante, -ente*

Le son [ɑ̃] apparaît souvent en fin de mot sous les formes suivantes :

FIN DE MOT EN *-ANCE, -ANDE, -ANSE, -ANTE*	FIN DE MOT EN *-ENCE, -ENSE, -ENTE*
une ambi**ance**, la croiss**ance**, la dist**ance**, la dem**ande**, la guirl**ande**, la d**anse**, cinqu**ante**	une abs**ence**, la différ**ence**, la pati**ence** une urg**ence**, la dép**ense**, imm**ense**, la desc**ente**, tr**ente**

Mots terminés par *-ant* et *-ent*

- Le son [ɑ̃] s'écrit *ant* ou *ent* en fin de mot : auparav**ant**, aut**ant**, le croiss**ant**, un inst**ant**, le vol**ant**, la d**ent**, urg**ent**, le vêtem**ent**.
- Le participe présent des verbes se termine toujours par *-ant* :

  marcher / march**ant** – finir / finiss**ant** – voir / voy**ant**

Adverbes en *-ment*

Les adverbes se terminant par le son [ɑ̃] s'écrivent souvent *-ent :*

rapidem**ent**, vraim**ent**, violemm**ent**, mais mainten**ant**.

Mots terminés par *-anc, -and, -ang, -aon*

Le son [ɑ̃] s'écrit plus rarement en fin de mot *-anc, -and, -ang, -aon :* le b**anc**, bl**anc**, le march**and**, un ét**ang**, le s**ang**, le f**aon**, le p**aon**, le t**aon**.

Apprends par cœur

ampoule – autant – banc – distance – emporter – enfin – langage – marchand – paon – patience – sang – trente – vraiment

Exercice

Complète les mots avec *am, an, em, en, aon.*

La grenouille vit dans l'ét...g. Tu dois ch...ger cette ...poule. Il a ...fin atteint l'océ... . J'ai ...vie d'une glace. Elle ...porte ses peluches en vacances. Le p... fait la roue.

➤ CORRIGÉS PAGE 400

Voir aussi **Adverbes**

Son [e] : é, ée, er, ed, es, ez…

C'est le premi**er** concours de beaut**é** pour cette f**ée**.

Le son [e] s'écrit le plus souvent ***é***, ***ée*** ou ***er***.

Mots écrits avec *é*

• Le son [e] peut s'écrire *é*. Il se trouve au début, au milieu et à la fin des mots. C'est la forme la plus fréquente.

EN DÉBUT DE MOT	EN MILIEU DE MOT	EN FIN DE MOT
éclatant une **é**quipe une **é**toile une **é**preuve	adh**é**rer le m**é**tier le tr**é**sor le v**é**hicule	la beaut**é** le côt**é** le march**é** le pr**é**

• On trouve aussi de nombreux mots commençant par *hé-* :
héberger, le **hé**risson, le **hé**ros.

Mots écrits avec *e* + double consonne

En début de mot, le son [e] peut s'écrire *e* + double consonne :
une **ecc**hymose, **eff**acer, un **eff**et, **eff**icace, un **eff**ort, un **ess**ai.

Noms terminés par *-é*, *-ée*

• **La plupart des noms féminins** se terminant par le son [e] s'écrivent *-ée* : l'all**ée**, la bou**ée**, la brass**ée**, la dur**ée**, l'entr**ée**, la f**ée**, la flamb**ée**, la fus**ée**, l'id**ée**, la mar**ée**, la pinc**ée**, la ros**ée**, la soir**ée**.

Exception : la clé.

• **Quelques noms masculins** en [e] s'écrivent *-é* : le bl**é**, le caf**é**.

Il en existe cependant quelques-uns qui se terminent par *-ée* :
le lyc**ée**, le mus**ée**, le pygm**ée**, le scarab**ée**.

Noms terminés par *-té, -tié*

La plupart des noms féminins sont terminés par *-té* ou *-tié* : une activité, l'agilité, une amitié, l'autorité, la beauté, la fierté, l'humidité, la moitié, la qualité, la réalité.

Exceptions : s'écrivent *-tée* les noms indiquant le contenu d'une chose comme fourchettée ainsi que certains noms usuels comme la dictée, la jetée, la montée, la pâtée, la portée.

Mots terminés par *-er*

• Le son [e] s'écrit *-er* en fin de mot pour tous les verbes du 1er groupe à l'infinitif (avancer) et le verbe aller.

• Certains adjectifs et de nombreux noms masculins comme ceux exprimant un métier se terminent par *-er* : un atelier, un banquier, un boulanger, un cahier, dernier, un escalier, un goûter, un infirmier, un ouvrier, premier, un prunier, un voilier.

Mots écrits avec *œ, -ed, -es, -ez*

• En fin de mot, le son [e] peut s'écrire *-ed, -es, -ez* : le pied, mes, tes, ses, assez, chez, le nez.

• Le son [e] s'écrit très rarement *œ* en milieu de mot : phœnix.

Apprends par cœur

dictée – portée – musée – beauté – côté – réalité – clé – goûter

Exercice

Complète les mots avec *-é, -ée, -er, -ez.*

Ce caf... est fort. Le phare est au bout de la jet... . Je pars ch... mon oncle cet ét... . Le couch... de soleil est magnifique. Cette sorcière a un n... crochu. L'ouvri... a réalisé la moiti... de l'escali... . Elle a passé une agréable soir... .

➤ CORRIGÉS PAGE 400

Voir aussi **Fin des noms en *-é, -ée, -er, -té, -tée, -tié***

Son [ɛ] : è, ê, ei, ai…

Pierre a pêché en pleine mer avec son père toute la semaine.

Le son [ɛ] s'écrit le plus souvent ***è, ê, ei, ai***.

Mots écrits avec *è, ê*

• Le son [ɛ] s'écrit *è, ê,* uniquement à l'intérieur des mots, à l'exception de *être* : la bibliothèque, le chèque, la crème, la flèche, le piège, le système, bête, le chêne, la fête, la fenêtre, la pêche, le rêve.

• La lettre *è* peut être suivie d'une consonne finale muette : un accès, un succès.

Mots écrits avec *ei*

Le son [ɛ] s'écrit *ei* uniquement au milieu des mots : la baleine, la peine, la neige, la reine, le peigne, treize.

Mots écrits avec *ai, aî*

• Le son [ɛ] peut s'écrire *ai* au début, au milieu et à la fin des mots, *aî* s'écrit uniquement en milieu de mot (sauf aîné).

EN DÉBUT DE MOT	EN MILIEU DE MOT		EN FIN DE MOT
aider	une araignée	la chaîne	le balai
aigre	la fontaine	entraîner	le délai
une aile	la fraise	le maître	un essai
un aileron	maigre	paraître	le geai
aimer	la vingtaine	paître	le quai

• Le son [ɛ] peut s'écrire en fin de mot *-ais, -ait, -aix, -aid* : anglais, le marais, le lait, le souhait, la paix, laid.

• Les noms féminins qui se terminent par le son [ɛ] s'écrivent *-aie* : la **baie**, la **haie**, la monn**aie**, la pl**aie** (sauf **la paix**) et les noms désignant un lieu planté d'arbres : la châtaigner**aie**, la pommer**aie**.

Mots écrits avec *e* + consonne simple ou double

• Le son [ɛ] peut s'écrire *e* + consonne simple (*c, f, l, m, n, p, r, s, z*) à l'intérieur des mots : l'asp**ec**t, le b**ec**, le ch**ef**, le ci**el**, le requi**em**, le spécim**en**, s**ep**t, le conc**er**t, le t**es**t, Rod**ez**.

• Le son [ɛ] peut s'écrire *e* + consonne double + *e* muet en fin de mot (sauf ennemi) : la vaiss**elle**, le dil**emme**, une ant**enne**, la pharmaci**enne**, la princ**esse**, la bagu**ette**, le squel**ette**.

Mots écrits avec *et, êt*

Le son [ɛ] peut s'écrire *et* ou *êt* en fin de mot uniquement. Ce sont souvent des noms masculins : un alphab**et**, le beign**et**, le coffr**et**, le gu**et**, le siffl**et**, le pr**êt**, mais la for**êt**.

Mots écrits avec *ey*

Le son [ɛ] peut s'écrire *ey* en fin de mot : le jock**ey**, le pon**ey**, le voll**ey**.

Mots écrits avec *e* suivi d'un *s* ou d'un *x*

Le son [ɛ] peut s'écrire *es* ou *ex* en début ou en milieu de mot : un **es**cabeau, un **es**pace, un **ex**amen, un **ex**emple, l'ou**es**t, un t**ex**te.

Apprends par cœur

concert – crème – forêt – neige – paix – quai – squelette – succès

Exercice

Complète les mots avec *è, ê, ei, ai, et, ey*.

La r...ne est très jeune. Ce sportif saute les h...es avec facilité. J'aime bien les beign...s. L'Indien a tiré une fl...che. Alex a adopté un pon.... Son fruit préféré est la p...che. Viendras-tu à ma f...te ?

➤ CORRIGÉS PAGE 401

Voir aussi **Consonnes doubles, Consonnes finales muettes**

Sons [ø] et [œ] : eu, œu

Écoute un p**eu** ce merveill**eu**x chant**eu**r.

Les sons [Ø] et [œ] s'écrivent le plus souvent ***eu***.

Mots écrits avec *eu, eû* [ø]

• Le son [Ø] s'écrit *eu* dans toutes les positions des mots.

EN DÉBUT DE MOT	EN MILIEU DE MOT	EN FIN DE MOT
eucalyptus	berc**eu**se	adi**eu**
euphorie	chanc**eu**x	chev**eu**
euphorique	chant**eu**se	f**eu**
eurêka	dans**eu**se	j**eu**
européen	nerv**eu**se	mili**eu**
euro	préci**eu**se	p**eu**

• Dans une même famille de mots, le son [ø] peut s'écrire *eu* ou *eû* :
le j**eû**ne/le déj**eu**ner.

Mots écrits avec *œu* [ø]

Le son [ø] peut s'écrire *œu*, souvent suivi d'une consonne muette :
le n**œu**d, le v**œu**.

Mots écrits avec *eue* [ø]

Le son [ø] peut s'écrire *eue* à la fin de quelques noms féminins :
la banli**eue**, la qu**eue**.

Mots écrits avec *eux* [ø]

• Tous les adjectifs masculins qui se terminent par le son [ø] s'écrivent *-eux* : chanc**eux**, courag**eux**, glori**eux**, hont**eux**, majestu**eux**, vi**eux**.

Ces adjectifs font leur féminin en *-euse* : chanc**eux** / chanc**euse**, sauf vi**eux** → vieille.

• Quelques noms ont un pluriel irrégulier en *-eux* :

ciel / ci**eux**, œil / **yeux**.

Mots écrits avec *eu, œu* [œ]

• Le son [œ] s'écrit le plus souvent *eu* au milieu des mots devant les lettres *r, l, f, v* et devant *ble, gle, ple* et *vre* :

un act**eu**r, un av**eu**gle, la coul**eu**vre, le dress**eu**r, l'h**eu**re, un imm**eu**ble, le p**eu**ple, le spectat**eu**r.

• Le son **[œ]** peut s'écrire *œu* devant *f* et *r* et *œi :*

le b**œu**f, le ch**œu**r, le c**œu**r, l'**œu**f, l'**œu**vre, la s**œu**r, l'**œi**l, l'**œi**llet, l'**œi**llère.

Piège à éviter

Au singulier, le *œu* de ***œuf*** et ***bœuf*** se prononce plus ouvert : [œ]. Au pluriel, le *œu* de ***bœufs*** et ***œufs*** se prononce [ø] (moins ouvert) et les deux consonnes finales *fs* sont muettes.

Apprends par cœur

queue – bœuf – chœur – cœur – œuf – œuvre – nœud – vœu – œil – œillet

Exercice

Complète les mots avec *eu, eue, œu.*

Mon frère aime les ...fs sur le plat. La qu... de mon chat est touffue. Sais-tu quelle h...re il est ? Ce j... me passionne. Le navigat...r courag...x a affronté la tempête.

➤ CORRIGÉS PAGE 401

Voir aussi **Féminin des adjectifs, Fin des mots en *-eur***

Son [f] : f, ph

Un fantôme flotte autour du phare.

Le son [f] s'écrit le plus souvent *f* comme dans **fantôme** et **flotte** et ***ph*** dans quelques mots comme **phare**.

Mots écrits avec *f*

Le son [f] s'écrit *f* en début, en milieu et en fin de mot.

EN DÉBUT DE MOT	EN MILIEU DE MOT	EN FIN DE MOT OU DEVANT UN *E* FINAL
la fable fabriquer facile le filtre la fin fragile frileux la frite	afin africain la défaite défiler enfoncer la gaufre le plafond profond	le bœuf le chef neuf l'œuf le relief la soif la carafe la girafe

Mots écrits avec *ff*

• Le son [f] peut s'écrire *ff* en milieu de mot et devant un *e* final.

EN DÉBUT DE MOT	EN MILIEU DE MOT	DEVANT UN *E* FINAL
	le chiffre le coffret la différence	la griffe la touffe la coiffe

• Tous les mots commençant par les sons [af], [ef], [ɔf] prennent deux *f*.

MOTS EN *AFF-*	MOTS EN *EFF-*	MOTS EN *OFF-*
une **aff**aire **aff**amé une **aff**irmation **aff**reux	un **eff**et **eff**icace un **eff**ort **eff**rayer	une **off**ense **off**iciel une **off**rande **off**rir

Exceptions : un **Af**ghan, **af**in, un **Af**ricain, l'**Af**rique.

Astuce

Lorsqu'un adjectif masculin se termine par *-f*, on forme le féminin en *-ve* : actif / active, bref / brève, positif / positive, vif / vive.

Mots écrits avec *ph*

Le son [f] peut s'écrire *ph* en début, en milieu de mot et devant un *e* muet final. Cette graphie provient des mots d'origine grecque.

EN DÉBUT DE MOT	EN MILIEU DE MOT	EN FIN DE MOT DEVANT UN *E* MUET
le **ph**araon le **ph**are la **ph**armacie le **ph**oque la **ph**rase	a**ph**one un élé**ph**ant la géogra**ph**ie le saxo**ph**one le ty**ph**on	la catastro**phe** l'orthogra**phe** le paragra**phe** la stro**phe** le triom**phe**

Apprends par cœur

afin – africain – chiffre – effort – gaufre – œuf – orthographe – phrase

Exercice

Complète les mots avec *f*, *ff*, *ph*.

Fais un e...ort. Ils craignent les ty...ons. Il a couru a...in de lui rendre son sac. Ce monstre est a...reux. Mon petit frère est e...rayé. O...res-tu un cadeau à tes parents ? J'aime beaucoup la géogra...ie.

➤ CORRIGÉS PAGE 401

Voir aussi **Féminin des adjectifs**

Son [g] : g, gu, gg...

La **gu**enon adore faire des **g**rimaces.

Le son [g] s'écrit le plus souvent **g** (**grimace**) ou ***gu*** (**guenon**).

Mots écrits avec *g*

Le son [g] s'écrit *g* devant *a, o, u, r, l* au début, au milieu et à la fin des mots.

EN DÉBUT DE MOT	EN MILIEU DE MOT	EN FIN DE MOT
le **g**ardien	a**g**randir	le campin**g**
la **g**are	ai**g**re	un iceber**g**
le **g**aulois	le ba**g**age	le ga**g**
la **g**azelle	une épin**g**le	le gro**g**
le **g**azon	l'é**g**alité	le parkin**g**
la **g**lace	le pro**g**rès	le ping-pon**g**
le **g**orille	la fi**g**ure	le ta**g**
le **g**renier	un on**g**le	le zigza**g**
le **g**ruyère	le pin**g**ouin	

Mots écrits avec *gu*

• ***Aigu*** et ***ambigu*** sont deux adjectifs au masculin. Au féminin, le *e* est surmonté d'un tréma : aigu / aiguë, ambigu / ambiguë.

• On écrit le son [g] *gu* devant *e, é, è, i, y* au début, à l'intérieur des mots et avant un *e* final.

EN DÉBUT DE MOT	EN MILIEU DE MOT	DEVANT UN *E* FINAL
le **gu**épard – la **gu**êpe	une ai**gu**ille	le collè**gue**
guère – **gu**érir	la ba**gu**ette	la fati**gue**
la **gu**erre – le **gu**idon	le fi**gu**ier	la lan**gue**
la **gu**irlande – la **gu**itare	la lon**gue**ur	la va**gue**

Piège à éviter

Attention à la différence entre participe présent (le *u* fait partie du radical) et adjectif verbal (adjectif formé à partir d'un verbe).

fati**gu**ant (part. présent) un travail fati**g**ant (adj. verbal)

Mots écrits avec *gg*

Le son [g] s'écrit rarement *gg* et uniquement en milieu de mot :

a**gg**lomérer, a**gg**lutiner, a**gg**raver, jo**gg**ing, tobo**gg**an.

Mots écrits avec *gm, gn*

On rencontre aussi *g* devant *m* ou *n* dans quelques mots :

au**gm**enter, fra**gm**enter, le ma**gm**a, le pi**gm**ent, le se**gm**ent, sta**gn**er.

Mots écrits avec *c*

Il arrive que dans certains mots la lettre *c* se prononce [g] :

e**c**zéma, se**c**ond, se**c**ondaire.

Apprends par cœur

aggraver – figure – gazon – guerre – longueur – pingouin

Exercice

Complète les mots avec *g, gu, gg.*

La ...enon est drôle. La situation s'a...rave. Les prix au...mentent. Tu aimes jouer de la ...itare. Le ...idon du vélo est tordu. En été, je fais du campin... . Je suis fati...é. Le ...azon doit être tondu.

➤ CORRIGÉS PAGE 401

Voir aussi **Début des mots en *ab-, ac-, ag-...***

Son [ʒ] : j, g, ge

Les villa**ge**ois ont pié**g**é le **g**éant, ils s'en ré**j**ouissent.

Le son [ʒ] peut s'écrire ***j***, ***ge*** ou **g**.

Mots écrits avec *j*

Le son [ʒ] s'écrit *j* devant toutes les voyelles (très rarement devant *i*). Il se trouve en début et en milieu de mot.

EN DÉBUT DE MOT	EN MILIEU DE MOT	EN FIN DE MOT
jadis	un ad**j**ectif	
jaloux	le bi**j**ou	
la **j**ambe	la con**j**ugaison	
jaune	un en**j**eu	
la **j**eunesse	une in**j**ure	
joyeux	un ob**j**et	
la **j**ustice	le su**j**et	

Mots écrits avec *g*

Le son [ʒ] s'écrit *g* devant les voyelles *e* (*é, ê, è*), *i* et *y*.

EN DÉBUT DE MOT	EN MILIEU DE MOT	DEVANT UN *E* FINAL
le **g**éant	une an**g**ine	bei**ge**
gêner	une auber**g**ine	le collè**ge**
gentil	la cour**g**ette	le manè**ge**
le **g**ilet	un indi**g**ène	le personna**ge**
le **g**ivre	une ori**g**ine	le siè**ge**
le **g**ymnase	sur**g**eler	la ti**ge**

Piège à éviter

Attention ! La double consonne *gg* se prononce [gʒ], comme dans **sugg**estion, **sugg**estif.

Mots écrits avec *ge*

Devant les voyelles *a*, *o*, *u*, la lettre *g* doit être suivie d'un *e* lorsqu'elle se prononce [ʒ].

EN DÉBUT DE MOT	EN MILIEU DE MOT	EN FIN DE MOT
le **ge**ai la **ge**ôle le **ge**ôlier	le bour**ge**on une oran**ge**ade la na**ge**oire le pi**ge**on le plon**ge**on la ven**ge**ance	

Mots terminés par *-ger*

Lorsqu'on conjugue les verbes du 1er groupe en *-ger*, de nombreuses formes s'écrivent *ge* : nous encoura**ge**ons, tu obli**ge**ais, elle voya**ge**a, en man**ge**ant.

Apprends par cœur

beige – bourgeon – gérer – injure – jardin – jeu – justice – origine – nageoire – vengeance

Exercice

Complète les mots avec *g*, *ge*, *j*.

La ...eune fille boit un jus d'oran...e. Ces deux filles sont ...umelles. Ton plon...on est remarquable. Les na...oires du poisson sont transparentes. Les pi...ons s'envolent. Ma sœur aime la couleur ...aune. Les personna...es de cette histoire sont des elfes.

➤ CORRIGÉS PAGE 401

Voir aussi **Son** [g]

Son [i] : i, î, ï, y

La girafe dîne, les caïmans dorment.

Le son [i] peut s'écrire ***i***, ***î*** ou ***ï***.

Mots écrits avec *i*

Le son [i] s'écrit *i* au début, au milieu et en fin du mot.

EN DÉBUT DE MOT	EN MILIEU DE MOT	EN FIN DE MOT
une **i**dée **i**dentique **i**maginer **i**rréel **i**soler	une actr**i**ce la b**i**che la g**i**rafe hum**i**de la m**i**graine	un abr**i** ains**i** un étu**i** parm**i** voic**i**

Mots écrits avec *hi*

La lettre *i* peut être précédée d'un *h* en début de mot : l'**hi**ppisme, un **hi**ppocampe, une **hi**rondelle, une **hi**stoire, un **hi**ver.

Mots écrits avec *î* ou *ï*

La lettre *i* peut s'écrire avec un accent : *î* en début ou en milieu de mot, *ï* en milieu et en fin de mot.

EN DÉBUT DE MOT	EN MILIEU DE MOT		EN FIN DE MOT
une **î**le un **î**lot	le d**î**ner une hu**î**tre le g**î**te	le ma**ï**s na**ï**f une ou**ï**e	inou**ï**

Mots écrits avec *y*

Le son [i] s'écrit souvent *y* au milieu des mots d'origine grecque, comme *cycle*, et à la fin des mots d'origine anglaise.

EN DÉBUT DE MOT	EN MILIEU DE MOT	EN FIN DE MOT
y	la bic**y**clette le c**y**clone le l**y**cée le pol**y**gone le s**y**non**y**me	le hobb**y** le penalt**y** le rugb**y** le pa**y**s (*s* final muet)

Mots écrits avec *i* + lettre muette

• On écrit *i* suivi d'une lettre muette (*d, e, s, t, l, x*) à la fin de certains mots : une allerg**ie**, une boug**ie**, une éclairc**ie**, une toup**ie**, un rad**is**, un rub**is**, l'appét**it**, un circu**it**, un fru**it**, un l**it**, un produ**it**, un n**id**, un out**il**, un pr**ix**.

• Certains noms contenant *ie* sont formés à partir d'un verbe :
manier / le man**ie**ment, balbutier / le balbut**ie**ment.

Astuce

Connaître le genre du nom peut aider à trouver sa terminaison :

– la plupart des noms féminins se terminent par un *i* suivi d'un *e* muet : la boug**ie**, l'écur**ie**, la nostalg**ie** (sauf la fourmi) ;

– la plupart des noms masculins se terminent par un *i* suivi d'un *s* ou d'un *t* muet : un av**is**, un col**is**, un confl**it**, un fru**it**.

Apprends par cœur

ainsi – huître – île – naïf – parmi – polygone – pays – voici

Exercice

Complète les mots avec *i, y, î, ï*.

Le n...d de l'oiseau est couvert de mousse. Le d...ner est servi. J'aime les hu...tres. Le pol...gone a plusieurs côtés. L'h...ver sera froid. Le ma...s se mange chaud ou froid.

➤ CORRIGÉS PAGE 401

Voir aussi **Féminin des noms (1)**, ***e* muet**

Sons [ɛ̃] et [œ̃] : in, im, ain, ein, en, un…

> Lundi, le train entre en gare. Un prince et son chien en descendent.
>
> Le son [ɛ̃] s'écrit le plus souvent ***in, ain*** et ***en***.
> Le son [œ̃] s'écrit souvent ***un.***

Mots écrits avec *im, in*

Le son [ɛ̃] s'écrit :

– *in* au début, au milieu et en fin de mot

– *im* (devant *b, m, p*) en début et en milieu de mot.

EN DÉBUT DE MOT	EN MILIEU DE MOT	EN FIN DE MOT
imbattable **im**possible **in**colore un **in**secte une **in**vasion	une ét**in**celle la l**in**gère le pr**in**ce s**im**plement le t**im**bre	le câl**in** le cous**in** mal**in** un écr**in** le jard**in**

Mots écrits avec *ain, aint, ein, eint*

Le son [ɛ̃] s'écrit *ain, aint, ein, eint* en milieu et en fin de mot. Seul ainsi s'écrit *ain* en début de mot.

EN DÉBUT DE MOT	EN MILIEU DE MOT	EN FIN DE MOT	
ainsi	la contr**ainte** v**ain**cre la f**ein**te p**ein**dre	le b**ain** le gr**ain** le p**ain** pl**ein**	le refr**ain** le terr**ain** cr**aint** ét**eint**

Mots écrits avec *en*

Le son [ɛ̃] s'écrit *en* en milieu et en fin de mot, souvent après la lettre *i*.

EN DÉBUT DE MOT	EN MILIEU DE MOT	EN FIN DE MOT
	un ag**en**da un app**en**dice le b**en**jamin le mém**en**to le p**en**tagone	le chi**en** le collégi**en** combi**en** le comédi**en** le moy**en**

Mots écrits avec *um, un, unt*

Le son [œ̃] peut s'écrire *un* en milieu et en fin de mot, *um* ou *unt* en fin de mot.

EN DÉBUT DE MOT	EN MILIEU DE MOT	EN FIN DE MOT
	l**un**di un empr**un**t empr**un**ter	auc**un** br**un** le déf**unt** le parf**um**

Mots écrits avec *ym, yn, inct, aim*

Le son [ɛ̃] s'écrit *ym, yn, inct, aim* :

– en milieu de mot : s**ym**pathique, le lar**yn**x, le sph**yn**x ;

– en fin de mot : le th**ym**, un ess**aim**, la f**aim**, un inst**inct**.

Apprends par cœur

aucun – combien – européen – impossible – faim – moyen – parfum – peinture – sympathique

Exercice

Complète les mots avec *im, in, ain, ein, en, um, un*.

Ce mat..., mon lap... est parti. Dem..., Tom part en vacances. Paul n'a trouvé auc... moy... de sortir. Cette fleur a un parf... agréable. Vivement que je sois collégi... . Il vient de p...dre un tableau. Il a réussi une mission ...possible.

➤ CORRIGÉS PAGE 401

Voir aussi **Sens des préfixes et suffixes**

Son [j] : i, ill, y, ï

Sur mon cahier, j'ai dessiné au crayon un coquillage.

Le son [j] peut s'écrire ***i*, *y*** ou ***ill***.

Mots écrits avec *y*

Le son [j] s'écrit *y* en début et en milieu de mot.

EN DÉBUT DE MOT	EN MILIEU DE MOT		EN FIN DE MOT
le **y**aourt	bru**y**ant	jo**y**eux	
le **y**éti	le cra**y**on	le mo**y**en	
les **y**eux	ennu**y**eux	netto**y**er	
le **y**oga	essa**y**er	le vo**y**age	

Mots écrits avec *i*

• Le son [j] s'écrit *i* en début et en milieu de mot, généralement après une consonne.

EN DÉBUT DE MOT	EN MILIEU DE MOT		EN FIN DE MOT
l'**i**ode	un abricot**i**er	la méf**i**ance	
un **i**on	le charcut**i**er	le quart**i**er	
un **i**ota	un herb**i**er	la pat**i**ence	

• Le son [j] s'écrit *hi* en début de quelques mots : **hi**er, un **hi**éroglyphe, une **hi**érarchie.

Mots écrits avec *ill*

• Le son [j] peut s'écrire *ill* en milieu de mot ou devant le *e* final.

EN DÉBUT DE MOT	EN MILIEU DE MOT	DEVANT UN *E* FINAL
	un échant**ill**on le feu**ill**age le poula**ill**er réve**ill**er	la b**ill**e la fam**ill**e une ore**ill**e la pa**ill**e

• On écrit aussi *ill* dans les noms en *-aillier, -eillier* : un quinca**ill**ier, un grose**ill**ier.

• On écrit généralement *ill* après *ou* comme dans le bou**ill**on, fou**ill**er, grou**ill**ant, mou**ill**er (sauf fenouil).

• **Attention**, certains mots en *ill* se prononcent [il] : mille, million, tranquille, le village, la ville.

Astuce

Connaître la nature des mots peut aider à les orthographier :

le travail ← son [j] → elle travaille

nom masculin → ***-il*** | verbe → ***-ill***

Mots écrits avec ï

On écrit *ï* après *a* dans quelques mots : aïe, un aïeul, la baïonnette, le bonsaï, la faïence, le glaïeul, le samouraï.

Apprends par cœur

crayon – feuille – joyeux – mouiller – quartier – tranquille

Exercice

Complète les mots avec *y* ou *ll*.

Ce papi...on est magnifique. Mon parrain a pa...é le repas. Ma rue est bru...ante. Je vais essa...er de me révei...er toute seule. Mon cra...on est cassé. Mon frère aime foui...er dans mes affaires.

➤ CORRIGÉS PAGE 401

Voir aussi **Fin des mots en *-ail, -eil...***

Son [K] (1) : c, cc, qu

La barque navigue sur un lac clair.

Le son [K] s'écrit le plus souvent *c* (**lac** et **clair**) ou *qu* (**barque**).

Mots écrits avec *c*

• **Le son [K] s'écrit *c* devant les voyelles *a, o, u*** en début et en milieu de mot. Le son [K] peut s'écrire *c* à la fin des mots, souvent de genre masculin.

EN DÉBUT DE MOT		EN MILIEU DE MOT	EN FIN DE MOT
le cactus	le colis	une académie	avec
le cadeau	la colle	décupler	le bac
le caramel	la collection	un écolier	le bouc
la carotte	la colline	l'économie	le choc
le cartable	correct	une écorce	le déclic
le casier	le costume	incapable	le lac
casser	le cube	récolter	le pic
le castor	culminant	récupérer	le sac
le cœur	curieux	le vacarme	le trac
la colère	la cuvette	le véhicule	le troc

• **Le son [K] s'écrit *cu* devant *i* et *e*** : la cuillerée, cueillir, un écueil.

• **Le son [K] s'écrit *c* devant des consonnes** : un acrobate, un éclair, nocturne, actif, le crustacé, réclamer.

Mots écrits avec *qu*

Le son [K] peut s'écrire *qu* devant les voyelles *a, e, i, o* en début et en milieu de mot. **Exceptions** : cinq, le coq.

Les noms terminés par *-que* sont souvent du genre féminin.

EN DÉBUT DE MOT		EN MILIEU DE MOT	DEVANT UN *E* FINAL
le **qu**ai	la **qu**eue	ca**qu**eter	une atta**que**
la **qu**alité	la **qu**ille	une é**qu**erre	la bri**que**
la **qu**antité	**qu**inze	un es**qu**imau	la co**que**
le **qu**artier	**qu**itter	le pa**qu**et	le mas**que**
la **qu**estion	**qu**oi	la pla**qu**ette	le plasti**que**
la **qu**ête	le **qu**otient	remar**qu**er	le ris**que**

Piège à éviter

Attention ! Le mot ***piqûre*** prend un accent circonflexe sur le *u* alors que le verbe ***piquer*** n'en prend pas.

Mots écrits avec *cc*

Les mots qui commencent par *acc-* ou *occ-* prennent souvent deux *c* :

a**cc**lamation / acclamer, a**cc**ompagnement / accompagner, **acc**ueil, o**cc**upation / occuper, o**cc**asion.

Exceptions *:* un **ac**acia, l'**ac**ajou, une **ac**adémie, un **ac**ompte, **âc**re, l'**ac**né, un **ac**robate.

Apprends par cœur

accueil – cueillir – écueil – occasion – occuper – recueillir – recueil

Exercice

Complète les mots avec *c, cc, qu*.

La ...eue du renard est splendide. Ton ...œur bat vite après la ...ourse. A...ompagnes-tu ton cousin à la gare ? Le ...alme est revenu. Tu aimes ...ueillir les cerises. Il est a...lamé par le public. ...uel bonheur !

➤ CORRIGÉS PAGE 401

Voir aussi **Début de mots en *ac*-...**

Son [K] (2) : k, ck, ch, cqu

Simon achète un ticket pour voir des koalas et des kangourous.

Le son [K] s'écrit ***ck*** dans **ticket** et ***k*** dans **kangourou** et **koala**.

Mots écrits avec *k*

- Le son [K] s'écrit *k* au début, au milieu et à la fin des mots.

EN DÉBUT DE MOT	EN MILIEU DE MOT	EN FIN DE MOT
le **k**angourou la **k**ermesse le **k**ilomètre le **k**imono le **k**iosque le **k**oala	le ca**k**e eurê**k**a le fol**k**lore le mo**k**a un o**k**api le papri**k**a	un anora**k** le loo**k** le sou**k**

- Quelques mots contiennent deux fois la lettre *k* : un **k**a**k**i, un **k**aya**k**.
- Deux mots contiennent un double *k* : un dra**kk**ar, le tre**kk**ing.

Mots écrits avec *ck*

Le son [K] s'écrit *ck* uniquement en milieu et en fin de mot. Ces mots sont peu nombreux et souvent d'origine anglaise.

EN DÉBUT DE MOT	EN MILIEU DE MOT	EN FIN DE MOT
	le ti**ck**et le jo**ck**ey	le biftec**k** le sto**ck** le sti**ck** le ya**ck**

Mots écrits avec *ch*

• Le son [K] peut s'écrire *ch*, le plus souvent au début et au milieu des mots. Les mots écrits avec *ch* sont souvent d'origine grecque.

EN DÉBUT DE MOT		EN MILIEU DE MOT	EN FIN DE MOT
le **ch**aos le **ch**œur la **ch**orale	le/la **ch**orégraphe le **ch**ronomètre la **ch**rysalide	un é**ch**o un or**ch**estre le psy**ch**ologue le te**ch**nicien	le vare**ch**

• Quelques mots s'écrivent avec *cch* : la ba**cch**ante, une e**cch**ymose, la sa**cch**arine.

Mots écrits avec *cqu*

Le son [K] s'écrit *cqu* seulement en milieu de mot. Ces mots sont peu nombreux : la be**cqu**ée, be**cqu**eter, gre**cque**, la so**cqu**ette.

Piège à éviter

Quelques mots commençant par [aK] s'écrivent *acq-* : **acq**uiescer, un **acq**uéreur, **acq**uérir, une **acq**uisition, un **acq**uittement, **acq**uitter.

Apprends par cœur

acquitter – acquérir – becquée – chronomètre – écho – kermesse – orchestre – technicien – ticket

Exercice

Complète les mots avec *k, ck, ch, cqu*.

Il ne faut pas oublier les ti...ets pour la ...ermesse. La répétition de la ...orale a été annulée. Le ...oala est mon animal préféré. Ta so...ette est trouée. Cette belle voiture est sa dernière a...isition.

➤ CORRIGÉS PAGE 402

Sons [ɔ] et [o] : o, ô, au, eau…

Aussitôt qu'il fait chaud, elle porte un chapeau.

Le son [ɔ] s'écrit souvent ***o***.
Le son [o] s'écrit le plus souvent : ***o***, ***ô***, ***au*** ou ***eau***.

Mots écrits avec un *o* ouvert

• Le son [ɔ] (o ouvert) peut s'écrire *o* en début et en milieu de mot.

EN DÉBUT DE MOT		EN MILIEU DE MOT		EN FIN DE MOT
une **o**asis	**o**ccuper	un acc**o**rd	c**o**mme	
obéir	un **o**céan	une am**o**rce	la f**o**rêt	
un **o**bjet	**o**ffrir	le b**o**rd	la g**o**mme	
observer	une **o**live	la c**o**lle	la g**o**rge	

• On écrit ***oo*** dans les mots dont le radical commence par *o* et est précédé du préfixe *co-* : c**oo**pérer, c**oo**rdonner.

• Le son [ɔ] (o ouvert) peut également s'écrire :

– ***ho-*** en début de mot : un **ho**mme, **ho**nnête, une **ho**rloge, **ho**rrible ;

– ***-um*** en fin de mot : un alb**um**, un aquari**um**, un vivari**um**.

Mots écrits avec un *o* fermé

Le son [o] (o fermé) peut s'écrire *o* en milieu et en fin de mot.

EN DÉBUT DE MOT	EN MILIEU DE MOT	EN FIN DE MOT	
	la d**o**se	le casin**o**	le lavab**o**
	la p**o**se	le domin**o**	le du**o**
	la r**o**se	un éch**o**	le tri**o**

Mots écrits avec *au*

• Le son [o] peut s'écrire *au* en début, en milieu et en fin de mot.

EN DÉBUT DE MOT	EN MILIEU DE MOT	EN FIN DE MOT
une **au**bergine **au**ditif **au**gmenter une **au**réole un **au**tobus	ch**au**ve la f**au**te j**au**ne p**au**vre la t**au**pe	le boy**au** un ét**au** le joy**au** le land**au** le tuy**au**

• *Au* peut être suivi d'une lettre muette (*d, t, x*) : un artich**aut**, le déf**aut**, le crap**aud**, f**aux**.

Mots écrits avec *eau*

Le son [o] s'écrit *eau* au milieu et surtout à la fin des mots.

EN DÉBUT DE MOT	EN MILIEU DE MOT	EN FIN DE MOT	
	beaucoup la **beau**té **peau**finer	un ann**eau** le bat**eau** **beau**	le cerc**eau** l'**eau** le pinc**eau**

Mots écrits avec *ô, ôt*

Le son [o] s'écrit *ô* en milieu de mot : un ar**ô**me, le ch**ô**mage, la cl**ô**ture, le c**ô**ne, l'h**ô**pital ; *ôt* en fin de mot : bient**ôt**, plut**ôt**, t**ôt** (sauf ôter, hôtel).

Mots écrits avec *oc, op, os, ot*

Le son [o] s'écrit à la fin de certains mots *oc, op, os, ot* : un accr**oc**, un escarg**ot**, un gal**op**, un haric**ot**, un hér**os**, un rep**os**, un sir**op**.

Apprends par cœur

accord – album – aussitôt – défaut – haricot – héros – oasis – sirop

Exercice

Complète les mots avec *o, au, eau, ot, ôt, op*.

C'est un p...t de fleurs. L'... sort du tuy... d'arrosage. Ces haric...s verts sont frais. Tu verses un sir... de cassis à ton frère. Mes parents jouent au l...t... . Tout s'arrête trop t... . Sa b...té est reconnue.

➤ CORRIGÉS PAGE 402

Voir aussi **Mots invariables**

Son [wa] : oi, oy...

Dans le bois, les oiseaux sifflent tout à leur joie.

Le son [wa] peut s'écrire ***oi***, ***ois***, ***oie***.

Mots écrits avec *oi, oî*

• Le son [wa] s'écrit le plus souvent *oi*, et peut se trouver au début, au milieu et à la fin des mots.

EN DÉBUT DE MOT	EN MILIEU DE MOT	EN FIN DE MOT	
un **oi**seau un **oi**sillon **oi**sif l'**oi**siveté	la p**oi**gnée s**oi**gner la s**oi**rée le v**oi**lage	le conv**oi** l'effr**oi** un empl**oi** un env**oi**	la l**oi** la par**oi** le r**oi** t**oi**

• Le son [wa] s'écrit *oî* pour quelques mots : la b**oî**te, cr**oî**tre.

Noms féminins terminés par *-oie*

• De très nombreux noms féminins en [wa] se terminent par *-oie* : la courr**oie**, la j**oie**, la pr**oie**, la s**oie**, la v**oie**.

• Il existe cependant quelques noms féminins qui n'ont pas cette terminaison : la f**oi**, la l**oi**, la cr**oix**, la n**oix**, la v**oix**, une f**ois**.

Noms masculins terminés par *-oi* et *-oie*...

• La plupart des noms masculins en [wa] s'écrivent *-oi* : un effr**oi**, un env**oi**, un r**oi**.

• Certains noms s'écrivent *-oi* suivi d'une ou de deux lettres muettes (*e, d, s, t, x, ds, gt*) : le b**ois**, le ch**oix**, le d**oigt**, un endr**oit**, un expl**oit**, le f**oie**, le fr**oid**, le m**ois**, le p**oids**, le t**oit**.

Astuce

Pour trouver la lettre finale muette d'un mot, il faut chercher un mot de sa famille.

adr**oit** / adroitement, expl**oit** / exploiter, fr**oid** / froideur

Mots écrits avec *oy*

Lorsqu'il est suivi du son [j] (ye), le son [wa] s'écrit *oy* : le cit**oy**en, empl**oy**er, env**oy**er, la n**oy**ade, le n**oy**au, le v**oy**age.

Mots écrits avec *ua, oua, oê, wa*

Dans quelques mots, on trouve :

– ***ua, oua, oê*** : un aq**ua**rium, aq**ua**tique, aq**ua**gym, l'éq**ua**teur, une éq**ua**tion, éq**ua**torial, le sq**ua**re, la **oua**te, le p**oê**le (à charbon) ou la p**oê**le (à frire) ;

– ***wa*** en début de mots d'origine étrangère : **wa**piti, **wa**tt.

Apprends par cœur

autrefois – croix – doigt – emploi – équateur – noisette – noix – poêle – poids – voyage

Exercice

Complète les mots avec *oi, oie, ois, oix, oy*.

Tu as fait le bon ch... . Tout cit...en doit respecter la l... . Pour une f..., tu es à l'heure. Sa mère a confectionné elle-même la galette des r...s. La s... est un tissu très doux. Paul se charge de l'env...er. Le m... prochain débutent les examens. Cette chanteuse a une v... très aiguë.

➤ CORRIGÉS PAGE 402

Voir aussi **Fin des mots en *-oir***

Son [p] : p, pp

Ce lapin a un bel appétit.

Le son [p] s'écrit ***p*** ou ***pp***.

Mots écrits avec *p*

• Le son [p] s'écrit *p* au début, au milieu et en fin de mot.

EN DÉBUT DE MOT	EN MILIEU DE MOT (APRÈS LA 1RE SYLLABE)	EN FIN DE MOT OU DEVANT UN *E* FINAL
la **p**age la **p**âte la **p**ile le **p**ont la **p**oule **p**ourtant la **p**ublicité	une am**p**oule un a**p**éritif un a**p**iculteur une é**p**ée une é**p**ine im**p**arfait une o**p**inion le sa**p**in	le ce**p** le ca**p** le ketchu**p** la ca**pe** une éta**pe** la cou**pe** la sou**pe**

• On trouve la lettre *p* après ***am***, ***em***, ***im*** et ***om*** :

une am**p**oule, em**p**orter, im**p**ossible, un pom**p**ier.

Mots écrits avec *pp*

Le son [p] ne s'écrit *pp* qu'en milieu de mot et en fin de mot, devant un *e* final.

DÉBUT DU MOT	EN MILIEU DE MOT	DEVANT UN *E* FINAL
	un a**pp**areil un a**pp**artement un a**pp**étit a**pp**laudir un a**pp**ui une o**pp**osition	une envelo**ppe** la na**ppe** la tra**ppe**

Mots commençant par *op-* et *opp-*

- **On écrit un seul *p* dans la plupart des mots commençant par *o* :**

  une o**p**inion, un o**p**éra, une o**p**ération, o**p**aque.

- **Quelques mots prennent deux *p* :**

  o**pp**ortun, o**pp**oser, o**pp**rimer, o**pp**resser.

Verbes commençant par *ap-* et *app-*

- **La plupart des verbes commençant par le son** [ap] **prennent deux *p*** : a**pp**araître, a**pp**areiller, a**pp**artenir, a**pp**auvrir, a**pp**eler, a**pp**laudir, a**pp**orter, a**pp**récier, a**pp**rocher, a**pp**rouver, a**pp**uyer.
- **Certains verbes ne prennent qu'un *p*** : a**p**aiser, a**p**latir, a**p**ostropher, a**p**ercevoir.

Apprends par cœur

apercevoir – emporter – enveloppe – apparaître – appartenir – appeler – apporter – appuyer – opposer – opinion – soupe

Piège à éviter

La lettre *p* présente en fin de mot dans ***trop*** et ***beaucoup*** ne se prononce pas, sauf quand une voyelle ou un *h* muet débute le mot qui suit.

Elle a beaucou**p** attendu le bus. Il est tro**p** honteux.

On fait la liaison → le *p* s'entend.

Exercice

Complète les mots par *p* ou *pp*.

Le ...ont enjambe le fleuve. Ton a...artement est immense. J'ai collé un beau timbre sur l'envelo...e. Il a...erçoit un navire à l'horizon. Son o..inion est importante. Le sa...in est placé devant la cheminée.

➤ CORRIGÉS PAGE 402

Voir aussi **Début de mots en *ab-***

Son [R] : r, rr, rh

Le corbeau et son fromage irritent le renard.

Le son [R] s'écrit le plus souvent ***r*** ou ***rr***.

Mots écrits avec *r*

Le son [R] peut s'écrire *r* en début, en milieu et en fin de mot.

EN DÉBUT DE MOT		EN MILIEU DE MOT	EN FIN DE MOT OU DEVANT UN *E* FINAL	
le **r**adeau	la **r**ime	app**r**endre	autou**r**	boi**r**e
le **r**ang	le **r**ivage	un a**r**ticle	le déco**r**	la bo**r**du**r**e
le **r**at	**r**ond	le d**r**ame	hie**r**	la ci**r**e
le **r**ectangle	**r**ouler	la pa**r**ole	le mu**r**	une heu**r**e
la **r**ègle	la **r**use	le p**r**intemps	voi**r**	li**r**e
le **r**êve	le **r**ythme	tend**r**e	veni**r**	le sou**r**i**r**e

Mots terminés par *r* suivi de *c, d, s, t*

Certains mots terminés par le son [R] sont suivis d'une consonne finale muette (*c, d, s, t*) : le por**c**, le dar**d**, le lar**d**, tar**d**, toujour**s**, un écar**t**, la par**t**, un sor**t**.

Piège à éviter

Attention ! Une ***charrette*** s'écrit avec deux *r* et un ***chariot*** ne prend qu'un *r*.

Mots écrits avec *rr*

• Le son [R] peut s'écrire *rr* à l'intérieur des mots et devant un *e* muet final.

EN DÉBUT DE MOT	EN MILIEU DE MOT	DEVANT UN *E* FINAL
	ar**r**ière le cour**r**ier la cor**r**ection hor**r**ible	la bagar**re** le beur**re** la ser**re** le tintamar**re**

• Le doublement du *r* peut survenir après le préfixe *ir-* : i**rr**égulier, i**rr**esponsable, i**rr**émédiable.

Verbes écrits avec *rr*

Les verbes *courir, mourir, pouvoir, voir* s'écrivent avec *rr* au futur simple de l'indicatif et au conditionnel présent :

– futur simple : je cou**rr**ai, je mou**rr**ai, je pou**rr**ai, je ve**rr**ai ;

– conditionnel présent : je cou**rr**ais, je mou**rr**ais, je pou**rr**ais, je ve**rr**ais.

Mots écrits avec *rh, rrh*

Le son [R] s'écrit *rh* ou *rrh* dans des mots d'origine grecque : la **rh**apsodie, le **rh**inocéros, la **rh**ubarbe, le **rh**um, le **rh**umatisme, la ci**rrh**ose.

Apprends par cœur

arrière – coureur – courrier – printemps – rhinocéros – tard – toujours

Exercice

Complète les mots avec *r, rr, rh*.

Le ...ythme du morceau est i...égulier. Il ...oule tranquillement. Cette histoi...e est ho...ible. Le ...inocéros semble paisible. La guêpe pique avec son da...d. Demain, il cou...a pour le Téléthon.

➤ CORRIGÉS PAGE 402

Voir aussi **Consonnes doubles**

Sons [s] et [ks] : s, ss, c, ç…

Le **s**erpent pa**t**iente devant **s**a boi**ss**on e**xc**ellente et **s**ans gla**ç**on.

Le son [s] peut s'écrire ***s*, *t*, *ss*, *ç***.
Le son [ks] peut s'écrire ***xc***.

Mots écrits avec *s*

Le son [s] s'écrit *s* en début, en milieu et en fin de mot.

EN DÉBUT DE MOT	EN MILIEU DE MOT	EN FIN DE MOT OU DEVANT UN *E* FINAL
la **s**alade le **s**aucisson la **s**éance le **s**erpent la **s**oif **s**onner	le cor**s**age le para**s**ol pen**s**er le per**s**il la per**s**onne ver**s**er	le bu**s** le maï**s** le sen**s** la cour**se** immen**se** la répon**se**

Piège à éviter

Le *x* se prononce [s] dans *dix*, *six* et *soixante* : J'en ai gagné di**x**.
Dix suivi d'une voyelle se prononce [z] : dix élèves.

Mots écrits avec *ss*

Le son [s] s'écrit *ss* en milieu de mot et rarement en fin de mot, sauf devant un *e* final.

EN DÉBUT DE MOT	EN MILIEU DE MOT		EN FIN DE MOT OU DEVANT UN *E* FINAL	
	une a**ss**urance la boi**ss**on	un e**ss**aim le pa**ss**age	le stre**ss** une adre**sse**	la bra**sse** la gentille**sse**

Mots écrits avec *c, ç*

Le son [s] s'écrit *c* devant les voyelles *e, i, y* et *ç* devant les voyelles *a, o, u* en début et en milieu de mot.

EN DÉBUT DE MOT		EN MILIEU DE MOT		DEVANT UN *E* FINAL	
ça **c**e**c**i	le **c**il le **c**ygne	mer**c**i un o**c**éan	le gla**ç**on la le**ç**on	dou**c**e la niè**c**e	la pin**c**e la ra**c**e

Mots écrits avec *sc*

Le son [s] s'écrit *sc* devant les voyelles *e, i* en début et en milieu de mot.

EN DÉBUT DE MOT		EN MILIEU DE MOT		EN FIN DE MOT
la **sc**ène le **sc**eptre	la **sc**ience **sc**intiller	un adole**sc**ent une a**sc**ension	con**sc**ient la di**sc**ipline	

Mots écrits avec *ti*

Le son [s] s'écrit *t* uniquement devant la voyelle *i* : une ac**t**ion, une addi**t**ion, l'atten**t**ion, la pa**t**ience, la solu**t**ion, la démocra**t**ie.

Mots écrits avec *cc, xc, x, cs*

Le son [ks] s'écrit *cc, xc, x* et rarement *cs* à l'intérieur des mots : le su**cc**ès, le va**cc**in, e**xc**ellent, un a**x**e, la gala**x**ie, ve**x**er, le to**cs**in.
Exception : un inde**x**.

Apprends par cœur

adolescent – boisson – cygne – glaçon – océan – science

Exercice

Complète les mots avec *s, c, ss, t, sc, xc*.

J'ai de la pa...ience. Le ...ygne a des plumes blanches. L'a...ension du sommet est difficile. Ce plat est e...ellent. Léa aimerait une boi...on chaude. Il faut bien laver la ...alade avant de la manger.

➤ CORRIGÉS PAGE 402

Voir aussi **Consonnes doubles**

Son [t] : t, tt, th

Tom est attiré par deux otaries.

Le son [t] s'écrit le plus souvent ***t*** ou ***tt***.

Mots écrits avec *t*

Le son [t] s'écrit *t* en début, en milieu et en fin de mot.

En fin de mot, le *t* peut être derrière une autre consonne (*c, p, s*).

EN DÉBUT DE MOT	EN MILIEU DE MOT	EN FIN DE MOT OU DEVANT UN *E* FINAL	
le tapis la tension le tentacule le tiroir tordre le train la tuile	un atelier un automne hostile un itinéraire octobre ôter un outrage	abrupt août le but direct exact intact ouest	un artiste la cravate la dispute la note la piste la planète le poste

Mots écrits avec *tt*

• Le son [t] s'écrit généralement *tt* entre deux voyelles : attacher.

On peut trouver *tt* en milieu et en fin de mot, devant le *e* final.

EN DÉBUT DE MOT	EN MILIEU DE MOT		DEVANT UN *E* FINAL	
	une attente battre le confetti un égouttoir	la lettre lutter quitter la sottise	une assiette la baguette la biscotte la flotte	la galette la natte une omelette la toilette

• En fin de mot, on peut trouver *tt* lorsque les mots sont d'origine anglaise : watt.

Piège à éviter

Il existe certaines différences à l'intérieur d'une même famille de mots. Ainsi, *battre* prend deux *t* et *bataille* n'en prend qu'un.

cha**tt**e / cha**t**on

comba**tt**re / comba**t**if

gra**tt**er / égra**t**igner

Mots écrits avec *th*

Le son [t] peut s'écrire *th* au début, au milieu et rarement à la fin des mots. Ces mots sont souvent d'origine grecque.

EN DÉBUT DE MOT	EN MILIEU DE MOT	EN FIN DE MOT OU DEVANT UN *E* FINAL
le **th**é le **th**éâtre le **th**ermomètre le **th**on le **th**orax le **th**ym	l'a**th**lète au**th**entique la mé**th**ode l'or**th**ographe la pan**th**ère la sympa**th**ie	le lu**th** le mammou**th** le zéni**th** le labyrin**th**e la men**th**e un ostéopa**th**e

Apprends par cœur

athlète – cathédrale – galette – labyrinthe – lettre – mammouth – mathématique – panthère – thé – théâtre

Exercice

Complète les mots avec *t, tt, th*.

Le ...éléphone sonne. Il a...end son ami. Le ...éâtre est fermé. La flo...e de navires est imposante. Un animal à quatre pa...es est un quadrupède. La ...erre s'appelle aussi la planè...e bleue.

➤ CORRIGÉS PAGE 402

Voir aussi ***h* muet, *h* aspiré**

Son [z] : z, s, x…

À l'horizon, l'Indien aperçoit un bison.

Le son [z] s'écrit le plus souvent **s**, plus rarement **z**.

Mots écrits avec *s*

• Le son [z] s'écrit *s* entre deux voyelles, en milieu et en fin de mot.

EN DÉBUT DE MOT	EN MILIEU DE MOT	DEVANT UN *E* FINAL
	le cousin la maison la mésange le paysage le raisin	à l'aise la bise la braise la cerise la crise

• Parfois la lettre *s* placée entre deux voyelles ne se prononce pas [z] : le contresens, le parasol, un ultrason, vraisemblable (ces mots sont en fait composés de deux mots : contre/sens).

Mots écrits avec *z*

• Le son [z] s'écrit *z* en début, en milieu de mot et devant un *e* final.

EN DÉBUT DE MOT	EN MILIEU DE MOT	DEVANT UN *E* FINAL
le zèbre le zèle le zeste la zone le zoo	un azur bizarre la dizaine la gazelle le gazon	le bronze douze onze quinze treize

• Quelques mots sont terminés par un *z* prononcé : gaz.

Piège à éviter

Certains mots s'écrivent avec un *s* ou deux *s*. Ils changent alors de sens.

un cousin / un coussin, un poison / un poisson, une ruse / un russe

Mots écrits avec *x*

- Le son [z] s'écrit *x* à l'intérieur des mots désignant des nombres (numéraux cardinaux et ordinaux) :

  dix-huit, deuxième, sixième, dixième

- La liaison s'effectue après *deux, six, dix* quand ils sont suivis d'une voyelle. Deux‿enfants

Mots écrits avec *zz*

Le son [z] s'écrit rarement *zz* : le grizzli, le jazz.

Mots se terminant par *-se*

Le son [z] s'écrit *-se* dans les noms féminins et les adjectifs dont le masculin se termine par *-eux* et *-eur* :

chanteuse, courageuse, flatteuse, heureuse, vendeuse

Apprends par cœur

chanteuse – cousin – gazon – jazz – paysage – zone – dixième – sixième – contresens – parasol

Exercice

Complète les mots avec s, z, x.

Cette femme est courageu...e. Il va entrer en si...ième. Laure adore les ceri...es. Le rai...in est bientôt mûr. Dans une quin...aine de jours, c'est mon anniversaire. Ce pay...age est repo...ant.

➤ CORRIGÉS PAGE 402

Voir aussi **Féminin des noms, Consonnes doubles**

Vocabulaire

Alphabet

L'**alphabet** comprend vingt-six **lettres** classées de A à Z : A, B, C, D, E, F, G, H, I, J, K, L, M, N, O, P, Q, R, S, T, U, V, W, X, Y, Z.

Définition

L'alphabet français est un ensemble de vingt-six **lettres.** Ces lettres permettent de reproduire les sons de la langue, d'écrire et d'épeler des mots.

Abattre commence par un **a** et contient sept lettres.

Ordre alphabétique

- L'ordre dans lequel sont rangées les lettres de l'alphabet s'appelle l'**ordre alphabétique**.
- L'ordre alphabétique permet de retrouver un mot dans le dictionnaire ou de classer les mots d'une liste.

Pour trouver le mot ***guépard*** dans le dictionnaire, il faut commencer par chercher à la lettre **g**, puis à **gu,** et ensuite à **gué**...

Les mots ***baguette***, ***balance***, ***bataille***, ***bavoir*** sont rangés dans l'ordre alphabétique.

Voyelles et consonnes

- L'alphabet contient six voyelles *(a, e, i, o, u, y)* et vingt consonnes.

- Les voyelles *a, e, i, o, u* peuvent porter un accent :

– aigu : épée

– grave : voilà, ère, où

– circonflexe : gâteau, forêt, île, hôpital, goût

– tréma : maïs

Combinaison de voyelles

Certaines voyelles se combinent entre elles pour produire de nouveaux sons : **au** (automne), **ou** (loupe), **ai** (lait), **ei** (reine), **oi** (roi), **eu** (jeu), **eau** (bateau), **œu** (vœu).

Combinaison de consonnes

Certaines consonnes se combinent entre elles pour produire de nouveaux sons : **ch** : cheval, **ph** : phoque.

Consonnes muettes

- Certaines consonnes ne se prononcent pas, comme ***h*** après la lettre ***r*** ou ***t*** : rhésus, théâtre.
- D'autres ne s'entendent pas en fin de mot :

  banc, dard, clef, sang, oh, outil, loup, tapis, tôt, feux, raz
- Quelquefois, la lettre *h* est muette (un habit) ou aspirée (un hibou).

VOCABULAIRE

Exercice

Classe par ordre alphabétique les mots suivants :

avion – carrelage – atelier – attentif – voyance – attaque – dérive – attention – valeur – attendre – attacher – bateau

➤ CORRIGÉS PAGE 403

Voir aussi **Dictionnaire, Consonnes finales muettes, *e* muet, *h* aspiré, *h* muet**

Antonymes

J'ai un aquarium **minuscule**, celui de mon cousin est **gigantesque**.

minuscule et **gigantesque** sont des mots de **sens contraire**, **opposé**. On les appelle des **antonymes.**

Définition

Les **antonymes** sont des mots de sens **contraire**.

bas ≠ haut

étroit ≠ large

générosité ≠ avarice

monter ≠ descendre

Nature des antonymes

- Les antonymes sont le plus souvent de **même nature grammaticale** :

– nom : le début ≠ la fin

– adjectif : grand ≠ petit

– verbe : augmenter ≠ diminuer

– adverbe : beaucoup ≠ peu

- Les antonymes peuvent être de **nature grammaticale différente** :

malade ≠ en bonne santé

adjectif — groupe nominal introduit par une préposition

Formation des antonymes

On peut former un antonyme en ajoutant un **préfixe** au radical.

PRÉFIXES	EXEMPLES
in-	direct / **in**direct
im-	possible / **im**possible
il-	lisible / **il**lisible
dé-	tendu / **dé**tendu
mal-	adroit / **mal**adroit
a-	symétrique / **a**symétrique

Piège à éviter

Pour savoir si un mot commençant par ***in-*** est un antonyme, vérifie qu'il existe un mot de la **même famille**.

Insatisfait est de la même famille que ***satisfait***. C'est son antonyme. ***Interdit*** n'est pas un antonyme.

Plusieurs antonymes pour un mot

Un mot peut avoir plusieurs antonymes. Cela dépend du sens donné par le contexte.

Tom a un pantalon **clair**. ≠ Tom a un pantalon **foncé**.
Son discours est **clair**. ≠ Son discours est **incompréhensible**.

Recherche d'un antonyme

Le dictionnaire indique l'antonyme d'un mot à l'aide de l'abréviation *ant.* (antonyme) ou *contr.* (contraire) : lent – *ant.* rapide

Exercice

Indique le contraire de *léger* à l'aide des adjectifs : *nourrissant, lourd, chaude, sérieuse.*

un plat léger – une attitude légère – une robe légère – un colis léger

➤ CORRIGÉS PAGE 403

Voir aussi **Sens des préfixes**

Champ lexical

Le **pêcheur** a posé des **filets** en **haute mer** pour **pêcher** des **saumons**.

pêcheur, **filets**, **haute mer**, **pêcher** et **saumons** sont des mots qui font penser à la **mer**. Ils appartiennent au **champ lexical de la mer**.

Définition

Le champ lexical est l'ensemble des mots appartenant à un même **thème**.

Les tulipes sortent de terre et les cerisiers sont en fleurs.

Les mots soulignés appartiennent au champ lexical de la **nature**.

Quelques exemples de champs lexicaux

Un champ lexical peut contenir des mots de la **même famille**.

- **Le champ lexical de la joie** comprend, par exemple, les mots : joie, joyeux, joyeusement, bonheur, ravi, ravissement, content, radieux, s'amuser, rire, rieur, sourire, souriant, gai, gaiement, gaieté, allégresse, réjouissance, entrain, euphorie...
- **Le champ lexical de la peur** comprend, par exemple, les mots : peur, peureux, apeuré, peureusement, terreur, terroriser, terrorisé, crainte, craintif, craintivement, frayeur, effrayer, effrayé, effrayant, inquiétude, anxiété, trac, affolement, poltron, couard...

Nature des mots d'un champ lexical

Dans un champ lexical, les mots peuvent être de nature grammaticale différente.

Champ lexical de la **chasse** :

NOMS	chasseur	gibier	piège
ADJECTIFS	habile	apeuré	mort
VERBES	chasser	traquer	capturer
ADVERBES	cruellement	habilement	patiemment

Le contexte

Un mot peut appartenir à différents champs lexicaux. C'est le contexte de la phrase qui permet de déterminer le sens d'un mot polysémique (qui possède plusieurs sens).

Le mot *timbre* peut appartenir à des champs lexicaux différents.

J'ai reconnu le **timbre** de sa voix qui est grave.
→ champ lexical de la voix

J'ai collé un **timbre** sur mon enveloppe et je l'ai mise dans la boîte aux lettres de la poste principale.
→ champ lexical du courrier

Astuce

Pour comprendre ce que signifie « Je ne suis pas dans mon assiette aujourd'hui. », il faut rechercher les deux champs lexicaux auxquels appartient le mot ***assiette,*** donc ses définitions :

– 1. Pièce de vaisselle.

– 2. Manière d'être assis à cheval.

« Ne pas se sentir dans son assiette » signifie « ne pas se sentir bien » → **champ lexical de la manière d'être, de l'attitude.**

Exercice

Cherche cinq mots associés aux champs lexicaux suivants :

la montagne – le sport – les transports – la mer – la nourriture

➤ CORRIGÉS PAGE 403

Voir aussi **Polysémie, sens propre et sens figuré**

Dictionnaire

cobra n. m. ◊ Serpent venimeux d'Asie et d'Afrique.

nom masculin — définition

Dans le dictionnaire sont indiqués la nature grammaticale et le genre du mot (nom et masculin), ainsi qu'une définition.

Définition

• **Le dictionnaire de langue est un ouvrage** qui recueille tous les mots de la langue, en les classant dans l'ordre alphabétique.

• **Pour chaque mot**, il fournit :
– la nature et le genre,
– les différents sens, à l'aide de définitions et d'exemples.

• **Il peut également indiquer :**
– l'étymologie (l'origine des mots),
– les synonymes, les antonymes, les homonymes.

Recherche dans le dictionnaire

Dans le dictionnaire, les mots sont rangés dans l'**ordre alphabétique**. Pour trouver le mot ***navire***, il faut commencer par chercher à la lettre **n**, puis à **na**, ensuite à **nav**, enfin à **navi.** On trouve dans cet ordre : *navigation, naviguer, navire.*

Informations grammaticales

• Le dictionnaire permet de connaître **l'orthographe** d'un mot.

• Il indique souvent la **prononciation** des mots : paon [pãn].

- Il emploie des **abréviations** qui indiquent pour chaque mot **sa nature et son genre** : **n. m.** (nom masculin), **n. f.** (nom féminin), **inv.** (invariable), **v.** (verbe), **adj.** (adjectif), **adv.** (adverbe), **art.** (article), **pron.** (pronom), **prép.** (préposition), **conj.** (conjonction).

Étymologie

Certains dictionnaires indiquent **l'origine** (l'étymologie) des mots : **servir** v. tr. ◊ du latin *servire* « être esclave ».

Sens propre et sens figuré

Lorsqu'un mot possède plusieurs sens, le dictionnaire les indique (à l'aide de numéros), et fournit des exemples.

Le sens propre est le sens premier d'un mot et le plus courant.

Le sens figuré est le sens imagé d'un mot (abréviation : ***fig***.).

Au sens propre, le **cheveu** désigne le poil qui recouvre le crâne de l'homme. Au sens figuré, **s'arracher les cheveux** signifie que l'on est furieux, désespéré.

Synonymes et antonymes

La plupart des dictionnaires indiquent :

– **les synonymes** (abréviation : ***syn***.) : heureux = content ;

– **les antonymes** (abréviation : ***contr.*** ou ***ant***.) : léger ≠ lourd.

Exercice

Souligne la ou les définitions exactes des mots.

Avocat n. m. 1. Fruit de l'avocatier, à forme de poire et à peau verte ou violette. 2. Officier de police. 3. Personne chargée de défendre un accusé.

Province n. f. 1. Ville principale d'une région. 2. Partie d'un pays, région.

Vociférer v. intr. 1. Parler à voix basse. 2. Effectuer un trajet en train. 3. Parler avec colère.

➤ CORRIGÉS PAGE 403

Voir aussi **Abréviations et sigles, Alphabet**

Expressions

Ma grand-mère a toujours **le cœur sur la main.**

Avoir le cœur sur la main est une **expression imagée** qui est à prendre au **sens figuré**. Elle signifie « être très généreux ».

Définition

Les expressions toutes faites s'appuient le plus souvent sur le sens imagé des mots.

Par exemple, l'expression avoir la main verte n'est pas à prendre au sens propre (sens premier du mot) : il ne s'agit pas d'avoir une main de couleur verte, mais, au **sens figuré**, de réussir à **cultiver des plantes**.

Expressions au sens figuré

Il est parfois difficile de comprendre certaines expressions au sens **figuré** quand elles contiennent un mot **polysémique** (mot qui possède plusieurs sens).

Le mot ***fraise*** désigne un fruit mais, du temps des rois de France, il désignait une collerette. En ce temps-là, les nobles saupoudraient leur perruque. On disait qu'ils sucraient leur fraise lorsque leur main tremblait à cause de la vieillesse et qu'ils faisaient ainsi tomber de la poudre (mélange de sucre et d'eau) sur leur fraise, c'est-à-dire sur leur collerette. Sucrer les fraises signifie donc **trembler**.

Expressions liées au corps humain

Voici quelques expressions liées aux parties du corps :

En mettre sa **tête** à couper : être sûr de quelque chose.

Avoir le **bras** long : avoir des relations, de l'influence.

Se lever du **pied** gauche : être de mauvaise humeur.

Avoir les **chevilles** enflées : être prétentieux.

Avoir l'**estomac** dans les talons : avoir très faim.

Avoir les **yeux** plus gros que le ventre : se montrer trop gourmand.

Expressions chiffrées

Voici quelques expressions liées aux chiffres ou aux nombres :

Être au **septième** ciel : être comblé de bonheur.

Se mettre sur son **trente et un** : mettre ses plus beaux habits.

Tous les **trente-six** du mois : jamais, peu souvent.

Faire les **quatre cents** coups : faire beaucoup de bêtises.

Expressions dont les mots ont évolué

Un grand nombre d'**expressions anciennes** se sont transformées au fil du temps en même temps que les mots qui les constituaient.

Ainsi, dans l'expression à la queue leu leu, le mot *leu* désignait autrefois le ***loup***. L'expression était : « à la queue le leu » (à la queue le loup). Elle désignait ainsi une suite de loups qui marchaient les uns derrière les autres.

Exercice

Mets en relation chacune de ces expressions avec son sens figuré.

a. Ne pas avoir froid aux yeux. **b.** Chercher midi à quatorze heures. **c.** Dormir sur ses deux oreilles. **d.** Faire des pieds et des mains.

1. Tout faire pour obtenir ce que l'on veut. **2.** Ne pas avoir peur, être décidé. **3.** Chercher des complications inutiles. **4.** Ne pas s'inquiéter.

➤ CORRIGÉS PAGE 403

Voir aussi **Polysémie, sens propre et sens figuré**

Famille de mots

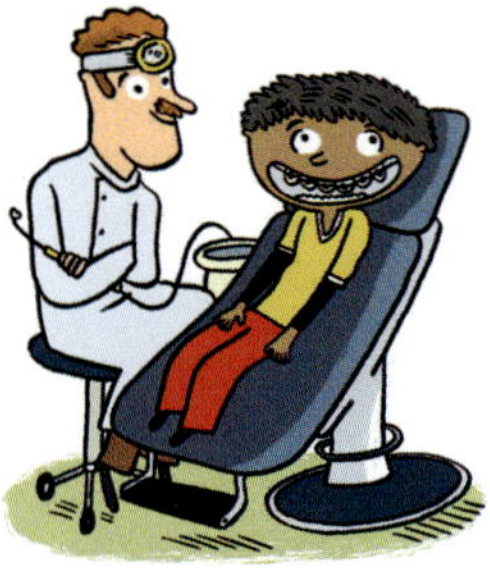

Je vais chez le **dentiste** me faire soigner une **dent** et retirer mon appareil **dentaire**.

dentiste, **dent** et **dentaire** appartiennent à la même famille de mots.

Définition

Une famille de mots est l'ensemble de tous les mots comprenant le **même radical**, c'est-à-dire construits à partir d'un même mot. Le radical permet de lier ces mots par leur **sens**.

vie, **viv**re, **viv**ant, sur**viv**ant, **vi**tal, **vi**talité, dé**vi**talisé...

Dérivation des mots

Une famille de mots est constituée à partir de mots comprenant un même radical auquel on ajoute un préfixe et/ou un suffixe.

Ce procédé s'appelle la **dérivation**.

– **Ajout d'un préfixe** :

faire / **dé**faire, heureux / **mal**heureux, humain / **sur**humain, ski / **mono**ski

– **Ajout d'un suffixe** :

aliment / aliment**ation**, laver / lav**age**, vite / vite**sse**, féminin / fémini**té**, parole / parol**ier**

– **Ajout d'un préfixe et d'un suffixe :**

mange / **im**mange**able**, obéir / **dés**obéi**ssant**

Mots composés

Une famille de mots peut comprendre des mots composés :

– collés : un portefeuille, un porteplume, un portemonnaie ;

Ces mots appartiennent à la famille du verbe *porter*.

– reliés par un trait d'union : un allume-feu, un allume-cigare.

Ces mots appartiennent à la famille du verbe *allumer*.

Familles de mots éloignés

Une famille de mots peut être construite à partir de radicaux différents.

• Les mots ***voyant*** et ***vidéo*** appartiennent à la même famille de mots : celle du verbe ***voir***. En effet, *vidéo* vient du latin *video* (forme verbale de la 1re personne du singulier du présent de l'indicatif) qui signifie « je vois ».

• Les mots de la famille de ***sel*** se regroupent autour de plusieurs radicaux. Ces radicaux se différencient par :

– l'écriture et les sonorités :

sau : saumure, saumâtre, saupoudrer, sauce

sal : salé, salière, salin, dessaler, resaler

– le sens :

sal : saloir, salaison, salpêtre

sal : salaire, salarié, salariat

Dans l'Antiquité, les soldats romains étaient payés par une ration de **sel**. C'est l'origine du lien entre les mots *sel* et *salaire*.

Exercice

Classe les mots selon la famille à laquelle ils appartiennent.

triangulaire – anglais – angle – Angleterre – mer – anguleux – maritime – triangle – anglophone – marin

➤ CORRIGÉS PAGE 403

Voir aussi **Radical, préfixe et suffixe**

Histoire des mots (1) : étymologie

Je me **lave** les mains dans le **lavabo**.

Le mot **lavabo** signifiait en latin « je me **laver**ai ».
Un lavabo désigne, en français, une cuvette munie d'un robinet qui permet de se **laver**.

Définition

• **L'histoire des mots**, que l'on appelle **étymologie**, permet de connaître l'origine des mots et de les comprendre.

• Certains mots de la langue française contiennent des racines :
– grecques : *géo* = le monde + *graphie* = écriture → la géographie
– latines : *agri* = le champ + *culture* = élevage → l'agriculture

Mots d'origine grecque

• De nombreux mots français sont constitués de racines grecques. Ces radicaux servent souvent à fabriquer des **termes scientifiques**. Connaître la signification de ces radicaux permet de comprendre les mots.

poly/gone,	ortho/graphe,	rhino/céros,	télé/phone,	thermo/mètre
plusieurs/angle,	droit/écriture,	nez/corne,	distance/son,	chaleur/mesurer

• Certains mots français sont constitués de racines grecques auxquelles on a ajouté un préfixe ou un suffixe.

il/**logi**que	**marathon**/ien
raison	course de fond

Mots d'origine latine

• Certains mots français sont constitués de racines latines. On peut trouver la signification des mots lorsque l'on connaît le sens du radical ou des radicaux qui les composent.

pisci/culture	carni/vore	omni/vore	somn/ambule
poissons/élevage	viande/manger	tout/manger	sommeil/se promener

• Certains mots français sont constitués de racines latines auxquelles on a ajouté un préfixe et/ou un suffixe.

amat/eur	**domin**/er	in/**sati**/able
qui **aime** une activité	être le **maître**	qui n'a jamais **assez**

Mots latins utilisés en français

Quelques mots latins sont encore utilisés en français, exactement comme ils l'étaient dans la langue des Romains.

recto verso : endroit et envers
in extremis : au dernier moment
ex æquo : à égalité
vice et versa : et inversement
a contrario : à l'inverse
bis : deux fois

Piège à éviter

Il ne faut pas confondre un **pédi**atre et un **pédi**cure. Ces deux noms viennent de deux mots latins différents : ***paedagogus*** = esclave qui enseigne aux enfants ; ***pedis*** = pied.

Le **pédi**atre soigne les enfants. Le **pédi**cure soigne les pieds.

Exercice

Associe chaque mot à sa définition.

a. Se dit d'un sport qui se pratique dans l'eau. **b.** Personne qui cultive des champs. **c.** Permet de se parler à distance. **d.** Figure géométrique à six côtés. **e.** Se dit d'une course de chevaux.

1. hexagone **2.** hippique **3.** agriculteur **4.** aquatique **5.** téléphone

➤ CORRIGÉS PAGE 403

Voir aussi **Sens des préfixes et suffixes, Radical, préfixe et suffixe**

Histoire des mots (2) : emprunts

Tom a acheté un **tee-shirt** et un **short** pour jouer au **football**.

tee-shirt (chemise en forme de T), **short** (court) et **football** (balle au pied) sont des mots empruntés à la langue anglaise. Ce sont des emprunts.

Définition

Certains mots de la langue française ont été empruntés à d'autres langues que le grec ou le latin. Ils sont liés à l'histoire et au contact avec d'autres civilisations.

Le mot **pharaon** vient de **l'égyptien** : il désigne un souverain.

Origine des emprunts

Le français a emprunté des mots à de nombreuses langues.

Anglais : mail, jeans, jogging

Allemand : vasistas

Arabe : zéro, gazelle

Bulgare : yaourt

Celte : bouc

Chinois : typhon

Espagnol : paëlla, corrida

Égyptien : oasis

Hébreu : boussole

Hindi : cachemire, kaki

Italien : pizza, piano

Japonais : tatami, judo, kimono

Norvégien : iceberg, ski, slalom

Persan : bazar

Russe : bistrot, steppe

Turc : kiosque, laiton

Piège à éviter

Le *a* de **ball** ne se prononce pas de la même manière dans *handball, basket-ball, volley-ball* et *football*.

- **Le handball** est un sport originaire **d'Allemagne**. C'est pourquoi le *a* de *ball* se prononce [a].
- En revanche, le *a* de ***basket-ball***, de ***volley-ball*** et de ***football*** se prononce [o] parce que ces sports sont d'origine **anglaise**.

Circulation des emprunts

Les Anglais ont emprunté à la langue française le verbe ***fleureter*** qui signifiait « conter fleurette ». Ils ont modifié la prononciation et l'orthographe de ce mot, qui est devenu ***flirt***. Ce mot a plus tard été réemprunté par la langue française : le nom ***flirt*** et le verbe ***flirter*** se trouvent aujourd'hui dans le dictionnaire de la langue française.

Nature des mots empruntés

- **Les emprunts concernent le plus souvent des noms**, mais aussi des verbes et des adjectifs (surtout dans le niveau de langue familier).

– Nom : un fast-food, un jacuzzi
– Adjectif qualificatif : cool, speed, bizarre
– Verbe : zapper, slalomer, trinquer

- **Les verbes se construisent à partir du radical du mot emprunté** auquel s'ajoute le suffixe ***-er*** des verbes du 1er groupe. *Slalomer* vient du norvégien *slalom* ; *zapper* vient de l'anglais *zap*.

Exercice

Associe le mot anglais (1) au mot français correspondant (2).

1. sandwich – tennisman – looser – mail – match – goal – week-end

2. gardien de but – courriel – tournoi – fin de semaine – joueur de tennis – casse-croûte – perdant

➤ CORRIGÉS PAGE 403

Voir aussi **Radical, préfixe, suffixe**

Homonymes

Ma **tante** a acheté une **tente** cinq places pour camper en Ardèche.

tante et **tente** se prononcent de manière **semblable**. Ce sont des **homonymes**.

Définition

Des homonymes sont des mots qui se prononcent de la même manière. Ils s'écrivent parfois de façon identique, mais leur sens est différent.

toi – le toit

des moules (à gâteau) – des moules (fruits de mer)

Homonymes homographes

Les homographes s'écrivent de la même manière. Ils se prononcent de manière :

– identique : un **été** – j'ai **été**

– différente : les **fils** de la couturière – les **fils** de mon oncle

Homonymes homophones

Les homophones sont des mots qui se **prononcent de la même manière**, mais qui **s'écrivent différemment**.

voix – voie – vois / pin – pain / champ – chant

Seul le **contexte** permet de les distinguer à l'oral.

Genre et nature des homonymes

- Les homonymes peuvent différer par le **genre**, lorsque ce sont des noms : le foie – la foi.
- Les homonymes peuvent être de **nature grammaticale** différente : vers (préposition) – verre (nom) – ver (nom) – vair (nom) – vert (adjectif qualificatif).

Distinguer les homonymes

Le contexte permet de comprendre le sens des homonymes.

- **Les homonymes** n'ont pas le même sens.

Cette note de musique est un **sol**.
Le **sol** de la salle de bains est humide.

- **Un mot polysémique** possède plusieurs sens qui sont liés entre eux.

La **tête** (d'une personne) est la partie supérieure du corps.
La **tête** (de la classe) est la personne la plus forte de la classe.
Dans les deux phrases, renvoie à ce qui est au-dessus de quelque chose.

Piège à éviter

Pour ne pas confondre les **homonymes** avec les mots **polysémiques**, vérifie que les homonymes ne correspondent pas au **sens propre et au sens figuré d'un même mot**.

La **mousse** a entièrement recouvert l'arbre.

Le **mousse** a un pompon sur son béret.
Il n'existe aucun lien de sens entre ces mots : ce sont des homonymes.

Exercice

Complète les phrases avec des homonymes.

a. Nous passons nos vacances au bord de la ... . Ma ... me réveille tous les matins à 7 heures. Le ... de la commune a été réélu. **b.** Le boxeur a reçu un ... de poing dans la mâchoire. Notre voisine est couturière, elle ... des vêtements. Le ... de la girafe est très long.

➤ CORRIGÉS PAGE 403

Voir aussi **Polysémie, Homophones grammaticaux**

Mots génériques, mots particuliers

générique

Pierre a acheté des légumes : des courgettes, des poireaux et des carottes.

particulier particulier particulier

légumes est un **mot générique** qui désigne un ensemble d'aliments différents : **courgettes, poireaux, carottes** qui sont des **mots particuliers**.

Définition

• **Un mot générique** désigne un ensemble regroupant des mots **particuliers.**

Les **insectes** les plus dangereux sont les guêpes et les frelons.

générique particulier

• Les mots génériques constituent des ensembles qui renvoient à :

– **des êtres vivants**, qui comprennent les humains, les animaux, les arbres...

– **des objets**, qui comprennent les meubles, les appareils techniques, les jouets...

– **des ensembles abstraits**, qui comprennent les sentiments, les qualités, les idées...

Mots particuliers devenant génériques

Certains mots particuliers peuvent devenir à leur tour des mots génériques.

Les reptiles, les oiseaux et les poissons sont des **animaux**.

Les serpents et les tortues sont des **reptiles**.

Ponctuation

Un mot générique peut parfois introduire un ou plusieurs mots particuliers à l'aide :

– des **deux points** : L'homme doit protéger les **arbres :** les sapins, les hêtres et les chênes.

– des **parenthèses** : J'ai acheté des **fournitures scolaires (**feuilles, stylos, crayons**)**.

– de **la préposition *comme*** : J'aime certaines **activités** comme le sport, le dessin et la lecture.

Astuce

- **Pour comprendre un mot particulier**, on peut s'aider du sens du **mot générique**.

  Je mange des **fruits exotiques** comme le kiwi et le kaki.

  Grâce au mot générique, on comprend que le kaki est un fruit exotique.

- **Pour comprendre le sens d'un mot générique**, on peut s'aider des **mots particuliers**.

  Le poulet et la tarte au citron sont les **mets** que je préfère.

  Le point commun entre les mots particuliers permet de comprendre qu'il s'agit de plats cuisinés.

Exercice

Trouve le mot générique qui correspond à chaque liste de mots particuliers.

a. bavarder – chuchoter – raconter – répéter

b. moustique – abeille – mouche – papillon

c. navire – barque – catamaran – voilier

d. vélo – voiture – scooter – moto

e. robe – pull – tee-shirt – écharpe

➤ CORRIGÉS PAGE 404

Voir aussi **Synonymes**

Niveaux de langue

Le voleur **se tire en douce.**
Le voleur **s'évade en catimini.**

Les deux phrases ont le même sens.
se tire et **en douce** appartiennent au langage familier.
s'évade et **en catimini** sont d'un langage soutenu.

Définition

Un niveau de langue correspond à la manière dont on parle.
Il dépend du contexte et des personnes auxquelles on s'adresse.

Il existe trois niveaux de langue :

– **soutenu** : utilisé avec des personnes que l'on connaît peu ou que l'on respecte, à l'écrit et dans les textes littéraires.

Sa **sœur** lui a **administré** un **soufflet**.

– **courant** : utilisé avec des personnes que l'on connaît bien, dans la vie de tous les jours.

Sa **sœur** lui **a donné** une **gifle**.

– **familier** : utilisé en famille ou entre amis.

Sa **frangine** lui **a filé** une **baffe**.

Le vocabulaire des niveaux de langue

Selon les niveaux de langue, on emploie des mots différents :

- Adjectifs qualificatifs

SOUTENU	COURANT	FAMILIER
laborieux timoré	travailleur peureux	bosseur trouillard

• Noms

SOUTENU	COURANT	FAMILIER
un ami le labeur	un copain le travail	un pote le taf

• Verbes

SOUTENU	COURANT	FAMILIER
dérober aduler	voler aimer	tirer kiffer

La grammaire des niveaux de langue

• **Niveaux soutenu et courant :** la prononciation et les règles grammaticales sont respectées, comme l'emploi de la négation.

Je **n'**estime **pas** cet individu. Je **n'**apprécie **pas** cet homme.

• **Niveau familier :** cela peut correspondre à la manière de parler à l'oral, la grammaire est peu respectée, certains mots et syllabes sont supprimés, comme la négation ***ne***.

J'sais pas **c'**qui vaut. Lui, je **l'**sens pas.

Piège à éviter

Un même mot peut appartenir à des niveaux de langue différents.

– Courant : Mon père ouvre une **caisse** de Champagne. (contenant)

– Familier : Mon père s'est acheté une nouvelle **caisse**. (voiture)

Exercice

Classe ces mots en trois catégories : langage soutenu (S), langage courant (C) et langage familier (F).

Bouquin, ouvrage, livre – chaussure, soulier, godasse – tignasse, cheveux, chevelure – vacarme, boucan, bruit – pingre, avare, radin.

➤ CORRIGÉS PAGE 404

Voir aussi **Synonymes**

Polysémie, sens propre et sens figuré

Je vois un nuage dans le ciel.
sens propre

J'ai mis un nuage de lait dans mon café.
sens figuré

Le **nuage du ciel** correspond au **sens propre**.
Le **nuage de lait** correspond au **sens figuré** :
on se **figure** que c'est un nuage.

Définition

• **Un mot est polysémique** s'il possède plusieurs sens.

Le dictionnaire indique les différents sens d'un mot en les numérotant.

> **loup** n. m. **1.** Animal sauvage ressemblant à un gros chien.
> **2.** Masque que l'on porte à un carnaval.

• **Le sens propre** est le sens le plus courant. C'est le premier sens indiqué dans le dictionnaire. **Le sens figuré** est un autre sens, imagé.

> **cochon** n. m. Mammifère d'élevage. **FIG.** C'est un travail de cochon = c'est un travail mal fait.

Sens figuré lié au sens propre

Le sens figuré d'un mot est toujours lié à son sens propre.

> Une **nappe** (de table) désigne un tissu qui **recouvre** une table.
> → sens propre
>
> Une **nappe** (de brouillard) désigne la brume qui **recouvre** un paysage. → sens figuré

Le point commun entre le sens propre et le sens figuré est le fait de *recouvrir*.

Expressions au sens figuré

Un grand nombre d'expressions au sens figuré s'appuient sur :

– **les parties du corps** : se creuser la cervelle, casser les oreilles, avoir un poil dans la main, avoir un cœur de pierre, avoir les dents longues, faire des pieds et des mains ;

– **les animaux** : entendre une mouche voler, être comme un poisson dans l'eau, être une langue de vipère, chercher des poux à quelqu'un, un froid de canard ;

– **les couleurs** : voir la vie en rose, avoir une peur bleue, voir rouge, être d'une humeur noire, en voir de toutes les couleurs ;

– **les habits** : se serrer la ceinture, trouver chaussure à son pied, retrousser ses manches, retourner sa veste.

Astuce

De nombreuses expressions jouent sur le sens figuré des mots. Le contexte permet de les comprendre.

Ainsi, dire qu'une personne **veut le beurre et l'argent du beurre** signifie qu'elle veut deux choses impossibles à posséder en même temps. Si une crémière a vendu son beurre, elle dispose de l'argent de la vente, mais plus du beurre.

Exercice

Les expressions des phrases sont-elles au sens propre ou au sens figuré ?

a. J'ai recueilli un chat dans ma maison. **b.** J'ai pris froid et j'ai un chat dans la gorge. **c.** Tu veux le beurre et l'argent du beurre. **d.** J'ai ajouté du beurre dans mon plat. **e.** Le chasseur a changé son fusil d'épaule. **f.** Cette stratégie n'est pas la bonne, j'ai donc changé mon fusil d'épaule.

➤ CORRIGÉS PAGE 404

Voir aussi **Dictionnaire, Expressions**

Progression, nuance des mots

Le cheval **marche au pas**, il **trotte**, il **galope**, il **s'emballe**.

marche au pas, **trotte**, **galope** indiquent que le cheval va de plus en plus vite. Ces verbes montrent la **progression** de sa vitesse.

Définition

La progression est un procédé qui consiste à enchaîner des mots ou des idées de sens proche, rangés selon un **ordre d'intensité** :

– **croissante** : ↗

Il **chuchote**, **marmonne**, **crie** et finit par **hurler** de colère.

C'est un film **intéressant**, **remarquable**, je dirais même **exceptionnel.**

– ou **décroissante** : ↘

Il **tempête**, **vocifère**, puis **se calme**.

La flamme **tremble**, elle **vacille**, **faiblit** et **s'éteint**.

Astuce

Pour rendre une **progression croissante expressive**, il faut placer les mots qui la constituent dans le bon ordre : du moins intense au plus intense.

Le vent **soufflait**, **grondait**, **dévastait** tout sur son passage.

Progression valorisante ou dévalorisante

Une progression peut être :

– **valorisante**

Je trouve ce personnage intelligent, brillant, génial.

– **dévalorisante**

Cette attitude est déplaisante, lamentable, inacceptable.

Nature des termes d'une progression

• **Les termes d'une progression ont souvent la même nature grammaticale.** Ce sont le plus souvent des noms, des adjectifs qualificatifs, des verbes ou des adverbes qui peuvent être synonymes ou exprimer des nuances différentes.

– Noms : une collation, un repas, un festin.

– Adjectifs qualificatifs : bon, savoureux, délicieux, divin.

– Verbes : apprécier, aimer, adorer.

– Adverbes : habilement, subtilement, magistralement.

• **Les termes d'une progression peuvent être de nature grammaticale différente.**

La fermière accourt **essoufflée**, **hors d'haleine**.

participe passé employé comme adjectif / groupe prépositionnel

VOCABULAIRE

Exercice

Ordonne les mots en italique afin qu'ils correspondent à une progression croissante.

a. La voiture *fonce, démarre, accélère* jusqu'à sa destination finale.

b. Ce tableau a beaucoup plu aux visiteurs du musée : ils l'ont trouvé *génial, bien peint, admirable*.

c. Le client mécontent *hurle, marmonne, hausse le ton* dans le magasin.

➤ CORRIGÉS PAGE 404

Voir aussi **Synonymes**

Radical, préfixe et suffixe

L'activité préférée de ma tante est le désherbage.

préfixe radical suffixe

Désherbage est formé :
– du **pré**fixe **dés-** qui **précède** le radical **herb**,
– du **suf**fixe **-age** qui **suit** le radical **herb**.

Définition

• **Le radical est la base ou la racine d'un mot.** C'est le plus petit mot d'une même famille, celui qui possède le **sens.**

• **On peut lui ajouter un préfixe ou un suffixe** pour former de nouveaux mots.

lent – lenteur – lentement – ralentir – ralentisseur

• Tous les nouveaux mots ainsi formés appartiennent à une même famille de mots.

Le préfixe et la nature grammaticale

Le préfixe se place avant le radical. La nature grammaticale du nouveau mot est la même que celle du radical.

nom / **pré**nom,	faire / **dé**faire,	actif / **in**actif
nom → nom	verbe → verbe	adjectif → adjectif

Le préfixe et le sens des mots

Les préfixes peuvent modifier le sens du radical en indiquant, par exemple :

– **le nombre** (*bi-, tri-, poly-*) : **bi**cyclette, **tri**athlon, **poly**copié ;

– **l'absence** (*a-*) : **a**tone (sans ton), **a**normal ;

– **le contraire** (*dé-, dés-, dis-, il-, im-, in-*) : **dé**brancher, **dés**habiller, **dis**paraître, **il**légal, **im**moral, **in**sensible ;

– **le fait de mettre à l'intérieur** (*em-, en-, im-*) : **em**magasiner, **en**sabler, **im**merger.

Le suffixe et la nature grammaticale

Le suffixe se place après le radical.

• La nature grammaticale du nouveau mot est souvent différente de celle du radical. Le suffixe permet de former des noms, des adjectifs, des adverbes et des verbes.

blesser / bless**ure**, (verbe → nom) beau / beau**té**, (adjectif → nom) rapide / rapide**ment** (adjectif → adverbe)

feuille / feuill**u**, (nom → adjectif) blanc / blanch**ir** (adjectif → verbe)

• Quelquefois, la nature grammaticale peut être conservée.

une fille / une fill**ette**, (nom → nom) rouge / rouge**âtre** (adjectif → adjectif)

Le suffixe et le sens des mots

Certains suffixes ont un sens, par exemple :

– qualité, possibilité (*-able, -ible*) : agré**able**, aud**ible**, mange**able**, lis**ible** ;

– contenu (*-ée*) : cuiller**ée**, assiett**ée** ;

– diminutif (*-ot, -et, -ette*) : chi**ot**, îl**ot**, livr**et**, fill**ette** ;

– péjoratif (*-ard*) : vant**ard**.

Exercice

Forme des mots en ajoutant le bon suffixe à chacun des verbes.

Verbes : fabriquer – changer – nettoyer – entraîner – condamner.

Suffixes : -age ; -ement ; -ation.

➤ CORRIGÉS PAGE 404

Voir aussi **Sens des préfixes et suffixes, Famille de mots**

VOCABULAIRE

Sens des préfixes et des suffixes

Ma sœur s'est **sur**passée à la patin**oire**.

surpassée commence par le **préfixe *sur-***.
patinoire se termine par le **suffixe *-oire***.

Les préfixes

Les préfixes modifient le sens des mots.

SENS	PRÉFIXE	EXEMPLE	PRÉFIXE	EXEMPLE
nombre	mono- uni- bi- tri-	**mono**ski **uni**forme **bi**cyclette **tri**cycle	hexa- octo- multi- poly-	**hexa**gone **octo**gone **multi**colore **poly**gone
taille	hémi-	**hémi**sphère	semi-	**semi**-remorque
excès	hyper-	**hyper**marché	sur-	**sur**peuplé
contraire	dé-, des- dis- mal-	**dé**faire **dis**qualifié **mal**heureux	il- im-, in- ir-	**il**lisible **im**possible **ir**remplaçable
intérieur	im- in-	**im**merger **in**carcérer	em- en-	**em**paqueter **en**cadrer
position	sur- sou(s)- inter-	**sur**élever **sou**terrain **inter**valle	péri- rétro- télé-	**péri**phérique **rétro**viseur **téle**scope

Les suffixes

Les suffixes modifient la nature des mots : ils permettent de former des noms, des adjectifs, des adverbes, des verbes.

• Noms

SENS	SUFFIXE	EXEMPLE	SUFFIXE	EXEMPLE
action, résultat	-age -ure	dress**age** bless**ure**	-ance -aison	veng**eance** flor**aison**
diminution de la taille	-et -ette -elet	coffr**et** fill**ette** agn**elet**	-elette -ille -illon	gout**telette** brind**ille** port**illon**
métiers	-teur -trice -er -ère	éduca**teur** éduca**trice** boulang**er** boulang**ère**	-eur -euse -ien -ienne	dans**eur** dans**euse** technic**ien** technic**ienne**

• Adjectifs

SENS	SUFFIXE	EXEMPLE	SUFFIXE	EXEMPLE
possibilité	-able	aim**able**	-ible	ris**ible**
qualité ou défaut	-eux -euse -ard	peur**eux** boud**euse** montagn**ard**	-if -ive -u	act**if** crain**tive** poil**u**

• Adverbes

SENS	SUFFIXE	EXEMPLE
de cette manière	-ment	facile**ment**

• Verbes

SENS	SUFFIXE	EXEMPLE	SUFFIXE	EXEMPLE
action	-er -eter	chant**er** vol**eter**	-oyer -oter	nett**oyer** gig**oter**
diminution	-iller	mord**iller**	-onner	chant**onner**

VOCABULAIRE

Exercices

1. Indique le sens des préfixes des mots suivants.

impatient – triathlon – hypersensible – surexposé – malhabile

2. Indique le sens des suffixes des mots suivants.

tacheter – bouchère – perméable – vantard – silencieux

➤ CORRIGÉS PAGE 404

Voir aussi **Radical, préfixe, suffixe**

Synonymes

Ce plat a bon **goût**. Sa **saveur** est très agréable.

goût et **saveur** sont des **noms** de **sens proche**. On les appelle des **synonymes**.

Définition

Les **synonymes** sont des mots qui ont le **même sens** ou un sens très proche.

Les branches de l'arbre **grandissent** vite. Elles **poussent** vite, elles **se développent**.

Les verbes *grandir, pousser* et *se développer* sont synonymes.

Nature des synonymes

Les synonymes ont la **même nature grammaticale**.

– **Noms** : un endroit / un lieu

– **Adjectifs qualificatifs** : délicieux / savoureux

– **Verbes** : ranger / classer

– **Adverbes** : élégamment / gracieusement

Synonymes et contexte

Un mot peut avoir des synonymes différents selon le **contexte** dans lequel il est employé.

Sa voix est **douce** / mélodieuse.
Son écharpe est toute **douce** / soyeuse.
La température est **douce** / tempérée.
La mer est **haute** / pleine. La montagne est **haute** / élevée.
Sa voix est **haute** / aiguë.

Synonymes et niveaux de langue

Un mot a des synonymes qui peuvent appartenir à des **niveaux de langue** différents. Ce niveau de langue peut être :

– **soutenu** : une automobile,

– **courant** : une voiture,

– **familier** : une bagnole.

Synonymes plus précis

On peut employer des synonymes qui seront plus précis que des mots génériques, comme :

– le nom *chose* : un objet, une idée (dire une chose) ;

– l'adjectif *bon* : juste, exact, délicieux, gentil ;

– le verbe *dire* : expliquer, répondre, questionner, demander, rétorquer, parler, chuchoter, marmonner, crier ;

– le verbe *faire* : faire des photos → prendre des photos, faire de la musique → jouer de la musique, faire 1 mètre → mesurer 1 mètre, faire le ménage → nettoyer, faire du sport → pratiquer un sport.

Piège à éviter

Ne confonds pas **famille de mots** et **synonyme.**

Jeu et *jouer* appartiennent à la même famille de mots ; *jeu* et *distraction* sont deux synonymes.

Exercice

Chaque affirmation est-elle juste ou fausse ?

a. *Radieux* et *réjoui* sont des synonymes de l'adjectif *heureux.*

b. *Brise* et *vent* sont des synonymes du nom *bise.*

c. *Suer* et *transpirer* sont des synonymes du verbe *soupirer.*

d. *Calmement* et *patiemment* sont des synonymes de l'adverbe *sereinement.*

➤ CORRIGÉS PAGE 404

Voir aussi **Niveaux de langue**

Conjugaison

Auxiliaires *avoir* et *être*

Jeanne a sauté longtemps à la corde.
auxiliaire *avoir* + participe passé

Ses amis sont venus l'encourager.
auxiliaire *être* + participe passé

a sert à conjuguer le verbe *sauter*. C'est l'**auxiliaire** *avoir*.
sont sert à conjuguer le verbe *venir*. C'est l'**auxiliaire** *être*.

Définition

On appelle **auxiliaires** les verbes ***être*** et ***avoir*** quand ils servent à conjuguer les verbes aux **temps composés.**

J'**ai** déjeuné.
emploi de l'auxiliaire *avoir* pour conjuguer *déjeuner* au passé composé

Nous **sommes** tombés.
emploi de l'auxiliaire *être* pour conjuguer *tomber* au passé composé

Emploi de l'auxiliaire *avoir*

- **Aux temps composés, à la voix active**, la plupart des verbes se construisent avec l'auxiliaire *avoir.*
Il s'agit de verbes **transitifs** (qui acceptent un complément d'objet).

Vous **avez** acheté une voiture.

- **Certains verbes intransitifs** (qui n'acceptent aucun complément d'objet) sont aussi formés avec l'auxiliaire *avoir* : *bifurquer, bourgeonner, chuter, coûter, décolérer, émerger, frétiller, frissonner, grimper, grincer, sangloter, scintiller.*

Elle **a** sangloté. La porte **a** grincé.

Emploi de l'auxiliaire *être*

• **Aux temps composés, les verbes pronominaux** se construisent toujours avec l'auxiliaire *être*.

Vous vous **êtes** battus. Il s'**était** trompé de chemin.

• **Certains verbes intransitifs** sont formés avec l'auxiliaire *être* : *aller, arriver, demeurer, descendre, devenir, entrer, monter, partir, rester, sortir, tomber, venir…*

Elle **est** arrivée. Il **est** entré.

Elles **sont** tombées. Ils **sont** venus.

Auxiliaires et voix passive

Tous les verbes se construisent avec l'auxiliaire *être* à la voix passive, quel que soit le temps employé.

Léo **est** surpris par l'orage. (présent)

Léo **a été** surpris par l'orage. (passé composé)

Léo **sera** surpris par l'orage. (futur)

Léo **fut** surpris par l'orage. (passé simple)

Piège à éviter

Certains verbes se conjuguent avec l'auxiliaire *avoir* ou *être* selon qu'ils ont un sens transitif (avec COD) ou intransitif (sans COD).

J'ai descendu un chemin abrupt.
verbe transitif

Je suis descendu par l'échelle.
verbe intransitif

Exercice

Complète les phrases à l'aide de l'auxiliaire *avoir* ou *être*.

Tom ... parti en vacances en Espagne. Il ... voyagé en train.
Nous l'... rencontré à Barcelone avec ses parents dans la rue.
Je les ... appelés mais ils ne m'... pas entendu.

➤ CORRIGÉS PAGE 405

Voir aussi **Temps simples et temps composés**

Concordance des temps

Hier, Arthur **a rendu** à Mélanie le jeu qu'elle lui **avait prêté** l'an dernier.

a rendu : passé composé

avait prêté : plus-que-parfait

L'action de **prêter** et l'action de **rendre** ont eu lieu dans le **passé**, mais elles n'ont pas eu lieu en même temps. Mélanie a prêté un jeu à Arthur **avant** qu'Arthur ne le lui rende. L'emploi des deux temps permet de comprendre la chronologie.

Définition

La concordance des temps consiste à utiliser dans une phrase **deux temps différents** pour indiquer qu'une action s'est déroulée avant une autre.

La maîtresse nous a dit que César avait conquis la Gaule.

a dit : action ② : passé composé

avait conquis : action ① : plus-que-parfait

L'action de *dire* se passe au XXIe siècle. Elle a lieu après l'action de *conquérir* qui se passe au Ier siècle avant Jésus-Christ.

Concordance des temps du passé

Le plus-que-parfait permet d'indiquer qu'une action a eu lieu avant une autre action située dans le passé et exprimée par :

– **le passé composé** :

Je t'avais prévenu de ce qui t'est arrivé.

① plus-que-parfait → ② passé composé

Voilà ce qui t'est arrivé : je t'avais pourtant prévenu avant.

– **le passé simple** :

Le train était déjà parti quand j'arrivai sur le quai.

① plus-que-parfait → ② passé simple

– **l'imparfait** :

J'attendais sur le quai mais le train était déjà parti.

② imparfait ← ① plus-que-parfait

Concordance des temps du futur

Le futur antérieur permet d'indiquer qu'une action située dans le futur aura lieu avant une autre action future.

Je déjeunerai quand j'aurai pris ma douche.

② futur ← ① futur antérieur

Astuce

Pour ne pas commettre d'erreur sur la concordance des temps, il faut se demander quelle action a lieu en premier et quelle action a lieu en second.

J'ai retrouvé une amie que j'avais perdue de vue.

Action ① : j'avais perdu de vue mon amie
plus-que-parfait

Action ② : j'ai retrouvé mon amie
passé composé

Exercice

Complète en respectant la concordance des temps.

Ma tante Stéphanie ne m'... jamais (dire) qu'elle (participer) à des compétitions de natation quand elle avait seize ans. Lorsque tu (terminer) tes devoirs, tu (pouvoir) jouer avec ton petit frère. Léo ne (savoir) plus où il (cacher) le cadeau de sa sœur.

➤ CORRIGÉS PAGE 405

Voir aussi **Modes et temps, Temps simples et temps composés**

Conditionnel présent

« **Voudrais**-tu jouer avec moi ? Je **serais** le renard et tu **serais** le corbeau. »

Je **serais** le corbeau et tu **serais** le renard à **condition** que tu veuilles jouer. D'où la question : **voudrais**-tu ? Les verbes *serais* et *voudrais* sont au conditionnel.

Définition

• **Le conditionnel est un mode** qui comporte deux temps : le présent et le passé.

• **Le conditionnel présent** est surtout employé pour parler d'un **événement incertain**, ou qui dépend d'une condition.

Si tu étais courageux, tu **essaierais** ce nouveau manège.

Formation du conditionnel présent

Pour former le présent du conditionnel de tous les verbes, on ajoute au radical du futur de l'indicatif les terminaisons de l'imparfait : ***-rais, -rais, -rait, -rions, -riez, -raient.***

manger → je mange**rais**, finir → tu fini**rais**, boire → elle boi**rait**

Formes irrégulières

• **Certains verbes du 1er groupe ont des formes particulières** : acheter / j'ach**è**terais, appeler / j'appe**ll**erais, libérer / je lib**è**rerais, nettoyer / je netto**i**erais, peler / je p**è**lerais.

• **Certains verbes du 3e groupe sont irréguliers** : aller / j'irais, faire / je ferais, tenir / je tiendrais, valoir / je vaudrais, voir / je verrais, vouloir / je voudrais.

- **Certains verbes du 3e groupe doublent le *r*** au conditionnel présent :

  courir / je courrais, envoyer / j'enverrais, mourir / je mourrais, parcourir / je parcourrais, secourir / je secourrais.

Valeurs du conditionnel présent

On emploie le conditionnel présent pour exprimer :

– **un événement soumis à une condition** (introduite par la conjonction *si* et exprimée par un verbe à l'imparfait) :

> Si vous avanciez plus vite, nous **pourrions** arriver à l'heure.

– **un souhait**, un rêve ou un regret :

> Je **serais** le shérif et toi tu **serais** l'Indien. (désir)
>
> J'**aimerais** bien aller sur la Lune. (rêve)

– **une demande formulée avec politesse** :

> **Pourriez**-vous m'indiquer le chemin, s'il vous plaît ?

– **un fait dont on n'est pas certain**, une supposition :

> **Aurait**-il le même âge que ton frère ?

! Piège à éviter

Certains verbes du 3e groupe doublent le ***r*** au conditionnel présent :
je cou**rr**ais, nous parcou**rr**ions, nous mou**rr**ions, ils secou**rr**aient.

Ne les confonds pas avec les formes de l'imparfait :

> Dans ton enfance tu **courais** vite. (imparfait)
>
> Il **courrait** vite s'il le voulait. (conditionnel présent)

Exercice

Relève les verbes au conditionnel présent et indique leur infinitif.

J'aimerais avoir un chat. Ma tante a dit qu'elle m'en offrirait un pour mon anniversaire si j'avais de bons résultats. Comme je serais heureuse ! Je pourrais jouer avec lui après la classe.

➤ CORRIGÉS PAGE 405

Voir aussi **Modes et temps**

Futur simple de l'indicatif

Il **rangera** sa chambre demain.

Le verbe **rangera** présente une action qui se déroulera plus tard, dans le **futur**, après le moment où l'on parle.

Définition

- Le futur est un **temps simple** du mode indicatif.
- Il sert à exprimer des **actions à venir**, proches ou lointaines par rapport au présent, au moment où l'on parle :

  Tu **termineras** ton dessin après le repas.

  Quand je **serai** grand, je **serai** vétérinaire.

Formation du futur

Au futur simple, le radical du verbe (la partie du verbe qui reste, lorsqu'on retire la terminaison de l'infinitif) est le même à toutes les personnes. On ajoute à ce radical les mêmes terminaisons pour tous les verbes : ***-rai, -ras, -ra, -rons, -rez, -ront***.

1er GROUPE		2e GROUPE		3e GROUPE	
je	joue**rai**	je	grandi**rai**	je	prend**rai**
tu	joue**ras**	tu	grandi**ras**	tu	prend**ras**
il, elle	joue**ra**	il, elle	grandi**ra**	il, elle	prend**ra**
nous	joue**rons**	nous	grandi**rons**	nous	prend**rons**
vous	joue**rez**	vous	grandi**rez**	vous	prend**rez**
ils, elles	joue**ront**	ils, elles	grandi**ront**	ils, elles	prend**ront**

Formes particulières

Certains verbes du 3e groupe comme *courir, mourir, pouvoir, voir...* prennent **deux *r*** à toutes les personnes :

je ve**rr**ai, tu cou**rr**as, il pou**rr**a, nous mou**rr**ons

Futur proche

Pour situer un événement dans un avenir très proche, on peut employer les verbes *aller, devoir* ou l'expression *être sur le point de* au présent de l'indicatif, suivis de l'infinitif.

Arrête-toi, je **vais descendre**.

Tu **dois rendre** le livre à la bibliothèque.

Je **suis sur le point de** réussir.

Piège à éviter

Il ne faut pas confondre les terminaisons ***-rai*** et ***-rais*** : ***-rai*** correspond à la 1re personne du singulier du futur de l'indicatif, ***-rais*** correspond à la 1re personne du singulier du présent du conditionnel.

Quand tu seras calmé, je te parle**rai**. (futur de l'indicatif)

Si tu étais calme, je te parle**rais**. (présent du conditionnel)

Pour reconnaître le temps, conjugue le verbe à une personne du pluriel.

Quand tu seras calmé, nous te parl**erons**.
Si tu étais calme, nous te parl**erions**.

Exercice

Mets les verbes entre parenthèses au futur.

Les alpinistes *(escalader)* la montagne. Ils *(progresser)* avec courage malgré le froid. Ils *(contempler)* la vue du sommet. Ils *(prendre)* des photos inoubliables.

➤ CORRIGÉS PAGE 405

Voir aussi **Modes et temps, Temps simples**

Groupe du verbe

Léo va arriv[er] : je dois l'attend[re] pour chois[ir] un film.

verbe du 1er groupe — verbe du 3e groupe — verbe du 2e groupe

arriver a un infinitif en *-er* → 1er groupe.
attendre a un infinitif en *-re* → 3e groupe.
choisir a un infinitif en *-ir* → 2e groupe.

Définition

Il existe trois groupes de verbes. Tous les verbes appartiennent à un groupe, selon la terminaison de leur infinitif.

L'infinitif des verbes

L'infinitif est la forme invariable du verbe que l'on trouve dans le dictionnaire. L'infinitif permet de reconnaître à quel groupe appartient un verbe.

- **Infinitif en *-er* → 1er groupe**

Ces verbes sont les plus nombreux. Ils se conjuguent de façon identique à tous les temps.

chanter, aimer, arriver

Exception : le verbe *aller* est un verbe du 3e groupe ! Son radical change selon les temps : il va, il allait, il ira.

- **Infinitif en *-ir* → 2e groupe**

Ces verbes sont reconnaissables à leur terminaison du participe présent en *-issant*. Ils se conjuguent de façon identique à tous les temps.

finir, ralentir, salir

- **Tous les autres verbes → 3e groupe**

Ce sont ceux que l'on emploie le plus souvent à l'oral. Ces verbes se conjuguent différemment et sont souvent irréguliers (leur radical varie).

tenir, savoir, croire, faire, prendre, peindre, coudre

Répartition en groupes

GROUPE	1er	2^e	3^e
Infinitif	*-er* arriver	*-ir* finir	*-ir, -oir, -oire, -re* sortir, voir, boire, prendre, peindre
Participe passé	*-é* arrivé	*-i* fini	*-i, -u, -is, -t* sorti, vu, bu, pris, peint
Participe présent	*-ant* arrivant	*-issant* finissant	sortant, voyant, buvant, prenant, peignant

CONJUGAISON

Astuce

Les verbes, dont l'infinitif se termine par *-ir,* peuvent appartenir soit au 2e groupe, soit au 3e groupe.

Pour savoir quel est le groupe d'un verbe terminé par *-ir,* conjugue-le au présent de l'indicatif, à la première personne du pluriel. Si sa terminaison est ***-issons***, c'est un verbe du 2e groupe.

adoucir → nous adouc**issons** (2e groupe)

courir → nous cour**ons** (3e groupe)

Exercice

Indique le groupe de chaque verbe.

partir – suivre – déplacer – sourire – vendre – éteindre – parler – bondir – décrire – crier – écrire – pâlir – fuir – nourrir – voir

➤ CORRIGÉS PAGE 405

Voir aussi **Verbe**

Imparfait de l'indicatif

Hier soir, Tom **observait** les étoiles.

Le verbe **observait** présente une action passée en insistant sur sa durée. Il est conjugué à l'**imparfait** de l'indicatif.

Définition

L'imparfait est un **temps du passé**. Ce temps simple appartient au mode indicatif. Il exprime **un fait ou un état passé en cours de déroulement**. On l'emploie souvent dans un récit.

Lundi dernier, il **participait** à une compétition de judo.

Formation de l'imparfait

À l'imparfait, le radical du verbe (la partie du verbe qui reste lorsque l'on retire la terminaison de l'infinitif) est le même à toutes les personnes. On ajoute à ce radical les mêmes terminaisons pour tous les verbes : ***-ais, -ais, -ait, -ions, -iez, -aient.***

je marchais, tu marchais, il marchait, nous marchions, vous marchiez, elles marchaient

Formes particulières

- **Les verbes en *-ier* et en *-yer*** se terminent respectivement par *-iions, -iiez* et *-yions, -yiez* aux deux premières personnes du pluriel.

  plier : nous pl**iions**, vous pl**iiez**

  nettoyer : nous netto**yions**, vous netto**yiez**

- **Les verbes en *-cer*** prennent un ç aux trois personnes du singulier et à la troisième personne du pluriel.

  rincer : je rin**ç**ais, tu rin**ç**ais, il rin**ç**ait, elles rin**ç**aient

• **Les verbes en *-ger*** s'écrivent ***ge*** aux trois personnes du singulier et à la troisième personne du pluriel.

manger : je man**ge**ais, tu man**ge**ais, il man**ge**ait, elles man**ge**aient

Piège à éviter

Ne confonds pas la terminaison en ***-ais*** (1re personne du singulier de l'imparfait : je chantais) et la terminaison en ***-ai*** (1re personne du singulier du passé simple : je chantai).

Valeurs de l'imparfait

L'imparfait peut exprimer :

– **la durée d'une action** dans le passé : Peu à peu, la nuit **tombait**.

– **une description** : Elle **était** blonde.

– **une explication** : Mon père m'a grondé parce que je **piétinais** la pelouse.

– **une action habituelle** : Lorsque j'étais petit, chaque matin, je **mangeais** des céréales.

Emploi de l'imparfait et du passé simple

L'imparfait permet de poser le décor dans lequel des actions soudaines vont survenir. Le temps employé pour ces actions soudaines est alors le passé simple.

Nous **dormions** (imparfait) sous un arbre quand soudain une branche **cassa** (passé simple).

Exercice

Mets les verbes des phrases à l'imparfait.

Les touristes sont ravis de leur visite. Ils essayent un nouveau circuit. Le midi, ils déjeunent au restaurant et goûtent la cuisine de la région. Ils apprécient particulièrement les plats en sauce.

➤ CORRIGÉS PAGE 405

Voir aussi **Modes et temps, Radical et terminaisons**

Impératif présent

Pose ce déguisement et **va** te laver !

pose et **va** expriment deux ordres.
Ces verbes sont conjugués à **l'impératif**.

Définition

• **L'impératif est un mode** qui comporte deux temps : le présent et le passé.

• **L'impératif présent** se conjugue à trois personnes. Il exprime le plus souvent **un ordre**.

Envoyez-moi une carte postale.

Formation du présent de l'impératif

• **Le présent de l'impératif ne se conjugue qu'à trois personnes** : la 2e personne du singulier et les 1re et 2e personnes du pluriel.

• **Le sujet n'est pas exprimé** : on n'emploie pas de pronom personnel.

• **Les terminaisons** sont identiques à celles du présent de l'indicatif.

VERBES DU 1er GROUPE	*-e, -ons, -ez*	rentr**e** rentr**ons** rentr**ez**
VERBES DU 2e GROUPE	*-s, -ons, -ez*	fini**s** finiss**ons** finiss**ez**
VERBES DU 3e GROUPE		cour**s** cour**ons** cour**ez**

Valeurs de l'impératif

- **L'impératif exprime :**

– **l'ordre** : Viens ici ! Tais-toi !

– **le conseil** : Offre-lui des fleurs !

– **l'interdiction** : Ne claque pas la porte !

- **Avec le verbe *vouloir*** suivi d'un verbe à l'infinitif, l'ordre est formulé de façon plus atténuée, plus polie.

  Veuillez quitter ce lieu, s'il vous plaît.

- **Avec le verbe *aller*** suivi d'un verbe à l'infinitif, l'idée exprimée par ce dernier est renforcée.

  N'allez pas échanger ces images.

Pronoms *en* et *y*

En présence des pronoms *en* et *y*, les verbes du 1er groupe et certains autres verbes (*aller, offrir, ouvrir, souffrir, cueillir*) prennent un *s* à la 2e personne du singulier de l'impératif.

Parle**s**-en. Va**s**-y. Cueille**s**-en.

Piège à éviter

Ne confonds pas les terminaisons de l'impératif présent avec celles de l'indicatif présent à la 2e personne du singulier.

Va te sécher les cheveux. Tu **vas** te sécher les cheveux.

Mange plus de fruits. Tu **manges** plus de fruits.

Exercice

Complète les phrases en conjuguant les verbes à l'impératif.

(lire) ... cet article de journal, il peut t'intéresser. Samuel et Claire, *(admirer)* ... ce paysage. Tous ensemble, vous et moi, *(chanter)* ... ce refrain. Théo, s'il te plaît, *(jeter)* ... les emballages qui encombrent le sous-sol. Tout le monde t'attend pour commencer le match : dépêche-toi, *(aller)* ...-y.

➤ CORRIGÉS PAGE 405

Voir aussi **Modes et temps**

Modes et temps

« **Cours** ! Il faut que tu sois à l'heure ! »
impératif — indicatif — subjonctif

Les verbes **cours**, **faut** et **sois** sont conjugués à des **modes** différents.

Définition

- **Les formes du verbe** peuvent être classées en deux catégories : les modes personnels et les modes impersonnels.
- Les quatre modes personnels et les deux modes impersonnels regroupent des temps.

Modes personnels

Un verbe peut se conjuguer à un mode personnel : indicatif, subjonctif, conditionnel ou impératif. Puis il se conjugue à un temps (présent, imparfait…). Enfin, il varie en personne.

Vous **montez** avec l'ascenseur. / **Montons** avec l'ascenseur.
indicatif / présent / 2e pers. pluriel — impératif / présent / 1re pers. pluriel

MODE	TEMPS	EXEMPLES
Indicatif	Présent Futur Imparfait Passé simple Passé composé Plus-que-parfait Passé antérieur Futur antérieur	tu écoutes tu écouteras tu écoutais tu écoutas tu as écouté tu avais écouté tu eus écouté tu auras écouté

MODE	TEMPS	EXEMPLES
Impératif	Présent	écoute !
Conditionnel	Présent	tu écouterais
Subjonctif	Présent	que tu écoutes

Piège à éviter

Le mode impératif est un mode personnel, cependant il n'a pas de 3e personne ni de 1re personne du singulier.

Regarde/Regardons/Regardez ce magnifique paysage !

Modes impersonnels

Un verbe à un mode impersonnel (infinitif, participe) ne se conjugue pas : il n'y a qu'une forme pour chaque temps de chaque mode impersonnel.

Il est connu pour **avoir** peur du noir. (infinitif présent)
Riant aux éclats, il semble joyeux. (participe présent)
Je te découvre **perché** dans un arbre. (participe passé)

MODE	TEMPS	EXEMPLES
Infinitif	Présent Passé	écouter avoir écouté
Participe	Présent Passé	écoutant écouté

Exercice

Indique le mode et le temps de chaque verbe.

Des randonneurs marchent. Ils arriveront bientôt à l'endroit souhaité. S'ils le pouvaient, ils avanceraient plus vite, mais que faire pour être plus rapide ?

➤ CORRIGÉS PAGE 405

Voir aussi **Temps simples, Impératif, Conditionnel, Subjonctif**

Passé composé de l'indicatif

J'ai retenu cette phrase dans un livre : « Christophe Colomb **a découvert** l'Amérique. »

Les verbes **ai retenu** et **a découvert** sont conjugués avec un auxiliaire au présent. Ils expriment un événement passé. Ils sont au **passé composé**.

Définition

- Le passé composé est un **temps du passé**. C'est un temps composé du mode indicatif : le verbe conjugué est composé de deux mots (auxiliaire + participe passé du verbe).
- Il s'emploie pour décrire une action qui a eu lieu dans le **passé**.

  Louise **a terminé** sa compote.

Formation du passé composé

Un verbe au passé composé est formé de l'auxiliaire *avoir* ou *être* au présent de l'indicatif suivi du participe passé du verbe.

j'ai goûté, j'ai grandi, j'ai lu, je suis tombé(e)
auxiliaire *avoir* ou *être* au présent + participe passé

Attention à l'accord du participe passé avec le sujet, lorsque l'auxiliaire est *être*.

Passé composé des verbes pronominaux

Au passé composé, les verbes pronominaux se conjuguent toujours avec l'auxiliaire *être* au présent de l'indicatif suivi du participe passé du verbe conjugué.

Je me suis levé(e).

Terminaisons du participe passé

	1er GROUPE	2e GROUPE	3e GROUPE
Infinitif	*-er* parler, manger	*-ir* finir (part. présent en *-issant*)	*-ir* : partir, venir, offrir *-oir(e)* : voir, croire *-re* : prendre, dire, naître
Participe passé	*-é* parlé, mangé	*-i* fini	*-i, -u, -t* : parti, venu, offert *-u* : vu, cru *-is, -it, -é* : pris, dit, né

Valeurs du passé composé

- Le passé composé peut évoquer **un événement passé qui explique un événement présent**, ou qui en est la cause.

  Il **a plu** toute la nuit : le terrain est trempé.

- Le passé composé peut raconter **un événement passé, qui a eu lieu à un moment précis.**

  C'est en 1789 que la Révolution française **a éclaté**.

- Le passé composé s'emploie **dans un récit pour raconter une action principale**, par rapport à un événement à l'imparfait.

  Le loup était affamé. Il **a poursuivi** le Chaperon rouge.

CONJUGAISON

! Piège à éviter

Ne confonds pas le **passé composé** à la voix active avec le **présent** à la voix passive :

Gaël **est arrivé** ce matin. (le sujet fait l'action : voix active, passé composé)

Gaël **est poursuivi** par un chien. (le sujet subit l'action : voix passive, présent)

Exercice

Récris ces phrases au passé composé.

À l'automne, les hirondelles choisissent de quitter la France. L'écrivain entreprit de commencer un nouveau livre. Le loup aperçoit un jeune agneau dans la prairie. Nous prendrons l'autobus près de la gare.

➤ CORRIGÉS PAGE 405

Voir aussi **Accord du participe passé**

Passé simple de l'indicatif

À minuit, l'horloge **sonna** douze coups.

sonna exprime une action passée et terminée. C'est un verbe au **passé simple**.

Définition

- Le passé simple est un **temps du passé**. C'est un temps simple du mode indicatif.
- Il s'emploie surtout dans un **récit** au passé pour décrire une action qui a eu lieu à un moment précis.

  À minuit, le carrosse se **transforma** en citrouille.

Formation du passé simple

1er GROUPE		2e GROUPE		3e GROUPE	
je	jou**ai**	je	grand**is**	je	pr**is**, cr**us**
tu	jou**as**	tu	grand**is**	tu	pr**is**, cr**us**
il	jou**a**	il	grand**it**	il	pr**it**, cr**ut**
nous	jou**âmes**	nous	grand**îmes**	nous	pr**îmes**, cr**ûmes**
vous	jou**âtes**	vous	grand**îtes**	vous	pr**îtes**, cr**ûtes**
ils	jou**èrent**	ils	grand**irent**	ils	pr**irent**, cr**urent**

Exceptions :

Tenir : je tins, tu tins, il tint, nous tînmes, vous tîntes, ils tinrent.

Venir : je vins, tu vins, il vint, nous vînmes, vous vîntes, ils vinrent.

Valeurs du passé simple

• **On emploie souvent le passé simple dans les récits** (romans, contes...) : les actions au passé simple font avancer l'action.

• **Le passé simple sert à raconter** :

– **un événement achevé**, une action terminée à un moment précis du passé :

À la fin du match, il **prit** une douche.

– **un événement qui interrompt** un autre événement situé aussi dans le passé, et qui dure (conjugué à l'imparfait).

Il se reposait quand un bruit le **réveilla**.

Piège à éviter

Ne confonds pas le **présent de l'indicatif** des verbes du 2e groupe conjugués aux trois premières personnes du singulier avec le **passé simple** de ces mêmes verbes. Le contexte permet de distinguer les deux temps.

Il **finit** son travail et il arrive. (présent de l'indicatif)

Il **finit** son travail et il arriva. (passé simple de l'indicatif)

Pense à conjuguer ce verbe à la 3e personne du pluriel.

il **finit** son travail → ils finissent / ils finirent

présent / passé simple

Exercice

Récris ces phrases en les mettant au pluriel.

Le joueur marqua un but et un spectateur applaudit avec enthousiasme. Un des arbitres siffla la fin de la mi-temps. Un enfant courut vers la pelouse pour serrer la main d'un joueur. Un journaliste filma la scène.

➤ CORRIGÉS PAGE 406

Voir aussi **Concordance des temps, Temps simples**

Présent de l'indicatif

Regarde ! Les joueurs **entrent** sur le terrain.

Les joueurs entrent au moment où je parle ; ils sont **présents** sur le terrain : le verbe est au **présent**.

Définition

- Le présent est un **temps simple** du mode indicatif.
- Il indique que **l'action** exprimée par le verbe a lieu ou est **en train d'avoir lieu.**

Mattéo lit le mode d'emploi de ce nouveau jouet.

Il lit maintenant et cette affirmation est certaine.

Formation du présent

1er GROUPE	2e GROUPE	3e GROUPE		
je donne	je finis	je viens	je veux	j' offre
tu donnes	tu finis	tu viens	tu veux	tu offres
il donne	il finit	il vient	il veut	il offre
nous donnons	nous finissons	nous venons	nous voulons	nous offrons
vous donnez	vous finissez	vous venez	vous voulez	vous offrez
ils donnent	ils finissent	ils viennent	ils veulent	ils offrent

Formes particulières du 1er groupe

-CER	-GER	-OYER	-UYER	-ETER	-ELER
je commence	je mange	j'envoie	j'essuie	je jette	j'appelle
nous commençons	nous mangeons	nous envoyons	nous essuyons	nous jetons	nous appelons

Valeurs du présent

• Le présent indique qu'un événement ou une action a lieu au **moment précis** où l'on parle. « Écoute ! Jeanne **joue** du piano. »

• Le présent peut indiquer une **habitude.**

Jeanne **joue** du piano le mercredi.

• Le présent peut exprimer une **généralité**, comme dans les proverbes ou les morales des fables, ou une **vérité.**

Rien ne **sert** de courir, il faut partir à point.

La Terre **tourne** autour du Soleil.

• Le présent peut s'employer dans un **récit** pour rendre une histoire passée plus vivante.

Soudain, la fée **prend** sa baguette et **prononce** la formule magique.

• Le présent peut indiquer que l'action a eu lieu dans un **moment proche du passé** ou que l'action va se dérouler dans un **moment proche du futur**. On emploie alors souvent un indicateur de temps.
Hier **j'arrive** à la gare : plus de trains. Je vous **rejoins** dans dix minutes.

Piège à éviter

Ne confonds pas présent de l'indicatif et présent de l'impératif.

Mangez ce gâteau ! (présent de l'impératif)

Mangez-vous ce gâteau ? (présent de l'indicatif)

Demande-toi si le verbe a un pronom personnel sujet.

Exercice

Précise la valeur du présent pour chaque verbe (moment présent, habitude, passé proche, futur proche, proverbe).

Tous les matins, je me lève à sept heures. Il ne faut pas vendre la peau de l'ours avant de l'avoir tué. Nous arrivons dans dix secondes. Célia répète son morceau au piano. Ce matin, mon père se coupe en se rasant.

➤ CORRIGÉS PAGE 406

Voir aussi **Modes et temps**

Radical et terminaisons

Je choisis le cadeau et vous choisirez le gâteau.

Dans **choisis** et **choisirez**, on retrouve le même radical : choisi, qui permet de comprendre le sens du verbe. Le radical est suivi d'une terminaison : **s** dans *choisis* et **rez** dans *choisirez*.

Définition

- **Le radical d'un verbe** est la partie du verbe qui en indique le sens. On l'obtient en retirant la marque de l'infinitif.

voyager – finir – prendre

radicaux

- **La terminaison d'un verbe** fournit des indications sur la personne de ce verbe et sur le temps auquel il est conjugué.

vous particip/i/**ez**

radical imparfait / 2e personne du pluriel

Terminaisons indiquant la personne

Les terminaisons varient en fonction du groupe du verbe et de la personne employés.

Par exemple, au présent de l'indicatif, les terminaisons des verbes du 1er groupe indiquant la personne sont : ***-e, -es, -e, -ons, -ez, -ent.***

Je travaill**e**, tu travaill**es**, il travaill**e**, nous travaill**ons**, vous travaill**ez**, ils travaill**ent.**

Terminaisons indiquant le temps

Certaines terminaisons indiquent le temps des verbes.

- **-*r*- est la marque du futur et du conditionnel** à toutes les personnes pour les trois groupes.

1er groupe : je chanterai, nous chanterons / je chanterais, nous chanterions

2e groupe : je bâtirai, nous bâtirons / je bâtirais, nous bâtirions

3e groupe : je prendrai, nous prendrons / je prendrais, nous prendrions

- **-*ai*- est la marque de l'imparfait** aux trois personnes du singulier et à la troisième personne du pluriel.

je finissais, tu finissais, il finissait, elles finissaient

- **-*i*- est la marque de l'imparfait** aux première et deuxième personnes du pluriel.

nous finissions, vous finissiez

Piège à éviter

Certains verbes peuvent changer de radical selon les temps auxquels ils sont conjugués.

venir : je viens – je viendrai – je venais

Exercice

Relève les terminaisons indiquant le temps et la personne des verbes.

Si ton oncle savait que tu réussis aussi bien les crêpes, il te demanderait d'en préparer pour la Chandeleur. Je lui proposerai de faire un repas de galettes quand nous trouverons le temps de nous réunir.

➤ CORRIGÉS PAGE 406

Voir aussi Groupe du verbe

Subjonctif présent

Simon souhaite que ses amis **viennent** à la pêche avec lui.

Simon formule le **souhait** que ses amis **viennent** avec lui.
viennent est un verbe au présent du **subjonctif.**

Définition

- **Le subjonctif est un mode** qui comporte plusieurs temps.
- **Le subjonctif présent** sert souvent à exprimer un **ordre**, un **souhait**, une **crainte**.

Le subjonctif s'emploie souvent dans des propositions subordonnées introduites par *que*.

Pourvu **qu'il neige** le soir de Noël.

Formation du subjonctif présent

- **Tous les verbes**, à l'exception de *être* et *avoir*, prennent les mêmes terminaisons : ***-e, -es, -e, -ions, -iez, -ent***.

1er groupe : que je march**e**, que nous march**ions**

2e groupe : que je grandiss**e**, que nous grandiss**ions**

3e groupe : que je prenn**e**, que nous pren**ions**

- **Pour les verbes du 1er groupe en *-yer, -ier***, il ne faut pas oublier le ***i*** aux deux premières personnes du pluriel : que nous envo**yi**ons, que vous pli**i**ez.
- **Quelques verbes du 3e groupe** comme *voir* et *sourire* ont aussi cette caractéristique : que vous vo**yi**ez, que vous souri**i**ez.

Valeurs du subjonctif présent

Le subjonctif s'utilise après des verbes qui expriment :

– **un ordre** :

Il faut que tu **prennes** le train de huit heures.

– **un souhait** :

Je souhaite que tu **gagnes** cette course.

– **une supposition** :

Supposons que ce triangle **soit** isocèle.

– **une crainte** :

Je crains qu'il ne **pleuve** ce soir.

Pièges à éviter

- **Ne confonds pas le présent de l'indicatif avec le présent du subjonctif** aux deux premières personnes du singulier.

On sait que tu chantes bien. Il est prévu que tu chantes.
(tu chantes : présent de l'indicatif ; tu chantes : présent du subjonctif)

Pour cela, il suffit de remplacer la 1re ou la 2e personne du singulier par celle du pluriel qui lui correspond :

On sait que vous chantez bien. Il est prévu que vous chantiez.
(vous chantez : présent de l'indicatif ; vous chantiez : présent du subjonctif)

- ***Après que*** est suivi de l'indicatif.

Les enfants sont sortis après que leur mère le leur **a permis**.

Exercice

Récris chaque phrase en remplaçant « Je sais que » par « Je veux que ».

Je sais que tu es serviable et que tu viens souvent m'aider. Je sais que tu apprends l'allemand et que tu vas à Berlin cet été. Je sais que vous prenez l'avion de 8 h 15 à Orly et que vous atterrissez à 9 h 30 à l'aéroport de Marseille.

➤ CORRIGÉS PAGE 406

Voir aussi **Modes et temps**

Temps simples et temps composés

Selim **réclama** à Léa la BD qu'elle lui **avait promise**.

réclama contient un **seul** mot : il est conjugué à un **temps simple**.
avait promise est **composé** de plusieurs mots : il est conjugué à un **temps composé**.

Définition

- **Un verbe est conjugué à un temps simple** lorsqu'il n'est formé que d'un seul mot, c'est-à-dire qu'il n'est accompagné d'aucun auxiliaire.

  Tu t'**entraînes** au judo le mercredi.

- **Un verbe est conjugué à un temps composé** lorsqu'il est formé de deux mots : **l'auxiliaire *être*** ou ***avoir*** conjugué, suivi du **participe passé.**

  Nous **avons rencontré** des amis.

  Vous **êtes allés** au cinéma.

Temps simples de l'indicatif

Le mode indicatif comporte quatre temps simples.

TEMPS SIMPLES	EXEMPLES
Présent	Elle **marche** vite.
Imparfait	Elle **marchait** tranquillement ce matin-là.
Passé simple	Elle **marcha** d'un pas rapide.
Futur simple	Elle **marchera** en silence.

Correspondance des temps

À un temps simple correspond un temps composé :

Présent	→	Passé composé	je cours / j'ai couru
Imparfait	→	Plus-que-parfait	je courais / j'avais couru
Passé simple	→	Passé antérieur	je courus / j'eus couru
Futur	→	Futur antérieur	je courrai / j'aurai couru

Temps composés de l'indicatif avec l'auxiliaire *avoir*

TEMPS COMPOSÉS	EXEMPLES
Passé composé	Il **a fini** son livre hier.
Plus-que-parfait	Il **avait fini** son livre depuis longtemps.
Passé antérieur	Dès qu'il **eut fini** son livre, il sortit.
Futur antérieur	Il **aura fini** son livre d'ici demain.

Temps composés de l'indicatif avec l'auxiliaire *être*

TEMPS COMPOSÉS	EXEMPLES
Passé composé	Il **est allé** à la piscine.
Plus-que-parfait	Elles **étaient allées** ensemble à la piscine.
Passé antérieur	Elles **furent** à peine **sorties** que la neige tomba.
Futur antérieur	Il **sera revenu** de vacances d'ici une semaine.

Attention ! Avec l'auxiliaire *être*, le participe passé s'accorde en genre et en nombre avec le sujet. La jeune fille était **paralysée** par la peur.

Exercice

Récris ces phrases en les mettant au temps composé correspondant.

Il faisait très chaud. Soudain, un orage violent éclata. Des arbres s'abattent sur une maison. Un habitant téléphone aux pompiers. Tu assisteras à l'arrivée des secours.

➤ CORRIGÉS PAGE 406

Voir aussi Concordance des temps

Verbes pronominaux

Aladin **s'enfuit** sur son tapis volant.

verbe pronominal

s' renvoie à Aladin. Le verbe *enfuir* est précédé du **pronom** ***se***. *S'enfuir* est un verbe à la forme **pronom**inale.

Définition

- Les verbes **pronominaux** sont toujours accompagnés d'un **pronom** (*me, te, se, nous, vous, se*).

  Je **me peigne** les cheveux.

  pronom personnel — verbe

- **Aux temps composés**, les verbes pronominaux se conjuguent avec l'auxiliaire *être*.

  Elle **s'est promenée** au bord du lac.

Le sujet et le pronom

Le pronom du verbe pronominal représente la **même personne** que le **sujet**. Ce pronom réfléchi renvoie au sujet.

Je **m'**amuse. → **J'**amuse **moi**-même.

Tu **te** presses. → **Tu** presses **toi**-même.

Elle **se** lave. → **Elle** lave **elle**-même.

Nous **nous** levons. → **Nous** levons **nous**-mêmes.

Vous **vous** essuyez. → **Vous** essuyez **vous**-mêmes.

Ils **s'**habillent. → **Ils** habillent **eux**-mêmes.

Verbes essentiellement pronominaux

Certains verbes sont toujours pronominaux, c'est-à-dire qu'ils ne s'emploient qu'avec un pronom. *S'absenter, s'abstenir, se désister, s'enfuir, s'envoler, s'évanouir, se moquer, se repentir, se souvenir...* sont des verbes essentiellement pronominaux.

Tu **te souviens** de cette fête d'anniversaire.
verbe essentiellement pronominal : on ne peut pas dire ~~***tu souviens***~~.

Verbes occasionnellement pronominaux

Certains verbes ne sont pas toujours pronominaux, comme *se lever (lever), s'apercevoir (apercevoir), se décider (décider)...*

Ce sont des verbes occasionnellement pronominaux.

Je **me suis réveillée** tard ce dimanche.
verbe occasionnellement pronominal : on peut dire ***j'ai réveillé mon frère***.

Piège à éviter

Pour ne pas confondre un verbe **occasionnellement pronominal** avec un verbe **essentiellement pronominal**, il faut se demander si ce verbe existe sans pronom.

Marc et Julien **s'aperçoivent** de leur erreur.
On peut dire : *Marc et Julien aperçoivent quelque chose*. Par conséquent, le verbe *s'apercevoir* est occasionnellement pronominal.

Marc et Julien **se souviennent** de moi.
On ne peut pas dire : ~~*Marc et Julien souviennent*~~. Par conséquent, le verbe *se souvenir* est essentiellement pronominal.

Exercice

Relève les verbes pronominaux et indique s'ils sont essentiellement ou occasionnellement pronominaux.

Ma sœur s'est levée trop tard. Je me demande si elle s'est dépêchée ensuite. Elle s'est rendue chez le dentiste. Il s'est absenté pendant la pause.

➤ CORRIGÉS PAGE 406

Voir aussi **Accord des verbes pronominaux**

Tableaux de conjugaison

Avoir • Auxiliaire

- *Avoir* est utilisé comme auxiliaire dans la formation des temps composés.
- Aux temps composés, il se conjugue avec l'auxiliaire ***avoir***.
- C'est un verbe transitif direct.

INDICATIF

PRÉSENT

j'	ai
tu	as
il, elle	a
nous	avons
vous	avez
ils, elles	ont

PASSÉ COMPOSÉ

j'	ai	eu
tu	as	eu
il, elle	a	eu
nous	avons	eu
vous	avez	eu
ils, elles	ont	eu

IMPARFAIT

j'	avais
tu	avais
il, elle	avait
nous	avions
vous	aviez
ils, elles	avaient

PLUS-QUE-PARFAIT

j'	avais	eu
tu	avais	eu
il, elle	avait	eu
nous	avions	eu
vous	aviez	eu
ils, elles	avaient	eu

PASSÉ SIMPLE

j'	eus
tu	eus
il, elle	eut
nous	eûmes
vous	eûtes
ils, elles	eurent

FUTUR SIMPLE

j'	aurai
tu	auras
il, elle	aura
nous	aurons
vous	aurez
ils, elles	auront

FUTUR ANTÉRIEUR

j'	aurai	eu
tu	auras	eu
il, elle	aura	eu
nous	aurons	eu
vous	aurez	eu
ils, elles	auront	eu

CONDITIONNEL

PRÉSENT

j'	aurais
tu	aurais
il, elle	aurait
nous	aurions
vous	auriez
ils, elles	auraient

SUBJONCTIF

PRÉSENT

que j'	aie
que tu	aies
qu'il, elle	ait
que nous	ayons
que vous	ayez
qu'ils, elles	aient

IMPÉRATIF

PRÉSENT

aie
ayons
ayez

INFINITIF

avoir

PARTICIPE

PRÉSENT	PASSÉ
ayant	eu(e)

Être • Auxiliaire

- *Être* est utilisé comme auxiliaire dans la formation des temps composés.
- Aux temps composés, il se conjugue avec l'auxiliaire ***avoir***.
- C'est un verbe intransitif.

INDICATIF

PRÉSENT

je	suis
tu	es
il, elle	est
nous	sommes
vous	êtes
ils, elle	sont

PASSÉ COMPOSÉ

j'	ai	été
tu	as	été
il, elle	a	été
nous	avons	été
vous	avez	été
ils, elles	ont	été

IMPARFAIT

j'	étais
tu	étais
il, elle	était
nous	étions
vous	étiez
ils, elles	étaient

PLUS-QUE-PARFAIT

j'	avais	été
tu	avais	été
il, elle	avait	été
nous	avions	été
vous	aviez	été
ils, elles	avaient	été

PASSÉ SIMPLE

je	fus
tu	fus
il, elle	fut
nous	fûmes
vous	fûtes
ils, elles	furent

FUTUR SIMPLE

je	serai
tu	seras
il, elle	sera
nous	serons
vous	serez
ils, elles	seront

FUTUR ANTÉRIEUR

j'	aurai	été
tu	auras	été
il, elle	aura	été
nous	aurons	été
vous	aurez	été
ils, elles	auront	été

CONDITIONNEL

PRÉSENT

je	serais
tu	serais
il, elle	serait
nous	serions
vous	seriez
ils, elles	seraient

SUBJONCTIF

PRÉSENT

que je	sois
que tu	sois
qu'il, elle	soit
que nous	soyons
que vous	soyez
qu'ils, elles	soient

IMPÉRATIF

PRÉSENT

sois
soyons
soyez

INFINITIF

être

PARTICIPE

PRÉSENT	PASSÉ
étant	été

Acheter • 1er groupe

Le verbe que tu cherches se termine par ...*eter*.

- *Acheter* a deux radicaux : achet... et achèt...
- Aux temps composés, il se conjugue avec l'auxiliaire ***avoir***.
- C'est un verbe transitif.

INDICATIF

PRÉSENT

j'	achète
tu	achètes
il, elle	achète
nous	achetons
vous	achetez
ils, elles	achètent

PASSÉ COMPOSÉ

j'	ai	acheté
tu	as	acheté
il, elle	a	acheté
nous	avons	acheté
vous	avez	acheté
ils, elles	ont	acheté

IMPARFAIT

j'	achetais
tu	achetais
il, elle	achetait
nous	achetions
vous	achetiez
ils, elles	achetaient

PLUS-QUE-PARFAIT

j'	avais	acheté
tu	avais	acheté
il, elle	avait	acheté
nous	avions	acheté
vous	aviez	acheté
ils, elles	avaient	acheté

PASSÉ SIMPLE

j'	achetai
tu	achetas
il, elle	acheta
nous	achetâmes
vous	achetâtes
ils, elles	achetèrent

FUTUR SIMPLE

j'	achèterai
tu	achèteras
il, elle	achètera
nous	achèterons
vous	achèterez
ils, elles	achèteront

FUTUR ANTÉRIEUR

j'	aurai	acheté
tu	auras	acheté
il, elle	aura	acheté
nous	aurons	acheté
vous	aurez	acheté
ils, elles	auront	acheté

CONDITIONNEL

PRÉSENT

j'	achèterais
tu	achèterais
il, elle	achèterait
nous	achèterions
vous	achèteriez
ils, elles	achèteraient

SUBJONCTIF

PRÉSENT

que j'	achète
que tu	achètes
qu'il, elle	achète
que nous	achetions
que vous	achetiez
qu'ils, elles	achètent

IMPÉRATIF

PRÉSENT

achète
achetons
achetez

INFINITIF

acheter

PARTICIPE

PRÉSENT	PASSÉ
achetant	acheté(e)

Appeler • 1er groupe

Le verbe que tu cherches se termine par ...*eler*.

- *Appeler* a deux radicaux : appel... et appell...
- Aux temps composés, il se conjugue avec l'auxiliaire ***avoir***.
- C'est un verbe transitif.

INDICATIF

PRÉSENT

j'	appelle
tu	appelles
il, elle	appelle
nous	appelons
vous	appelez
ils, elles	appellent

PASSÉ COMPOSÉ

j'	ai	appelé
tu	as	appelé
il, elle	a	appelé
nous	avons	appelé
vous	avez	appelé
ils, elles	ont	appelé

IMPARFAIT

j'	appelais
tu	appelais
il, elle	appelait
nous	appelions
vous	appeliez
ils, elles	appelaient

PLUS-QUE-PARFAIT

j'	avais	appelé
tu	avais	appelé
il, elle	avait	appelé
nous	avions	appelé
vous	aviez	appelé
ils, elles	avaient	appelé

PASSÉ SIMPLE

j'	appelai
tu	appelas
il, elle	appela
nous	appelâmes
vous	appelâtes
ils, elles	appelèrent

FUTUR SIMPLE

j'	appellerai
tu	appelleras
il, elle	appellera
nous	appellerons
vous	appellerez
ils, elles	appelleront

FUTUR ANTÉRIEUR

j'	aurai	appelé
tu	auras	appelé
il, elle	aura	appelé
nous	aurons	appelé
vous	aurez	appelé
ils, elles	auront	appelé

CONDITIONNEL

PRÉSENT

j'	appellerais
tu	appellerais
il, elle	appellerait
nous	appellerions
vous	appelleriez
ils, elles	appelleraient

SUBJONCTIF

PRÉSENT

que j'	appelle
que tu	appelles
qu'il, elle	appelle
que nous	appelions
que vous	appeliez
qu'ils, elles	appellent

IMPÉRATIF

PRÉSENT

appelle
appelons
appelez

INFINITIF

appeler

PARTICIPE

PRÉSENT	PASSÉ
appelant	appelé(e)

Céder • 1er groupe

Le verbe que tu cherches se termine par ...é + consonne(s) + er

- *Céder* a deux radicaux : céd... et cèd...
- Aux temps composés, il se conjugue avec l'auxiliaire ***avoir***.
- C'est un verbe transitif et transitif indirect.

INDICATIF

PRÉSENT

je	cède
tu	cèdes
il, elle	cède
nous	cédons
vous	cédez
ils, elles	cèdent

PASSÉ COMPOSÉ

j'	ai	cédé
tu	as	cédé
il, elle	a	cédé
nous	avons	cédé
vous	avez	cédé
ils, elles	ont	cédé

IMPARFAIT

je	cédais
tu	cédais
il, elle	cédait
nous	cédions
vous	cédiez
ils, elles	cédaient

PLUS-QUE-PARFAIT

j'	avais	cédé
tu	avais	cédé
il, elle	avait	cédé
nous	avions	cédé
vous	aviez	cédé
ils, elles	avaient	cédé

PASSÉ SIMPLE

je	cédai
tu	cédas
il, elle	céda
nous	cédâmes
vous	cédâtes
ils, elles	cédèrent

FUTUR SIMPLE

je	céderai
tu	céderas
il, elle	cédera
nous	céderons
vous	céderez
ils, elles	céderont

FUTUR ANTÉRIEUR

j'	aurai	cédé
tu	auras	cédé
il, elle	aura	cédé
nous	aurons	cédé
vous	aurez	cédé
ils, elles	auront	cédé

CONDITIONNEL

PRÉSENT

je	céderais
tu	céderais
il, elle	céderait
nous	céderions
vous	céderiez
ils, elles	céderaient

SUBJONCTIF

PRÉSENT

que je	cède
que tu	cèdes
qu'il, elle	cède
que nous	cédions
que vous	cédiez
qu'ils, elles	cèdent

IMPÉRATIF

PRÉSENT

cède
cédons
cédez

INFINITIF

céder

PARTICIPE

PRÉSENT	PASSÉ
cédant	cédé(e)

Chanter • 1er groupe

Le verbe que tu cherches se conjugue comme *chanter*.

- *Chanter* est un verbe régulier et a un seul radical : chant...
- Aux temps composés, il se conjugue avec l'auxiliaire ***avoir***.
- C'est un verbe transitif et intransitif.

INDICATIF

PRÉSENT

je	chante
tu	chantes
il, elle	chante
nous	chantons
vous	chantez
ils, elles	chantent

PASSÉ COMPOSÉ

j'	ai	chanté
tu	as	chanté
il, elle	a	chanté
nous	avons	chanté
vous	avez	chanté
ils, elles	ont	chanté

IMPARFAIT

je	chantais
tu	chantais
il, elle	chantait
nous	chantions
vous	chantiez
ils, elles	chantaient

PLUS-QUE-PARFAIT

j'	avais	chanté
tu	avais	chanté
il, elle	avait	chanté
nous	avions	chanté
vous	aviez	chanté
ils, elles	avaient	chanté

PASSÉ SIMPLE

je	chantai
tu	chantas
il, elle	chanta
nous	chantâmes
vous	chantâtes
ils, elles	chantèrent

FUTUR SIMPLE

je	chanterai
tu	chanteras
il, elle	chantera
nous	chanterons
vous	chanterez
ils, elles	chanteront

FUTUR ANTÉRIEUR

j'	aurai	chanté
tu	auras	chanté
il, elle	aura	chanté
nous	aurons	chanté
vous	aurez	chanté
ils, elles	auront	chanté

CONDITIONNEL

PRÉSENT

je	chanterais
tu	chanterais
il, elle	chanterait
nous	chanterions
vous	chanteriez
ils, elles	chanteraient

SUBJONCTIF

PRÉSENT

que je	chante
que tu	chantes
qu'il, elle	chante
que nous	chantions
que vous	chantiez
qu'ils, elles	chantent

IMPÉRATIF

PRÉSENT

chante
chantons
chantez

INFINITIF

chanter

PARTICIPE

PRÉSENT	PASSÉ
chantant	chanté(e)

Commencer • 1er groupe

Le verbe que tu cherches se conjugue comme *commencer*.

- *Commencer* a deux radicaux : commenc… et commenç…
- Aux temps composés, il se conjugue avec l'auxiliaire ***avoir***.
- C'est un verbe transitif et intransitif.

INDICATIF

PRÉSENT

je	commence
tu	commences
il, elle	commence
nous	commençons
vous	commencez
ils, elles	commencent

PASSÉ COMPOSÉ

j'	ai	commencé
tu	as	commencé
il, elle	a	commencé
nous	avons	commencé
vous	avez	commencé
ils, elles	ont	commencé

IMPARFAIT

je	commençais
tu	commençais
il, elle	commençait
nous	commencions
vous	commenciez
ils, elles	commençaient

PLUS-QUE-PARFAIT

j'	avais	commencé
tu	avais	commencé
il, elle	avait	commencé
nous	avions	commencé
vous	aviez	commencé
ils, elles	avaient	commencé

PASSÉ SIMPLE

je	commençai
tu	commenças
il, elle	commença
nous	commençâmes
vous	commençâtes
ils, elles	commencèrent

FUTUR SIMPLE

je	commencerai
tu	commenceras
il, elle	commencera
nous	commencerons
vous	commencerez
ils, elles	commenceront

FUTUR ANTÉRIEUR

j'	aurai	commencé
tu	auras	commencé
il, elle	aura	commencé
nous	aurons	commencé
vous	aurez	commencé
ils, elles	auront	commencé

CONDITIONNEL

PRÉSENT

je	commencerais
tu	commencerais
il, elle	commencerait
nous	commencerions
vous	commenceriez
ils, elles	commenceraient

SUBJONCTIF

PRÉSENT

que je	commence
que tu	commences
qu'il, elle	commence
que nous	commencions
que vous	commenciez
qu'ils, elles	commencent

IMPÉRATIF

PRÉSENT

commence
commençons
commencez

INFINITIF

commencer

PARTICIPE

PRÉSENT	PASSÉ
commençant	commencé(e)

Conjuguer • 1er groupe

Le verbe que tu cherches se termine par ...*guer*.

- *Conjuguer* a un seul radical : conjugu...
- Attention ! **gu** reste **gu** même devant **a** et **o** : nous conju**gu**ons.
- Aux temps composés, il se conjugue avec l'auxiliaire ***avoir***.
- C'est un verbe transitif.

INDICATIF

PRÉSENT

je	conjugue
tu	conjugues
il, elle	conjugue
nous	conju**gu**ons
vous	conjuguez
ils, elles	conjuguent

PASSÉ COMPOSÉ

j'	ai	conjugué
tu	as	conjugué
il, elle	a	conjugué
nous	avons	conjugué
vous	avez	conjugué
ils, elles	ont	conjugué

IMPARFAIT

je	conju**gu**ais
tu	conju**gu**ais
il, elle	conju**gu**ait
nous	conjuguions
vous	conjuguiez
ils, elles	conju**gu**aient

PLUS-QUE-PARFAIT

j'	avais	conjugué
tu	avais	conjugué
il, elle	avait	conjugué
nous	avions	conjugué
vous	aviez	conjugué
ils, elles	avaient	conjugué

PASSÉ SIMPLE

je	conju**gu**ai
tu	conju**gu**as
il, elle	conju**gu**a
nous	conju**gu**âmes
vous	conju**gu**âtes
ils, elles	conjuguèrent

FUTUR SIMPLE

je	conjuguerai
tu	conjugueras
il, elle	conjuguera
nous	conjuguerons
vous	conjuguerez
ils, elles	conjugueront

FUTUR ANTÉRIEUR

j'	aurai	conjugué
tu	auras	conjugué
il, elle	aura	conjugué
nous	aurons	conjugué
vous	aurez	conjugué
ils, elles	auront	conjugué

CONDITIONNEL

PRÉSENT

je	conjuguerais
tu	conjuguerais
il, elle	conjuguerait
nous	conjuguerions
vous	conjugueriez
ils, elles	conjugueraient

SUBJONCTIF

PRÉSENT

que je	conjugue
que tu	conjugues
qu'il, elle	conjugue
que nous	conjuguions
que vous	conjuguiez
qu'ils, elles	conjuguent

IMPÉRATIF

PRÉSENT

conjugue
conju**gu**ons
conjuguez

INFINITIF

conjuguer

PARTICIPE

PRÉSENT	PASSÉ
conju**gu**ant	conjugué(e)

Créer • 1er groupe

Le verbe que tu cherches se termine par *...éer*.

- *Créer* a un seul radical : cré...
- Attention ! é est suivi d'un **e muet** à certaines personnes : je crée.
- Aux temps composés, il se conjugue avec l'auxiliaire ***avoir***.
- C'est un verbe transitif.

INDICATIF

PRÉSENT

je	crée
tu	crées
il, elle	crée
nous	créons
vous	créez
ils, elles	créent

PASSÉ COMPOSÉ

j'	ai	créé
tu	as	créé
il, elle	a	créé
nous	avons	créé
vous	avez	créé
ils, elles	ont	créé

IMPARFAIT

je	créais
tu	créais
il, elle	créait
nous	créions
vous	créiez
ils, elles	créaient

PLUS-QUE-PARFAIT

j'	avais	créé
tu	avais	créé
il, elle	avait	créé
nous	avions	créé
vous	aviez	créé
ils, elles	avaient	créé

PASSÉ SIMPLE

je	créai
tu	créas
il, elle	créa
nous	créâmes
vous	créâtes
ils, elles	créèrent

FUTUR SIMPLE

je	créerai
tu	créeras
il, elle	créera
nous	créerons
vous	créerez
ils, elles	créeront

FUTUR ANTÉRIEUR

j'	aurai	créé
tu	auras	créé
il, elle	aura	créé
nous	aurons	créé
vous	aurez	créé
ils, elles	auront	créé

CONDITIONNEL

PRÉSENT

je	créerais
tu	créerais
il, elle	créerait
nous	créerions
vous	créeriez
ils, elles	créeraient

SUBJONCTIF

PRÉSENT

que je	crée
que tu	crées
qu'il, elle	crée
que nous	créions
que vous	créiez
qu'ils, elles	créent

IMPÉRATIF

PRÉSENT

crée
créons
créez

INFINITIF

créer

PARTICIPE

PRÉSENT	PASSÉ
créant	créé(e)

Crier • 1er groupe

Le verbe que tu cherches se termine par ...*ier*.

- *Crier* a un seul radical : cri... Attention ! **i** est suivi d'un **e muet** : je crie.
- À l'imparfait de l'indicatif et au présent du subjonctif, le **i** est suivi du **i** aux 2 premières personnes du pluriel : nous criions. Il est transitif et intransitif.
- Aux temps composés, il se conjugue avec l'auxiliaire ***avoir***.

INDICATIF

PRÉSENT

je	crie
tu	cries
il, elle	crie
nous	crions
vous	criez
ils, elles	crient

PASSÉ COMPOSÉ

j'	ai	crié
tu	as	crié
il, elle	a	crié
nous	avons	crié
vous	avez	crié
ils, elles	ont	crié

IMPARFAIT

je	criais
tu	criais
il, elle	criait
nous	criions
vous	criiez
ils, elles	criaient

PLUS-QUE-PARFAIT

j'	avais	crié
tu	avais	crié
il, elle	avait	crié
nous	avions	crié
vous	aviez	crié
ils, elles	avaient	crié

PASSÉ SIMPLE

je	criai
tu	crias
il, elle	cria
nous	criâmes
vous	criâtes
ils, elles	crièrent

FUTUR SIMPLE

je	crierai
tu	crieras
il, elle	criera
nous	crierons
vous	crierez
ils, elles	crieront

FUTUR ANTÉRIEUR

j'	aurai	crié
tu	auras	crié
il, elle	aura	crié
nous	aurons	crié
vous	aurez	crié
ils, elles	auront	crié

CONDITIONNEL

PRÉSENT

je	crierais
tu	crierais
il, elle	crierait
nous	crierions
vous	crieriez
ils, elles	crieraient

SUBJONCTIF

PRÉSENT

que je	crie
que tu	cries
qu'il, elle	crie
que nous	criions
que vous	criiez
qu'ils, elles	crient

IMPÉRATIF

PRÉSENT

crie
crions
criez

INFINITIF

crier

PARTICIPE

PRÉSENT	PASSÉ
criant	crié(e)

Employer • 1er groupe

Le verbe que tu cherches se termine par ...*oyer*.

- *Employer* a deux radicaux : employ**y**... et emplo**i**... C'est un verbe transitif.
- À l'imparfait de l'indicatif et au présent du subjonctif, le **y** est suivi du **i** aux 2 premières personnes du pluriel : nous emplo**yi**ons.
- Aux temps composés, il se conjugue avec l'auxiliaire ***avoir***.

INDICATIF

PRÉSENT

j'	emploie
tu	emploies
il, elle	emploie
nous	employons
vous	employez
ils, elles	emploient

PASSÉ COMPOSÉ

j'	ai	employé
tu	as	employé
il, elle	a	employé
nous	avons	employé
vous	avez	employé
ils, elles	ont	employé

IMPARFAIT

j'	employais
tu	employais
il, elle	employait
nous	employions
vous	employiez
ils, elles	employaient

PLUS-QUE-PARFAIT

j'	avais	employé
tu	avais	employé
il, elle	avait	employé
nous	avions	employé
vous	aviez	employé
ils, elles	avaient	employé

PASSÉ SIMPLE

j'	employai
tu	employas
il, elle	employa
nous	employâmes
vous	employâtes
ils, elles	employèrent

FUTUR SIMPLE

j'	emploierai
tu	emploieras
il, elle	emploiera
nous	emploierons
vous	emploierez
ils, elles	emploieront

FUTUR ANTÉRIEUR

j'	aurai	employé
tu	auras	employé
il	aura	employé
nous	aurons	employé
vous	aurez	employé
ils, elles	auront	employé

CONDITIONNEL

PRÉSENT

j'	emploierais
tu	emploierais
il, elle	emploierait
nous	emploierions
vous	emploieriez
ils, elles	emploieraient

SUBJONCTIF

PRÉSENT

que j'	emploie
que tu	emploies
qu'il, elle	emploie
que nous	employions
que vous	employiez
qu'ils, elles	emploient

IMPÉRATIF

PRÉSENT

emploie
employons
employez

INFINITIF

employer

PARTICIPE

PRÉSENT	PASSÉ
employant	employé(e)

S'envoler • 1er groupe

Le verbe que tu cherches se conjugue comme *s'envoler*.

- C'est un verbe pronominal.
- *S'envoler* a un seul radical : envol…
- Aux temps composés, il se conjugue toujours avec l'auxiliaire ***être***.

INDICATIF

PRÉSENT

je m'	envole
tu t'	envoles
il, elle s'	envole
nous nous	envolons
vous vous	envolez
ils, elles s'	envolent

PASSÉ COMPOSÉ

je me	suis	envolé(e)
tu t'	es	envolé(e)
il, elle s'	est	envolé(e)
nous nous	sommes	envolé(e)s
vous vous	êtes	envolé(e)s
ils, elles se	sont	envolé(e)s

IMPARFAIT

je m'	envolais
tu t'	envolais
il, elle s'	envolait
nous nous	envolions
vous vous	envoliez
ils, elles s'	envolaient

PLUS-QUE-PARFAIT

je m'	étais	envolé(e)
tu t'	étais	envolé(e)
il, elle s'	était	envolé(e)
nous nous	étions	envolé(e)s
vous vous	étiez	envolé(e)s
ils, elles s'	étaient	envolé(e)s

PASSÉ SIMPLE

je m'	envolai
tu t'	envolas
il, elle s'	envola
nous nous	envolâmes
vous vous	envolâtes
ils, elles s'	envolèrent

FUTUR SIMPLE

je m'	envolerai
tu t'	envoleras
il, elle s'	envolera
nous nous	envolerons
vous vous	envolerez
ils, elles s'	envoleront

FUTUR ANTÉRIEUR

je me	serai	envolé(e)
tu te	seras	envolé(e)
il, elle se	sera	envolé(e)
nous nous	serons	envolé(e)s
vous vous	serez	envolé(e)s
ils, elles se	seront	envolé(e)s

CONDITIONNEL

PRÉSENT

je m'	envolerais
tu t'	envolerais
il, elle s'	envolerait
nous nous	envolerions
vous vous	envoleriez
ils, elles s'	envoleraient

SUBJONCTIF

PRÉSENT

que je m'	envole
que tu t'	envoles
qu'il, elle s'	envole
que nous nous	envolions
que vous vous	envoliez
qu'ils, elles s'	envolent

IMPÉRATIF

PRÉSENT

envole-toi
envolons-nous
envolez-vous

INFINITIF

s'envoler

PARTICIPE

PRÉSENT	PASSÉ
s'envolant	envolé(e)

Envoyer • 1er groupe

Le verbe que tu cherches se termine par *...envoyer.*

- *Envoyer* a trois radicaux : j'envoie, j'envoyais, j'enverrai. Il est transitif.
- À l'imparfait de l'indicatif et au présent du subjonctif, y est suivi de i aux 2 premières personnes du pluriel : nous envoyions.
- Aux temps composés, il se conjugue avec l'auxiliaire ***avoir***.

INDICATIF

PRÉSENT

j'	envoie
tu	envoies
il, elle	envoie
nous	envoyons
vous	envoyez
ils, elles	envoient

PASSÉ COMPOSÉ

j'	ai	envoyé
tu	as	envoyé
il, elle	a	envoyé
nous	avons	envoyé
vous	avez	envoyé
ils, elles	ont	envoyé

IMPARFAIT

j'	envoyais
tu	envoyais
il, elle	envoyait
nous	envoyions
vous	envoyiez
ils, elles	envoyaient

PLUS-QUE-PARFAIT

j'	avais	envoyé
tu	avais	envoyé
il, elle	avait	envoyé
nous	avions	envoyé
vous	aviez	envoyé
ils, elles	avaient	envoyé

PASSÉ SIMPLE

j'	envoyai
tu	envoyas
il, elle	envoya
nous	envoyâmes
vous	envoyâtes
ils, elles	envoyèrent

FUTUR SIMPLE

j'	enverrai
tu	enverras
il, elle	enverra
nous	enverrons
vous	enverrez
ils, elles	enverront

FUTUR ANTÉRIEUR

j'	aurai	envoyé
tu	auras	envoyé
il, elle	aura	envoyé
nous	aurons	envoyé
vous	aurez	envoyé
ils, elles	auront	envoyé

CONDITIONNEL

PRÉSENT

j'	enverrais
tu	enverrais
il, elle	enverrait
nous	enverrions
vous	enverriez
ils, elles	enverraient

SUBJONCTIF

PRÉSENT

que j'	envoie
que tu	envoies
qu'il, elle	envoie
que nous	envoyions
que vous	envoyiez
qu'ils, elles	envoient

IMPÉRATIF

PRÉSENT

envoie
envoyons
envoyez

INFINITIF

envoyer

PARTICIPE

PRÉSENT	PASSÉ
envoyant	envoyé(e)

Essuyer • 1er groupe

Le verbe que tu cherches se termine par ...*uyer*.

- *Essuyer* a deux radicaux : essuy..., essui... C'est un verbe transitif.
- À l'imparfait de l'indicatif et au présent du subjonctif, y est suivi de i aux 2 premières personnes du pluriel : nous essuyions.
- Aux temps composés, il se conjugue avec l'auxiliaire ***avoir***.

INDICATIF

PRÉSENT

j'	essuie
tu	essuies
il, elle	essuie
nous	essuyons
vous	essuyez
ils, elles	essuient

PASSÉ COMPOSÉ

j'	ai	essuyé
tu	as	essuyé
il, elle	a	essuyé
nous	avons	essuyé
vous	avez	essuyé
ils, elles	ont	essuyé

IMPARFAIT

j'	essuyais
tu	essuyais
il, elle	essuyait
nous	essuyions
vous	essuyiez
ils, elles	essuyaient

PLUS-QUE-PARFAIT

j'	avais	essuyé
tu	avais	essuyé
il, elle	avait	essuyé
nous	avions	essuyé
vous	aviez	essuyé
ils, elles	avaient	essuyé

PASSÉ SIMPLE

j'	essuyai
tu	essuyas
il, elle	essuya
nous	essuyâmes
vous	essuyâtes
ils, elles	essuyèrent

FUTUR SIMPLE

j'	essuierai
tu	essuieras
il, elle	essuiera
nous	essuierons
vous	essuierez
ils, elles	essuieront

FUTUR ANTÉRIEUR

j'	aurai	essuyé
tu	auras	essuyé
il, elle	aura	essuyé
nous	aurons	essuyé
vous	aurez	essuyé
ils, elles	auront	essuyé

CONDITIONNEL

PRÉSENT

j'	essuierais
tu	essuierais
il, elle	essuierait
nous	essuierions
vous	essuieriez
ils, elles	essuieraient

SUBJONCTIF

PRÉSENT

que j'	essuie
que tu	essuies
qu'il, elle	essuie
que nous	essuyions
que vous	essuyiez
qu'ils, elles	essuient

IMPÉRATIF

PRÉSENT

essuie
essuyons
essuyez

INFINITIF

essuyer

PARTICIPE

PRÉSENT	PASSÉ
essuyant	essuyé(e)

Gagner • 1er groupe

Le verbe que tu cherches se termine par ...*gner*.

- *Gagner* a un seul radical : gagn… C'est un verbe transitif.
- À l'imparfait de l'indicatif et au présent du subjonctif, le **gn** est suivi du **i** aux 2 premières personnes du pluriel : nous ga**gni**ons.
- Aux temps composés, il se conjugue avec l'auxiliaire ***avoir***.

INDICATIF

PRÉSENT

je	gagne
tu	gagnes
il, elle	gagne
nous	gagnons
vous	gagnez
ils, elles	gagnent

PASSÉ COMPOSÉ

j'	ai	gagné
tu	as	gagné
il, elle	a	gagné
nous	avons	gagné
vous	avez	gagné
ils, elles	ont	gagné

IMPARFAIT

je	gagnais
tu	gagnais
il, elle	gagnait
nous	ga**gni**ons
vous	ga**gni**ez
ils, elles	gagnaient

PLUS-QUE-PARFAIT

j'	avais	gagné
tu	avais	gagné
il, elle	avait	gagné
nous	avions	gagné
vous	aviez	gagné
ils, elles	avaient	gagné

PASSÉ SIMPLE

je	gagnai
tu	gagnas
il, elle	gagna
nous	gagnâmes
vous	gagnâtes
ils, elles	gagnèrent

FUTUR SIMPLE

je	gagnerai
tu	gagneras
il, elle	gagnera
nous	gagnerons
vous	gagnerez
ils, elles	gagneront

FUTUR ANTÉRIEUR

j'	aurai	gagné
tu	auras	gagné
il, elle	aura	gagné
nous	aurons	gagné
vous	aurez	gagné
ils, elles	auront	gagné

CONDITIONNEL

PRÉSENT

je	gagnerais
tu	gagnerais
il, elle	gagnerait
nous	gagnerions
vous	gagneriez
ils, elles	gagneraient

SUBJONCTIF

PRÉSENT

que je	gagne
que tu	gagnes
qu'il, elle	gagne
que nous	ga**gni**ons
que vous	ga**gni**ez
qu'ils, elles	gagnent

IMPÉRATIF

PRÉSENT

gagne
gagnons
gagnez

INFINITIF

gagner

PARTICIPE

PRÉSENT	PASSÉ
gagnant	gagné(e)

Geler • 1er groupe

Le verbe que tu cherches se termine par ...*eler*.

- *Geler* a deux radicaux : gel... et gèl...
- Aux temps composés, il se conjugue avec l'auxiliaire ***avoir***.
- C'est un verbe transitif, intransitif et impersonnel.

INDICATIF

PRÉSENT

je	gèle
tu	gèles
il, elle	gèle
nous	gelons
vous	gelez
ils, elles	gèlent

PASSÉ COMPOSÉ

j'	ai	gelé
tu	as	gelé
il, elle	a	gelé
nous	avons	gelé
vous	avez	gelé
ils, elles	ont	gelé

IMPARFAIT

je	gelais
tu	gelais
il, elle	gelait
nous	gelions
vous	geliez
ils, elles	gelaient

PLUS-QUE-PARFAIT

j'	avais	gelé
tu	avais	gelé
il, elle	avait	gelé
nous	avions	gelé
vous	aviez	gelé
ils, elles	avaient	gelé

PASSÉ SIMPLE

je	gelai
tu	gelas
il, elle	gela
nous	gelâmes
vous	gelâtes
ils, elles	gelèrent

FUTUR SIMPLE

je	gèlerai
tu	gèleras
il, elle	gèlera
nous	gèlerons
vous	gèlerez
ils, elles	gèleront

FUTUR ANTÉRIEUR

j'	aurai	gelé
tu	auras	gelé
il, elle	aura	gelé
nous	aurons	gelé
vous	aurez	gelé
ils, elles	auront	gelé

CONDITIONNEL

PRÉSENT

je	gèlerais
tu	gèlerais
il, elle	gèlerait
nous	gèlerions
vous	gèleriez
ils, elles	gèleraient

SUBJONCTIF

PRÉSENT

que je	gèle
que tu	gèles
qu'il, elle	gèle
que nous	gelions
que vous	geliez
qu'ils, elles	gèlent

IMPÉRATIF

PRÉSENT

gèle
gelons
gelez

INFINITIF

geler

PARTICIPE

PRÉSENT	PASSÉ
gelant	gelé(e)

Interpeller • 1er groupe

Le verbe que tu cherches se termine par ...*eller*.

- *Interpeller* a un seul radical : interpell... C'est un verbe transitif.
- À l'imparfait de l'indicatif et au présent du subjonctif, les **ll** sont suivis du **i** aux 2 premières personnes du pluriel : nous interpe**lli**ons.
- Aux temps composés, il se conjugue avec l'auxiliaire ***avoir***.

INDICATIF

PRÉSENT

j'	interpelle
tu	interpelles
il, elle	interpelle
nous	interpellons
vous	interpellez
ils, elles	interpellent

PASSÉ COMPOSÉ

j'	ai	interpellé
tu	as	interpellé
il, elle	a	interpellé
nous	avons	interpellé
vous	avez	interpellé
ils, elles	ont	interpellé

IMPARFAIT

j'	interpellais
tu	interpellais
il, elle	interpellait
nous	interpe**lli**ons
vous	interpe**lli**ez
ils, elles	interpellaient

PLUS-QUE-PARFAIT

j'	avais	interpellé
tu	avais	interpellé
il, elle	avait	interpellé
nous	avions	interpellé
vous	aviez	interpellé
ils, elles	avaient	interpellé

PASSÉ SIMPLE

j'	interpellai
tu	interpellas
il, elle	interpella
nous	interpellâmes
vous	interpellâtes
ils, elles	interpellèrent

FUTUR SIMPLE

j'	interpellerai
tu	interpelleras
il, elle	interpellera
nous	interpellerons
vous	interpellerez
ils, elles	interpelleront

FUTUR ANTÉRIEUR

j'	aurai	interpellé
tu	auras	interpellé
il, elle	aura	interpellé
nous	aurons	interpellé
vous	aurez	interpellé
ils, elles	auront	interpellé

CONDITIONNEL

PRÉSENT

j'	interpellerais
tu	interpellerais
il, elle	interpellerait
nous	interpellerions
vous	interpelleriez
ils, elles	interpelleraient

SUBJONCTIF

PRÉSENT

que j'	interpelle
que tu	interpelles
qu'il, elle	interpelle
que nous	interpe**lli**ons
que vous	interpe**lli**ez
qu'ils, elles	interpellent

IMPÉRATIF

PRÉSENT

interpelle
interpellons
interpellez

INFINITIF

interpeller

PARTICIPE

PRÉSENT	PASSÉ
interpellant	interpellé(e)

Jeter • 1er groupe

Le verbe que tu cherches se termine par ...*eter*.

- *Jeter* a deux radicaux : jet... et jett...
- Aux temps composés, il se conjugue avec l'auxiliaire ***avoir***.
- C'est un verbe transitif.

INDICATIF

PRÉSENT

je	jette
tu	jettes
il, elle	jette
nous	jetons
vous	jetez
ils, elles	jettent

PASSÉ COMPOSÉ

j'	ai	jeté
tu	as	jeté
il, elle	a	jeté
nous	avons	jeté
vous	avez	jeté
ils, elles	ont	jeté

IMPARFAIT

je	jetais
tu	jetais
il, elle	jetait
nous	jetions
vous	jetiez
ils, elles	jetaient

PLUS-QUE-PARFAIT

j'	avais	jeté
tu	avais	jeté
il, elle	avait	jeté
nous	avions	jeté
vous	aviez	jeté
ils, elles	avaient	jeté

PASSÉ SIMPLE

je	jetai
tu	jetas
il, elle	jeta
nous	jetâmes
vous	jetâtes
ils, elles	jetèrent

FUTUR SIMPLE

je	jetterai
tu	jetteras
il, elle	jettera
nous	jetterons
vous	jetterez
ils, elles	jetteront

FUTUR ANTÉRIEUR

j'	aurai	jeté
tu	auras	jeté
il, elle	aura	jeté
nous	aurons	jeté
vous	aurez	jeté
ils, elles	auront	jeté

CONDITIONNEL

PRÉSENT

je	jetterais
tu	jetterais
il, elle	jetterait
nous	jetterions
vous	jetteriez
ils, elles	jetteraient

SUBJONCTIF

PRÉSENT

que je	jette
que tu	jettes
qu'il, elle	jette
que nous	jetions
que vous	jetiez
qu'ils, elles	jettent

IMPÉRATIF

PRÉSENT

jette
jetons
jetez

INFINITIF

jeter

PARTICIPE

PRÉSENT	PASSÉ
jetant	jeté(e)

Manger • 1er groupe

Le verbe que tu cherches se termine par *...ger*.

- *Manger* a un seul radical : mang...
- Attention ! **g** devient **ge** devant **a** et **o** : nous mang**e**ons.
- Aux temps composés, il se conjugue avec l'auxiliaire ***avoir***.
- C'est un verbe transitif.

INDICATIF

PRÉSENT

je	mange
tu	manges
il, elle	mange
nous	mang**e**ons
vous	mangez
ils, elles	mangent

PASSÉ COMPOSÉ

j'	ai	mangé
tu	as	mangé
il, elle	a	mangé
nous	avons	mangé
vous	avez	mangé
ils, elles	ont	mangé

IMPARFAIT

je	mang**e**ais
tu	mang**e**ais
il, elle	mang**e**ait
nous	mangions
vous	mangiez
ils, elles	mang**e**aient

PLUS-QUE-PARFAIT

j'	avais	mangé
tu	avais	mangé
il, elle	avait	mangé
nous	avions	mangé
vous	aviez	mangé
ils, elles	avaient	mangé

PASSÉ SIMPLE

je	mang**e**ai
tu	mang**e**as
il, elle	mang**e**a
nous	mang**e**âmes
vous	mang**e**âtes
ils, elles	mangèrent

FUTUR SIMPLE

je	mangerai
tu	mangeras
il, elle	mangera
nous	mangerons
vous	mangerez
ils, elles	mangeront

FUTUR ANTÉRIEUR

j'	aurai	mangé
tu	auras	mangé
il, elle	aura	mangé
nous	aurons	mangé
vous	aurez	mangé
ils, elles	auront	mangé

CONDITIONNEL

PRÉSENT

je	mangerais
tu	mangerais
il, elle	mangerait
nous	mangerions
vous	mangeriez
ils, elles	mangeraient

SUBJONCTIF

PRÉSENT

que je	mange
que tu	manges
qu'il, elle	mange
que nous	mangions
que vous	mangiez
qu'ils, elles	mangent

IMPÉRATIF

PRÉSENT

mange
mang**e**ons
mangez

INFINITIF

manger

PARTICIPE

PRÉSENT	PASSÉ
mang**e**ant	mangé(e)

Payer • 1er groupe

Le verbe que tu cherches se termine par *...ayer*.

- *Payer* a deux radicaux possibles : je paye / je paie. C'est un verbe transitif.
- À l'imparfait de l'indicatif et au présent du subjonctif, le **y** est suivi du **i** aux 2 premières personnes du pluriel : nous payions.
- Aux temps composés, il se conjugue avec l'auxiliaire ***avoir***.

INDICATIF

PRÉSENT

je	paye/paie
tu	payes/paies
il, elle	paye/paie
nous	payons
vous	payez
ils, elles	payent/paient

PASSÉ COMPOSÉ

j'	ai	payé
tu	as	payé
il, elle	a	payé
nous	avons	payé
vous	avez	payé
ils, elles	ont	payé

IMPARFAIT

je	payais
tu	payais
il, elle	payait
nous	payions
vous	payiez
ils, elles	payaient

PLUS-QUE-PARFAIT

j'	avais	payé
tu	avais	payé
il, elle	avait	payé
nous	avions	payé
vous	aviez	payé
ils, elles	avaient	payé

PASSÉ SIMPLE

je	payai
tu	payas
il, elle	paya
nous	payâmes
vous	payâtes
ils, elles	payèrent

FUTUR SIMPLE

je	payerai/paierai
tu	payeras/paieras
il, elle	payera/paiera
nous	payerons/paierons
vous	payerez/paierez
ils, elles	payeront/paieront

FUTUR ANTÉRIEUR

j'	aurai	payé
tu	auras	payé
il, elle	aura	payé
nous	aurons	payé
vous	aurez	payé
ils, elles	auront	payé

CONDITIONNEL

PRÉSENT

je	payerais/paierais
tu	payerais/paierais
il, elle	payerait/paierait
nous	payerions/paierions
vous	payeriez/paieriez
ils, elles	payeraient/paieraient

SUBJONCTIF

PRÉSENT

que je	paye/paie
que tu	payes/paies
qu'il, elle	paye/paie
que nous	payions
que vous	payiez
qu'ils, elles	payent/paient

IMPÉRATIF

PRÉSENT

paye / paie
payons
payez

INFINITIF

payer

PARTICIPE

PRÉSENT	PASSÉ
payant	payé(e)

Régner • 1er groupe

Le verbe que tu cherches se termine par *...égner.*

- *Régner* a deux radicaux : régn… et règn… C'est un verbe intransitif.
- À l'imparfait de l'indicatif et au présent du subjonctif, gn est suivi de i aux 2 premières personnes du pluriel : nous régnions.
- Aux temps composés, il se conjugue avec l'auxiliaire ***avoir***.

INDICATIF

PRÉSENT

je	règne
tu	règnes
il, elle	règne
nous	régnons
vous	régnez
ils, elles	règnent

PASSÉ COMPOSÉ

j'	ai	régné
tu	as	régné
il, elle	a	régné
nous	avons	régné
vous	avez	régné
ils, elles	ont	régné

IMPARFAIT

je	régnais
tu	régnais
il, elle	régnait
nous	régnions
vous	régniez
ils, elles	régnaient

PLUS-QUE-PARFAIT

j'	avais	régné
tu	avais	régné
il, elle	avait	régné
nous	avions	régné
vous	aviez	régné
ils, elles	avaient	régné

PASSÉ SIMPLE

je	régnai
tu	régnas
il, elle	régna
nous	régnâmes
vous	régnâtes
ils, elles	régnèrent

FUTUR SIMPLE

je	régnerai
tu	régneras
il, elle	régnera
nous	régnerons
vous	régnerez
ils, elles	régneront

FUTUR ANTÉRIEUR

j'	aurai	régné
tu	auras	régné
il, elle	aura	régné
nous	aurons	régné
vous	aurez	régné
ils, elles	auront	régné

CONDITIONNEL

PRÉSENT

je	régnerais
tu	régnerais
il, elle	régnerait
nous	régnerions
vous	régneriez
ils, elles	régneraient

SUBJONCTIF

PRÉSENT

que je	règne
que tu	règnes
qu'il, elle	règne
que nous	régnions
que vous	régniez
qu'ils, elles	règnent

IMPÉRATIF

PRÉSENT

règne
régnons
régnez

INFINITIF

régner

PARTICIPE

PRÉSENT	PASSÉ
régnant	régné

Remuer • 1er groupe

Le verbe que tu cherches se termine par *...uer.*

- *Remuer* a un seul radical : remu...
- Attention ! **u** peut être suivi d'un **e muet** : je remuerai.
- Aux temps composés, il se conjugue avec l'auxiliaire ***avoir***.
- C'est un verbe transitif et intransitif.

INDICATIF

PRÉSENT

je	remue
tu	remues
il, elle	remue
nous	remuons
vous	remuez
ils, elles	remuent

PASSÉ COMPOSÉ

j'	ai	remué
tu	as	remué
il, elle	a	remué
nous	avons	remué
vous	avez	remué
ils, elles	ont	remué

IMPARFAIT

je	remuais
tu	remuais
il, elle	remuait
nous	remuions
vous	remuiez
ils, elles	remuaient

PLUS-QUE-PARFAIT

j'	avais	remué
tu	avais	remué
il, elle	avait	remué
nous	avions	remué
vous	aviez	remué
ils, elles	avaient	remué

PASSÉ SIMPLE

je	remuai
tu	remuas
il, elle	remua
nous	remuâmes
vous	remuâtes
ils, elles	remuèrent

FUTUR SIMPLE

je	remuerai
tu	remueras
il, elle	remuera
nous	remuerons
vous	remuerez
ils, elles	remueront

FUTUR ANTÉRIEUR

j'	aurai	remué
tu	auras	remué
il, elle	aura	remué
nous	aurons	remué
vous	aurez	remué
ils, elles	auront	remué

CONDITIONNEL

PRÉSENT

je	remuerais
tu	remuerais
il, elle	remuerait
nous	remuerions
vous	remueriez
ils, elles	remueraient

SUBJONCTIF

PRÉSENT

que je	remue
que tu	remues
qu'il, elle	remue
que nous	remuions
que vous	remuiez
qu'ils, elles	remuent

IMPÉRATIF

PRÉSENT

remue
remuons
remuez

INFINITIF

remuer

PARTICIPE

PRÉSENT	PASSÉ
remuant	remué(e)

Semer • 1er groupe

Le verbe que tu cherches se termine par ...*e* + consonne(s) + *er*

- *Semer* a deux radicaux : sem... et sèm...
- Aux temps composés, il se conjugue avec l'auxiliaire ***avoir***.
- C'est un verbe transitif.

INDICATIF

PRÉSENT

je	sème
tu	sèmes
il, elle	sème
nous	semons
vous	semez
ils, elles	sèment

PASSÉ COMPOSÉ

j'	ai	semé
tu	as	semé
il, elle	a	semé
nous	avons	semé
vous	avez	semé
ils, elles	ont	semé

IMPARFAIT

je	semais
tu	semais
il, elle	semait
nous	semions
vous	semiez
ils, elles	semaient

PLUS-QUE-PARFAIT

j'	avais	semé
tu	avais	semé
il, elle	avait	semé
nous	avions	semé
vous	aviez	semé
ils, elles	avaient	semé

PASSÉ SIMPLE

je	semai
tu	semas
il, elle	sema
nous	semâmes
vous	semâtes
ils, elles	semèrent

FUTUR SIMPLE

je	sèmerai
tu	sèmeras
il, elle	sèmera
nous	sèmerons
vous	sèmerez
ils, elles	sèmeront

FUTUR ANTÉRIEUR

j'	aurai	semé
tu	auras	semé
il, elle	aura	semé
nous	aurons	semé
vous	aurez	semé
ils, elles	auront	semé

CONDITIONNEL

PRÉSENT

je	sèmerais
tu	sèmerais
il, elle	sèmerait
nous	sèmerions
vous	sèmeriez
ils, elles	sèmeraient

SUBJONCTIF

PRÉSENT

que je	sème
que tu	sèmes
qu'il, elle	sème
que nous	semions
que vous	semiez
qu'ils, elles	sèment

IMPÉRATIF

PRÉSENT

sème
semons
semez

INFINITIF

semer

PARTICIPE

PRÉSENT	PASSÉ
semant	semé(e)

Tomber • 1er groupe

Le verbe que tu cherches se conjugue comme *tomber*.

- *Tomber* est un verbe régulier et a un seul radical : tomb...
- Aux temps composés, il se conjugue avec l'auxiliaire ***être*** (ou *avoir* selon qu'il est transitif ou intransitif).
- C'est un verbe transitif et intransitif.

INDICATIF

PRÉSENT

je	tombe
tu	tombes
il, elle	tombe
nous	tombons
vous	tombez
ils, elles	tombent

PASSÉ COMPOSÉ

je	suis	tombé(e)
tu	es	tombé(e)
il, elle	est	tombé(e)
nous	sommes	tombé(e)s
vous	êtes	tombé(e)s
ils, elles	sont	tombé(e)s

IMPARFAIT

je	tombais
tu	tombais
il, elle	tombait
nous	tombions
vous	tombiez
ils, elles	tombaient

PLUS-QUE-PARFAIT

j'	étais	tombé(e)
tu	étais	tombé(e)
il, elle	était	tombé(e)
nous	étions	tombé(e)s
vous	étiez	tombé(e)s
ils, elles	étaient	tombé(e)s

PASSÉ SIMPLE

je	tombai
tu	tombas
il, elle	tomba
nous	tombâmes
vous	tombâtes
ils, elles	tombèrent

FUTUR SIMPLE

je	tomberai
tu	tomberas
il, elle	tombera
nous	tomberons
vous	tomberez
ils, elles	tomberont

FUTUR ANTÉRIEUR

je	serai	tombé(e)
tu	seras	tombé(e)
il, elle	sera	tombé(e)
nous	serons	tombé(e)s
vous	serez	tombé(e)s
ils, elles	seront	tombé(e)s

CONDITIONNEL

PRÉSENT

je	tomberais
tu	tomberais
il, elle	tomberait
nous	tomberions
vous	tomberiez
ils, elles	tomberaient

SUBJONCTIF

PRÉSENT

que je	tombe
que tu	tombes
qu'il, elle	tombe
que nous	tombions
que vous	tombiez
qu'ils, elles	tombent

IMPÉRATIF

PRÉSENT

tombe
tombons
tombez

INFINITIF

tomber

PARTICIPE

PRÉSENT	PASSÉ
tombant	tombé(e)

Travailler • 1er groupe

Le verbe que tu cherches se termine par *...iller*.

- *Travailler* a un seul radical : travaill... C'est un verbe transitif et intransitif.
- À l'imparfait de l'indicatif et au présent du subjonctif, les **ll** sont suivis du **i** aux 2 premières personnes du pluriel : nous travai**lli**ons.
- Aux temps composés, il se conjugue avec l'auxiliaire ***avoir***.

INDICATIF

PRÉSENT

je	travaille
tu	travailles
il, elle	travaille
nous	travaillons
vous	travaillez
ils, elles	travaillent

PASSÉ COMPOSÉ

j'	ai	travaillé
tu	as	travaillé
il, elle	a	travaillé
nous	avons	travaillé
vous	avez	travaillé
ils, elles	ont	travaillé

IMPARFAIT

je	travaillais
tu	travaillais
il, elle	travaillait
nous	travai**lli**ons
vous	travai**lli**ez
ils, elles	travaillaient

PLUS-QUE-PARFAIT

j'	avais	travaillé
tu	avais	travaillé
il, elle	avait	travaillé
nous	avions	travaillé
vous	aviez	travaillé
ils, elles	avaient	travaillé

PASSÉ SIMPLE

je	travaillai
tu	travaillas
il, elle	travailla
nous	travaillâmes
vous	travaillâtes
ils, elles	travaillèrent

FUTUR SIMPLE

je	travaillerai
tu	travailleras
il, elle	travaillera
nous	travaillerons
vous	travaillerez
ils, elles	travailleront

FUTUR ANTÉRIEUR

j'	aurai	travaillé
tu	auras	travaillé
il, elle	aura	travaillé
nous	aurons	travaillé
vous	aurez	travaillé
ils, elles	auront	travaillé

CONDITIONNEL

PRÉSENT

je	travaillerais
tu	travaillerais
il, elle	travaillerait
nous	travaillerions
vous	travailleriez
ils, elles	travailleraient

SUBJONCTIF

PRÉSENT

que je	travaille
que tu	travailles
qu'il, elle	travaille
que nous	travai**lli**ons
que vous	travai**lli**ez
qu'ils, elles	travaillent

IMPÉRATIF

PRÉSENT

travaille
travaillons
travaillez

INFINITIF

travailler

PARTICIPE

PRÉSENT	PASSÉ
travaillant	travaillé(e)

Finir • 2e groupe

Le verbe que tu cherches se conjugue comme *finir*.

- *Finir* a deux radicaux : fin… et finiss… C'est un verbe intransitif et transitif.
- Attention ! Il présente les mêmes formes aux 3 personnes du singulier du présent et du passé simple de l'indicatif.
- Aux temps composés, il se conjugue avec l'auxiliaire ***avoir***.

INDICATIF

PRÉSENT

je	finis
tu	finis
il, elle	finit
nous	finissons
vous	finissez
ils, elles	finissent

PASSÉ COMPOSÉ

j'	ai	fini
tu	as	fini
il, elle	a	fini
nous	avons	fini
vous	avez	fini
ils, elles	ont	fini

IMPARFAIT

je	finissais
tu	finissais
il, elle	finissait
nous	finissions
vous	finissiez
ils, elles	finissaient

PLUS-QUE-PARFAIT

j'	avais	fini
tu	avais	fini
il, elle	avait	fini
nous	avions	fini
vous	aviez	fini
ils, elles	avaient	fini

PASSÉ SIMPLE

je	finis
tu	finis
il, elle	finit
nous	finîmes
vous	finîtes
ils, elles	finirent

FUTUR SIMPLE

je	finirai
tu	finiras
il, elle	finira
nous	finirons
vous	finirez
ils, elles	finiront

FUTUR ANTÉRIEUR

j'	aurai	fini
tu	auras	fini
il, elle	aura	fini
nous	aurons	fini
vous	aurez	fini
ils, elles	auront	fini

CONDITIONNEL

PRÉSENT

je	finirais
tu	finirais
il, elle	finirait
nous	finirions
vous	finiriez
ils, elles	finiraient

SUBJONCTIF

PRÉSENT

que je	finisse
que tu	finisses
qu'il, elle	finisse
que nous	finissions
que vous	finissiez
qu'ils, elles	finissent

IMPÉRATIF

PRÉSENT

finis
finissons
finissez

INFINITIF

finir

PARTICIPE

PRÉSENT	PASSÉ
finissant	fini(e)

Haïr • 2e groupe

▶ *Haïr* est un verbe particulier.

- *Haïr* a deux radicaux : haï… et hai… C'est un verbe transitif.
- Au passé simple de l'indicatif aux 2 premières personnes du pluriel, î devient ï : nous haïmes.
- Aux temps composés, il se conjugue avec l'auxiliaire ***avoir***.

INDICATIF

PRÉSENT

je	hais
tu	hais
il, elle	hait
nous	haïssons
vous	haïssez
ils, elles	haïssent

PASSÉ COMPOSÉ

j'	ai	haï
tu	as	haï
il, elle	a	haï
nous	avons	haï
vous	avez	haï
ils, elles	ont	haï

IMPARFAIT

je	haïssais
tu	haïssais
il, elle	haïssait
nous	haïssions
vous	haïssiez
ils, elles	haïssaient

PLUS-QUE-PARFAIT

j'	avais	haï
tu	avais	haï
il, elle	avait	haï
nous	avions	haï
vous	aviez	haï
ils, elles	avaient	haï

PASSÉ SIMPLE

je	haïs
tu	haïs
il, elle	haït
nous	haïmes
vous	haïtes
ils, elles	haïrent

FUTUR SIMPLE

je	haïrai
tu	haïras
il, elle	haïra
nous	haïrons
vous	haïrez
ils, elles	haïront

FUTUR ANTÉRIEUR

j'	aurai	haï
tu	auras	haï
il, elle	aura	haï
nous	aurons	haï
vous	aurez	haï
ils, elles	auront	haï

CONDITIONNEL

PRÉSENT

je	haïrais
tu	haïrais
il, elle	haïrait
nous	haïrions
vous	haïriez
ils, elles	haïraient

SUBJONCTIF

PRÉSENT

que je	haïsse
que tu	haïsses
qu'il, elle	haïsse
que nous	haïssions
que vous	haïssiez
qu'ils, elles	haïssent

IMPÉRATIF

PRÉSENT

hais
haïssons
haïssez

INFINITIF

haïr

PARTICIPE

PRÉSENT	PASSÉ
haïssant	haï(e)

Acquérir • 3e groupe

Le verbe que tu cherches se termine par ...*quérir*.

- *Acquérir* a plusieurs radicaux : j'acquiers, j'acquérais, j'acquerrai, j'acquis, que j'acquière.
- C'est un verbe transitif.
- Aux temps composés, il se conjugue avec l'auxiliaire ***avoir***.

INDICATIF

PRÉSENT

j'	acquiers
tu	acquiers
il, elle	acquiert
nous	acquérons
vous	acquérez
ils, elles	acquièrent

PASSÉ COMPOSÉ

j'	ai	acquis
tu	as	acquis
il, elle	a	acquis
nous	avons	acquis
vous	avez	acquis
ils, elles	ont	acquis

IMPARFAIT

j'	acquérais
tu	acquérais
il, elle	acquérait
nous	acquérions
vous	acquériez
ils, elles	acquéraient

PLUS-QUE-PARFAIT

j'	avais	acquis
tu	avais	acquis
il, elle	avait	acquis
nous	avions	acquis
vous	aviez	acquis
ils, elles	avaient	acquis

PASSÉ SIMPLE

j'	acquis
tu	acquis
il, elle	acquit
nous	acquîmes
vous	acquîtes
ils, elles	acquirent

FUTUR SIMPLE

j'	acquerrai
tu	acquerras
il, elle	acquerra
nous	acquerrons
vous	acquerrez
ils, elles	acquerront

FUTUR ANTÉRIEUR

j'	aurai	acquis
tu	auras	acquis
il, elle	aura	acquis
nous	aurons	acquis
vous	aurez	acquis
ils, elles	auront	acquis

CONDITIONNEL

PRÉSENT

j'	acquerrais
tu	acquerrais
il, elle	acquerrait
nous	acquerrions
vous	acquerriez
ils, elles	acquerraient

SUBJONCTIF

PRÉSENT

que j'	acquière
que tu	acquières
qu'il, elle	acquière
que nous	acquérions
que vous	acquériez
qu'ils, elles	acquièrent

IMPÉRATIF

PRÉSENT

acquiers
acquérons
acquérez

INFINITIF

acquérir

PARTICIPE

PRÉSENT	PASSÉ
acquérant	acquis(e)

Aller • 3e groupe

Aller est un verbe particulier.

- *Aller* a quatre radicaux : je vais, j'allais, j'irai, que j'aille.
- Aux temps composés, il se conjugue avec l'auxiliaire ***être***.
- C'est un verbe intransitif.

INDICATIF

PRÉSENT

je	vais
tu	vas
il, elle	va
nous	allons
vous	allez
ils, elles	vont

PASSÉ COMPOSÉ

je	suis	allé(e)
tu	es	allé(e)
il, elle	est	allé(e)
nous	sommes	allé(e)s
vous	êtes	allé(e)s
ils, elles	sont	allé(e)s

IMPARFAIT

j'	allais
tu	allais
il, elle	allait
nous	allions
vous	alliez
ils, elles	allaient

PLUS-QUE-PARFAIT

j'	étais	allé(e)
tu	étais	allé(e)
il, elle	était	allé(e)
nous	étions	allé(e)s
vous	étiez	allé(e)s
ils, elles	étaient	allé(e)s

PASSÉ SIMPLE

j'	allai
tu	allas
il, elle	alla
nous	allâmes
vous	allâtes
ils, elles	allèrent

FUTUR SIMPLE

j'	irai
tu	iras
il, elle	ira
nous	irons
vous	irez
ils, elles	iront

FUTUR ANTÉRIEUR

je	serai	allé(e)
tu	seras	allé(e)
il, elle	sera	allé(e)
nous	serons	allé(e)s
vous	serez	allé(e)s
ils, elles	seront	allé(e)s

CONDITIONNEL

PRÉSENT

j'	irais
tu	irais
il, elle	irait
nous	irions
vous	iriez
ils, elles	iraient

SUBJONCTIF

PRÉSENT

que j'	aille
que tu	ailles
qu'il, elle	aille
que nous	allions
que vous	alliez
qu'ils, elles	aillent

IMPÉRATIF

PRÉSENT

va
allons
allez

INFINITIF

aller

PARTICIPE

PRÉSENT	PASSÉ
allant	allé(e)

S'asseoir • 3e groupe

Le verbe que tu cherches se termine par ...*asseoir*.

- *S'asseoir* est un verbe pronominal. Il a deux radicaux possibles : je m'**assois**, je m'**assieds**. C'est un verbe intransitif.
- Aux temps composés, il se conjugue avec l'auxiliaire ***être***.

INDICATIF

PRÉSENT

je m'	assois/assieds
tu t'	assois/assieds
il, elle s'	assoit/assied
nous nous	assoyons/asseyons
vous vous	assoyez/asseyez
ils, elles s'	assoient/asseyent

PASSÉ COMPOSÉ

je me	suis	assis(e)
tu t'	es	assis(e)
il, elle s'	est	assis(e)
nous nous	sommes	assis(es)
vous vous	êtes	assis(es)
ils, elles se	sont	assis(es)

IMPARFAIT

je m'	assoyais/asseyais
tu t'	assoyais/asseyais
il, elle s'	assoyait/asseyait
nous nous	asso**yi**ons/asse**yi**ons
vous vous	asso**yi**ez/asse**yi**ez
ils, elles s'	assoyaient/asseyaient

PLUS-QUE-PARFAIT

je m'	étais	assis(e)
tu t'	étais	assis(e)
il, elle s'	était	assis(e)
nous nous	étions	assis(es)
vous vous	étiez	assis(es)
ils, elles s'	étaient	assis(es)

PASSÉ SIMPLE

je m'	assis
tu t'	assis
il, elle s'	assit
nous nous	assîmes
vous vous	assîtes
ils, elles s'	assirent

FUTUR SIMPLE

je m'	assoirai/assiérai
tu t'	assoiras/assiéras
il, elle s'	assoira/assiéra
nous nous	assoirons/assiérons
vous vous	assoirez/assiérez
ils, elles s'	assoiront/assiéront

FUTUR ANTÉRIEUR

je me	serai	assis(e)
tu te	seras	assis(e)
il, elle se	sera	assis(e)
nous nous	serons	assis(es)
vous vous	serez	assis(es)
ils, elles se	seront	assis(es)

CONDITIONNEL

PRÉSENT

je m'	assoirais/assiérais
tu t'	assoirais/assiérais
il, elle s'	assoirait/assiérait
nous nous	assoirions/assiérions
vous vous	assoiriez/assiériez
ils, elles s'	assoiraient/assiéraient

SUBJONCTIF

PRÉSENT

que je m'	assoie/asseye
que tu t'	assoies/asseyes
qu'il, elle s'	assoie/asseye
que nous nous	asso**yi**ons/asse**yi**ons
que vous vous	asso**yi**ez/asse**yi**ez
qu'ils, elles s'	assoient/asseyent

IMPÉRATIF

PRÉSENT

assois-toi/assieds-toi
assoyons-nous/asseyons-nous
assoyez-vous/asseyez-vous

INFINITIF

s'asseoir

PARTICIPE

PRÉSENT	PASSÉ
s'assoyant/s'asseyant	assis(e)

Battre • 3e groupe

Le verbe que tu cherches se termine par *...battre.*

- *Battre* a deux radicaux : batt... et bat...
- Aux temps composés, il se conjugue avec l'auxiliaire ***avoir***.
- C'est un verbe transitif et intransitif.

INDICATIF

PRÉSENT

je	bats
tu	bats
il, elle	bat
nous	battons
vous	battez
ils, elles	battent

PASSÉ COMPOSÉ

j'	ai	battu
tu	as	battu
il, elle	a	battu
nous	avons	battu
vous	avez	battu
ils, elles	ont	battu

IMPARFAIT

je	battais
tu	battais
il, elle	battait
nous	battions
vous	battiez
ils, elles	battaient

PLUS-QUE-PARFAIT

j'	avais	battu
tu	avais	battu
il, elle	avait	battu
nous	avions	battu
vous	aviez	battu
ils, elles	avaient	battu

PASSÉ SIMPLE

je	battis
tu	battis
il, elle	battit
nous	battîmes
vous	battîtes
ils, elles	battirent

FUTUR SIMPLE

je	battrai
tu	battras
il, elle	battra
nous	battrons
vous	battrez
ils, elles	battront

FUTUR ANTÉRIEUR

j'	aurai	battu
tu	auras	battu
il, elle	aura	battu
nous	aurons	battu
vous	aurez	battu
ils, elles	auront	battu

CONDITIONNEL

PRÉSENT

je	battrais
tu	battrais
il, elle	battrait
nous	battrions
vous	battriez
ils, elles	battraient

SUBJONCTIF

PRÉSENT

que je	batte
que tu	battes
qu'il, elle	batte
que nous	battions
que vous	battiez
qu'ils, elles	battent

IMPÉRATIF

PRÉSENT

bats
battons
battez

INFINITIF

battre

PARTICIPE

PRÉSENT	PASSÉ
battant	battu(e)

Boire • 3e groupe

Boire est un verbe particulier.

- *Boire* a quatre radicaux : je **bois**, je **buv**ais, je **bus**, que je **boiv**e.
- Aux temps composés, il se conjugue avec l'auxiliaire ***avoir***.
- C'est un verbe transitif.

INDICATIF

PRÉSENT

je	**bois**
tu	**bois**
il, elle	**boit**
nous	**buv**ons
vous	**buv**ez
ils, elles	**boiv**ent

PASSÉ COMPOSÉ

j'	ai	bu
tu	as	bu
il, elle	a	bu
nous	avons	bu
vous	avez	bu
ils, elles	ont	bu

IMPARFAIT

je	**buv**ais
tu	**buv**ais
il, elle	**buv**ait
nous	**buv**ions
vous	**buv**iez
ils, elles	**buv**aient

PLUS-QUE-PARFAIT

j'	avais	bu
tu	avais	bu
il, elle	avait	bu
nous	avions	bu
vous	aviez	bu
ils, elles	avaient	bu

PASSÉ SIMPLE

je	**bus**
tu	**bus**
il, elle	**but**
nous	**bû**mes
vous	**bû**tes
ils, elles	**bu**rent

FUTUR SIMPLE

je	**boi**rai
tu	**boi**ras
il, elle	**boi**ra
nous	**boi**rons
vous	**boi**rez
ils, elles	**boi**ront

FUTUR ANTÉRIEUR

j'	aurai	bu
tu	auras	bu
il, elle	aura	bu
nous	aurons	bu
vous	aurez	bu
ils, elles	auront	bu

CONDITIONNEL

PRÉSENT

je	**boi**rais
tu	**boi**rais
il, elle	**boi**rait
nous	**boi**rions
vous	**boi**riez
ils, elles	**boi**raient

SUBJONCTIF

PRÉSENT

que je	**boiv**e
que tu	**boiv**es
qu'il, elle	**boiv**e
que nous	**buv**ions
que vous	**buv**iez
qu'ils, elles	**boiv**ent

IMPÉRATIF

PRÉSENT

bois
buvons
buvez

INFINITIF

boire

PARTICIPE

PRÉSENT	PASSÉ
buvant	bu(e)

Conclure • 3e groupe

Le verbe que tu cherches se termine par ...*clure*.

- *Conclure* a un seul radical : conclu… Il est transitif direct et indirect.
- Attention ! Au présent et au passé simple de l'indicatif, il présente les mêmes formes aux 3 personnes du singulier.
- Aux temps composés, il se conjugue avec l'auxiliaire ***avoir***.

INDICATIF

PRÉSENT

je	conclus
tu	conclus
il, elle	conclut
nous	concluons
vous	concluez
ils, elles	concluent

PASSÉ COMPOSÉ

j'	ai	conclu
tu	as	conclu
il, elle	a	conclu
nous	avons	conclu
vous	avez	conclu
ils, elles	ont	conclu

IMPARFAIT

je	concluais
tu	concluais
il, elle	concluait
nous	concluions
vous	concluiez
ils, elles	concluaient

PLUS-QUE-PARFAIT

j'	avais	conclu
tu	avais	conclu
il, elle	avait	conclu
nous	avions	conclu
vous	aviez	conclu
ils, elles	avaient	conclu

PASSÉ SIMPLE

je	conclus
tu	conclus
il, elle	conclut
nous	conclûmes
vous	conclûtes
ils, elles	conclurent

FUTUR SIMPLE

je	conclurai
tu	concluras
il, elle	conclura
nous	conclurons
vous	conclurez
ils, elles	concluront

FUTUR ANTÉRIEUR

j'	aurai	conclu
tu	auras	conclu
il, elle	aura	conclu
nous	aurons	conclu
vous	aurez	conclu
ils, elles	auront	conclu

CONDITIONNEL

PRÉSENT

je	conclurais
tu	conclurais
il, elle	conclurait
nous	conclurions
vous	concluriez
ils, elles	concluraient

SUBJONCTIF

PRÉSENT

que je	conclue
que tu	conclues
qu'il, elle	conclue
que nous	concluions
que vous	concluiez
qu'ils, elles	concluent

IMPÉRATIF

PRÉSENT

conclus
concluons
concluez

INFINITIF

conclure

PARTICIPE

PRÉSENT	PASSÉ
concluant	conclu(e)

Conduire • 3e groupe

Le verbe que tu cherches se termine par ...*uire*.

- *Conduire* a deux radicaux : condui... et conduis...
- Aux temps composés, il se conjugue avec l'auxiliaire ***avoir***.
- C'est un verbe transitif.

INDICATIF

PRÉSENT

je	conduis
tu	conduis
il, elle	conduit
nous	conduisons
vous	conduisez
ils, elles	conduisent

PASSÉ COMPOSÉ

j'	ai	conduit
tu	as	conduit
il, elle	a	conduit
nous	avons	conduit
vous	avez	conduit
ils, elles	ont	conduit

IMPARFAIT

je	conduisais
tu	conduisais
il, elle	conduisait
nous	conduisions
vous	conduisiez
ils, elles	conduisaient

PLUS-QUE-PARFAIT

j'	avais	conduit
tu	avais	conduit
il, elle	avait	conduit
nous	avions	conduit
vous	aviez	conduit
ils, elles	avaient	conduit

PASSÉ SIMPLE

je	conduisis
tu	conduisis
il, elle	conduisit
nous	conduisîmes
vous	conduisîtes
ils, elles	conduisirent

FUTUR SIMPLE

je	conduirai
tu	conduiras
il, elle	conduira
nous	conduirons
vous	conduirez
ils, elles	conduiront

FUTUR ANTÉRIEUR

j'	aurai	conduit
tu	auras	conduit
il, elle	aura	conduit
nous	aurons	conduit
vous	aurez	conduit
ils, elles	auront	conduit

CONDITIONNEL

PRÉSENT

je	conduirais
tu	conduirais
il, elle	conduirait
nous	conduirions
vous	conduiriez
ils, elles	conduiraient

SUBJONCTIF

PRÉSENT

que je	conduise
que tu	conduises
qu'il, elle	conduise
que nous	conduisions
que vous	conduisiez
qu'ils, elles	conduisent

IMPÉRATIF

PRÉSENT

conduis
conduisons
conduisez

INFINITIF

conduire

PARTICIPE

PRÉSENT	PASSÉ
conduisant	conduit(e)

Connaître • 3e groupe

Le verbe que tu cherches se termine par *...aître.*

- *Connaître* a quatre radicaux : je connais, je connaissais, je connus, je connaîtrai.
- Aux temps composés, il se conjugue avec l'auxiliaire ***avoir***.
- C'est un verbe transitif.

INDICATIF

PRÉSENT

je	connais
tu	connais
il, elle	connaît
nous	connaissons
vous	connaissez
ils, elles	connaissent

PASSÉ COMPOSÉ

j'	ai	connu
tu	as	connu
il, elle	a	connu
nous	avons	connu
vous	avez	connu
ils, elles	ont	connu

IMPARFAIT

je	connaissais
tu	connaissais
il, elle	connaissait
nous	connaissions
vous	connaissiez
ils, elles	connaissaient

PLUS-QUE-PARFAIT

j'	avais	connu
tu	avais	connu
il, elle	avait	connu
nous	avions	connu
vous	aviez	connu
ils, elles	avaient	connu

PASSÉ SIMPLE

je	connus
tu	connus
il, elle	connut
nous	connûmes
vous	connûtes
ils, elles	connurent

FUTUR SIMPLE

je	connaîtrai
tu	connaîtras
il, elle	connaîtra
nous	connaîtrons
vous	connaîtrez
ils, elles	connaîtront

FUTUR ANTÉRIEUR

j'	aurai	connu
tu	auras	connu
il, elle	aura	connu
nous	aurons	connu
vous	aurez	connu
ils, elles	auront	connu

CONDITIONNEL

PRÉSENT

je	connaîtrais
tu	connaîtrais
il, elle	connaîtrait
nous	connaîtrions
vous	connaîtriez
ils, elles	connaîtraient

SUBJONCTIF

PRÉSENT

que je	connaisse
que tu	connaisses
qu'il, elle	connaisse
que nous	connaissions
que vous	connaissiez
qu'ils, elles	connaissent

IMPÉRATIF

PRÉSENT

connais
connaissons
connaissez

INFINITIF

connaître

PARTICIPE

PRÉSENT	PASSÉ
connaissant	connu(e)

Construire • 3e groupe

Le verbe que tu cherches se termine par ...*truire*.

- *Construire* a deux radicaux : construi... et construis...
- Aux temps composés, il se conjugue avec l'auxiliaire ***avoir***.
- C'est un verbe transitif.

INDICATIF

PRÉSENT

je	construis
tu	construis
il, elle	construit
nous	construisons
vous	construisez
ils, elles	construisent

PASSÉ COMPOSÉ

j'	ai	construit
tu	as	construit
il, elle	a	construit
nous	avons	construit
vous	avez	construit
ils, elles	ont	construit

IMPARFAIT

je	construisais
tu	construisais
il, elle	construisait
nous	construisions
vous	construisiez
ils, elles	construisaient

PLUS-QUE-PARFAIT

j'	avais	construit
tu	avais	construit
il, elle	avait	construit
nous	avions	construit
vous	aviez	construit
ils, elles	avaient	construit

PASSÉ SIMPLE

je	construisis
tu	construisis
il, elle	construisit
nous	construisîmes
vous	construisîtes
ils, elles	construisirent

FUTUR SIMPLE

je	construirai
tu	construiras
il, elle	construira
nous	construirons
vous	construirez
ils, elles	construiront

FUTUR ANTÉRIEUR

j'	aurai	construit
tu	auras	construit
il, elle	aura	construit
nous	aurons	construit
vous	aurez	construit
ils, elles	auront	construit

CONDITIONNEL

PRÉSENT

je	construirais
tu	construirais
il, elle	construirait
nous	construirions
vous	construiriez
ils, elles	construiraient

SUBJONCTIF

PRÉSENT

que je	construise
que tu	construises
qu'il, elle	construise
que nous	construisions
que vous	construisiez
qu'ils, elles	construisent

IMPÉRATIF

PRÉSENT

construis
construisons
construisez

INFINITIF

construire

PARTICIPE

PRÉSENT	PASSÉ
construisant	construit(e)

Contredire • 3e groupe

Le verbe que tu cherches se termine par ...*dire*.

- *Contredire* a deux radicaux : contre**di**... et contre**dis**... C'est un verbe transitif.
- Attention ! Au présent et au passé simple de l'indicatif, il présente les mêmes formes aux 3 personnes du singulier.
- Aux temps composés, il se conjugue avec l'auxiliaire ***avoir***.

INDICATIF

PRÉSENT

je	contredis
tu	contredis
il, elle	contredit
nous	contredisons
vous	**contredisez**
ils, elles	contredisent

PASSÉ COMPOSÉ

j'	ai	contredit
tu	as	contredit
il, elle	a	contredit
nous	avons	contredit
vous	avez	contredit
ils, elles	ont	contredit

IMPARFAIT

je	contredisais
tu	contredisais
il, elle	contredisait
nous	contredisions
vous	contredisiez
ils, elles	contredisaient

PLUS-QUE-PARFAIT

j'	avais	contredit
tu	avais	contredit
il, elle	avait	contredit
nous	avions	contredit
vous	aviez	contredit
ils, elles	avaient	contredit

PASSÉ SIMPLE

je	contredis
tu	contredis
il, elle	contredit
nous	contredîmes
vous	contredîtes
ils, elles	contredirent

FUTUR SIMPLE

je	contredirai
tu	contrediras
il, elle	contredira
nous	contredirons
vous	contredirez
ils, elles	contrediront

FUTUR ANTÉRIEUR

j'	aurai	contredit
tu	auras	contredit
il, elle	aura	contredit
nous	aurons	contredit
vous	aurez	contredit
ils, elles	auront	contredit

CONDITIONNEL

PRÉSENT

je	contredirais
tu	contredirais
il, elle	contredirait
nous	contredirions
vous	contrediriez
ils, elles	contrediraient

SUBJONCTIF

PRÉSENT

que je	contredise
que tu	contredises
qu'il, elle	contredise
que nous	contredisions
que vous	contredisiez
qu'ils, elles	contredisent

IMPÉRATIF

PRÉSENT

contredis
contredisons
contredisez

INFINITIF

contredire

PARTICIPE

PRÉSENT	PASSÉ
contredisant	contredit(e)

Coudre • 3e groupe

Le verbe que tu cherches se termine par *...coudre.*

- *Coudre* a deux radicaux : coud… et cous… C'est un verbe transitif.
- À la 3e personne du singulier du présent de l'indicatif, ce verbe ne prend pas le **t** de la terminaison après le d du radical : il coud.
- Aux temps composés, il se conjugue avec l'auxiliaire ***avoir***.

INDICATIF

PRÉSENT

je	couds
tu	couds
il, elle	coud
nous	cousons
vous	cousez
ils, elles	cousent

PASSÉ COMPOSÉ

j'	ai	cousu
tu	as	cousu
il, elle	a	cousu
nous	avons	cousu
vous	avez	cousu
ils, elles	ont	cousu

IMPARFAIT

je	cousais
tu	cousais
il, elle	cousait
nous	cousions
vous	cousiez
ils, elles	cousaient

PLUS-QUE-PARFAIT

j'	avais	cousu
tu	avais	cousu
il, elle	avait	cousu
nous	avions	cousu
vous	aviez	cousu
ils, elles	avaient	cousu

PASSÉ SIMPLE

je	cousis
tu	cousis
il, elle	cousit
nous	cousîmes
vous	cousîtes
ils, elles	cousirent

FUTUR SIMPLE

je	coudrai
tu	coudras
il, elle	coudra
nous	coudrons
vous	coudrez
ils, elles	coudront

FUTUR ANTÉRIEUR

j'	aurai	cousu
tu	auras	cousu
il, elle	aura	cousu
nous	aurons	cousu
vous	aurez	cousu
ils, elles	auront	cousu

CONDITIONNEL

PRÉSENT

je	coudrais
tu	coudrais
il, elle	coudrait
nous	coudrions
vous	coudriez
ils, elles	coudraient

SUBJONCTIF

PRÉSENT

que je	couse
que tu	couses
qu'il, elle	couse
que nous	cousions
que vous	cousiez
qu'ils, elles	cousent

IMPÉRATIF

PRÉSENT

couds
cousons
cousez

INFINITIF

coudre

PARTICIPE

PRÉSENT	PASSÉ
cousant	cousu(e)

Courir • 3e groupe

Le verbe que tu cherches se termine par *...courir.*

- *Courir* a un seul radical : cour... C'est un verbe transitif et intransitif.
- Le futur simple de l'indicatif et le présent du conditionnel se forment sans le premier **i** de la terminaison : je cou**rrai**.
- Aux temps composés, il se conjugue avec l'auxiliaire ***avoir***.

INDICATIF

PRÉSENT

je	cours
tu	cours
il, elle	court
nous	courons
vous	courez
ils, elles	courent

PASSÉ COMPOSÉ

j'	ai	couru
tu	as	couru
il, elle	a	couru
nous	avons	couru
vous	avez	couru
ils, elles	ont	couru

IMPARFAIT

je	courais
tu	courais
il, elle	courait
nous	courions
vous	couriez
ils, elles	couraient

PLUS-QUE-PARFAIT

j'	avais	couru
tu	avais	couru
il, elle	avait	couru
nous	avions	couru
vous	aviez	couru
ils, elles	avaient	couru

PASSÉ SIMPLE

je	courus
tu	courus
il, elle	courut
nous	courûmes
vous	courûtes
ils, elles	coururent

FUTUR SIMPLE

je	**courrai**
tu	**courras**
il, elle	**courra**
nous	**courrons**
vous	**courrez**
ils, elles	**courront**

FUTUR ANTÉRIEUR

j'	aurai	couru
tu	auras	couru
il, elle	aura	couru
nous	aurons	couru
vous	aurez	couru
ils, elles	auront	couru

CONDITIONNEL

PRÉSENT

je	**courrais**
tu	**courrais**
il, elle	**courrait**
nous	**courrions**
vous	**courriez**
ils, elles	**courraient**

SUBJONCTIF

PRÉSENT

que je	coure
que tu	coures
qu'il, elle	coure
que nous	courions
que vous	couriez
qu'ils, elles	courent

IMPÉRATIF

PRÉSENT

cours
courons
courez

INFINITIF

courir

PARTICIPE

PRÉSENT	PASSÉ
courant	couru(e)

Craindre • 3e groupe

▶ Le verbe que tu cherches se termine par *...aindre.*

- *Craindre* a trois radicaux : je **crains**, je **craign**ais, je **craind**rai.
- À l'imparfait de l'indicatif et au présent du subjonctif, **gn** est suivi de **i** aux 2 premières personnes du pluriel : nous craignions. C'est un verbe transitif.
- Aux temps composés, il se conjugue avec l'auxiliaire ***avoir***.

INDICATIF

PRÉSENT

je	crains
tu	crains
il, elle	craint
nous	craignons
vous	craignez
ils, elles	craignent

PASSÉ COMPOSÉ

j'	ai	craint
tu	as	craint
il, elle	a	craint
nous	avons	craint
vous	avez	craint
ils, elles	ont	craint

IMPARFAIT

je	craignais
tu	craignais
il, elle	craignait
nous	craignions
vous	craigniez
ils, elles	craignaient

PLUS-QUE-PARFAIT

j'	avais	craint
tu	avais	craint
il, elle	avait	craint
nous	avions	craint
vous	aviez	craint
ils, elles	avaient	craint

PASSÉ SIMPLE

je	craignis
tu	craignis
il, elle	craignit
nous	craignîmes
vous	craignîtes
ils, elles	craignirent

FUTUR SIMPLE

je	craindrai
tu	craindras
il, elle	craindra
nous	craindrons
vous	craindrez
ils, elles	craindront

FUTUR ANTÉRIEUR

j'	aurai	craint
tu	auras	craint
il, elle	aura	craint
nous	aurons	craint
vous	aurez	craint
ils, elles	auront	craint

CONDITIONNEL

PRÉSENT

je	craindrais
tu	craindrais
il, elle	craindrait
nous	craindrions
vous	craindriez
ils, elles	craindraient

SUBJONCTIF

PRÉSENT

que je	craigne
que tu	craignes
qu'il, elle	craigne
que nous	craignions
que vous	craigniez
qu'ils, elles	craignent

IMPÉRATIF

PRÉSENT

crains
craignons
craignez

INFINITIF

craindre

PARTICIPE

PRÉSENT	PASSÉ
craignant	craint(e)

Croire • 3e groupe

Croire est un verbe particulier.

- *Croire* a trois radicaux : je crois, je croyais, je crus. Il est transitif et intransitif.
- À l'imparfait de l'indicatif et au présent du subjonctif, le y est suivi du i aux 2 premières personnes du pluriel : nous croyions.
- Aux temps composés, il se conjugue avec l'auxiliaire ***avoir***.

INDICATIF

PRÉSENT

je	crois
tu	crois
il, elle	croit
nous	croyons
vous	croyez
ils, elles	croient

PASSÉ COMPOSÉ

j'	ai	cru
tu	as	cru
il, elle	a	cru
nous	avons	cru
vous	avez	cru
ils, elles	ont	cru

IMPARFAIT

je	croyais
tu	croyais
il, elle	croyait
nous	croyions
vous	croyiez
ils, elles	croyaient

PLUS-QUE-PARFAIT

j'	avais	cru
tu	avais	cru
il, elle	avait	cru
nous	avions	cru
vous	aviez	cru
ils, elles	avaient	cru

PASSÉ SIMPLE

je	crus
tu	crus
il, elle	crut
nous	crûmes
vous	crûtes
ils, elles	crurent

FUTUR SIMPLE

je	croirai
tu	croiras
il, elle	croira
nous	croirons
vous	croirez
ils, elles	croiront

FUTUR ANTÉRIEUR

j'	aurai	cru
tu	auras	cru
il, elle	aura	cru
nous	aurons	cru
vous	aurez	cru
ils, elles	auront	cru

CONDITIONNEL

PRÉSENT

je	croirais
tu	croirais
il, elle	croirait
nous	croirions
vous	croiriez
ils, elles	croiraient

SUBJONCTIF

PRÉSENT

que je	croie
que tu	croies
qu'il, elle	croie
que nous	croyions
que vous	croyiez
qu'ils, elles	croient

IMPÉRATIF

PRÉSENT

crois
croyons
croyez

INFINITIF

croire

PARTICIPE

PRÉSENT	PASSÉ
croyant	cru(e)

Croître • 3e groupe

Croître est un verbe particulier.

- *Croître* a quatre radicaux : je croîs, je croissais, je crûs, je croîtrai.
- **u** prend un accent circonflexe au passé simple de l'indicatif et au participe passé : il crût, il a crû. C'est un verbe intransitif.
- Aux temps composés, il se conjugue avec l'auxiliaire ***avoir***.

INDICATIF

PRÉSENT

je	croîs
tu	croîs
il, elle	croît
nous	croissons
vous	croissez
ils, elles	croissent

PASSÉ COMPOSÉ

j'	ai	crû
tu	as	crû
il, elle	a	crû
nous	avons	crû
vous	avez	crû
ils, elles	ont	crû

IMPARFAIT

je	croissais
tu	croissais
il, elle	croissait
nous	croissions
vous	croissiez
ils, elles	croissaient

PLUS-QUE-PARFAIT

j'	avais	crû
tu	avais	crû
il, elle	avait	crû
nous	avions	crû
vous	aviez	crû
ils, elles	avaient	crû

PASSÉ SIMPLE

je	crûs
tu	crûs
il, elle	crût
nous	crûmes
vous	crûtes
ils, elles	crûrent

FUTUR SIMPLE

je	croîtrai
tu	croîtras
il, elle	croîtra
nous	croîtrons
vous	croîtrez
ils, elles	croîtront

FUTUR ANTÉRIEUR

j'	aurai	crû
tu	auras	crû
il, elle	aura	crû
nous	aurons	crû
vous	aurez	crû
ils, elles	auront	crû

CONDITIONNEL

PRÉSENT

je	croîtrais
tu	croîtrais
il, elle	croîtrait
nous	croîtrions
vous	croîtriez
ils, elles	croîtraient

SUBJONCTIF

PRÉSENT

que je	croisse
que tu	croisses
qu'il, elle	croisse
que nous	croissions
que vous	croissiez
qu'ils, elles	croissent

IMPÉRATIF

PRÉSENT

croîs
croissons
croissez

INFINITIF

croître

PARTICIPE

PRÉSENT	PASSÉ
croissant	crû

Cueillir • 3e groupe

Le verbe que tu cherches se termine par *...cueillir*.

- *Cueillir* a deux radicaux : cueill... et cueille... C'est un verbe transitif.
- À l'imparfait de l'indicatif et au présent du subjonctif, les ll sont suivis du i aux 2 premières personnes du pluriel : nous cueillions.
- Aux temps composés, il se conjugue avec l'auxiliaire ***avoir***.

INDICATIF

PRÉSENT

je	cueille
tu	cueilles
il, elle	cueille
nous	cueillons
vous	cueillez
ils, elles	cueillent

PASSÉ COMPOSÉ

j'	ai	cueilli
tu	as	cueilli
il, elle	a	cueilli
nous	avons	cueilli
vous	avez	cueilli
ils, elles	ont	cueilli

IMPARFAIT

je	cueillais
tu	cueillais
il, elle	cueillait
nous	cueillions
vous	cueilliez
ils, elles	cueillaient

PLUS-QUE-PARFAIT

j'	avais	cueilli
tu	avais	cueilli
il, elle	avait	cueilli
nous	avions	cueilli
vous	aviez	cueilli
ils, elles	avaient	cueilli

PASSÉ SIMPLE

je	cueillis
tu	cueillis
il, elle	cueillit
nous	cueillîmes
vous	cueillîtes
ils, elles	cueillirent

FUTUR SIMPLE

je	cueillerai
tu	cueilleras
il, elle	cueillera
nous	cueillerons
vous	cueillerez
ils, elles	cueilleront

FUTUR ANTÉRIEUR

j'	aurai	cueilli
tu	auras	cueilli
il, elle	aura	cueilli
nous	aurons	cueilli
vous	aurez	cueilli
ils, elles	auront	cueilli

CONDITIONNEL

PRÉSENT

je	cueillerais
tu	cueillerais
il, elle	cueillerait
nous	cueillerions
vous	cueilleriez
ils, elles	cueilleraient

SUBJONCTIF

PRÉSENT

que je	cueille
que tu	cueilles
qu'il, elle	cueille
que nous	cueillions
que vous	cueilliez
qu'ils, elles	cueillent

IMPÉRATIF

PRÉSENT

cueille
cueillons
cueillez

INFINITIF

cueillir

PARTICIPE

PRÉSENT	PASSÉ
cueillant	cueilli(e)

Devoir • 3e groupe

Devoir est un verbe particulier.

- Il a quatre radicaux : je **dois**, je **dev**ais, je **dus**, que je **doive**.
- Au féminin, le participe passé perd son accent circonflexe : d**û**, d**ue**.
- Aux temps composés, il se conjugue avec l'auxiliaire ***avoir***.
- *Devoir* est un verbe transitif.

INDICATIF

PRÉSENT

je	dois
tu	dois
il, elle	doit
nous	devons
vous	devez
ils, elles	doivent

PASSÉ COMPOSÉ

j'	ai	dû
tu	as	dû
il, elle	a	dû
nous	avons	dû
vous	avez	dû
ils, elles	ont	dû

IMPARFAIT

je	devais
tu	devais
il, elle	devait
nous	devions
vous	deviez
ils, elles	devaient

PLUS-QUE-PARFAIT

j'	avais	dû
tu	avais	dû
il, elle	avait	dû
nous	avions	dû
vous	aviez	dû
ils, elles	avaient	dû

PASSÉ SIMPLE

je	dus
tu	dus
il, elle	dut
nous	dûmes
vous	dûtes
ils, elles	durent

FUTUR SIMPLE

je	devrai
tu	devras
il, elle	devra
nous	devrons
vous	devrez
ils, elles	devront

FUTUR ANTÉRIEUR

j'	aurai	dû
tu	auras	dû
il, elle	aura	dû
nous	aurons	dû
vous	aurez	dû
ils, elles	auront	dû

CONDITIONNEL

PRÉSENT

je	devrais
tu	devrais
il, elle	devrait
nous	devrions
vous	devriez
ils, elles	devraient

SUBJONCTIF

PRÉSENT

que je	doive
que tu	doives
qu'il, elle	doive
que nous	devions
que vous	deviez
qu'ils, elles	doivent

IMPÉRATIF

PRÉSENT

dois
devons
devez

INFINITIF

devoir

PARTICIPE

PRÉSENT	PASSÉ
devant	dû, due

Dire • 3e groupe

Le verbe que tu cherches se termine par *...dire*.

- *Dire* a trois radicaux : je **dis**, je **dis**ais, vous **dit**es. C'est un verbe transitif.
- On emploie la forme **dites** à la 2e personne du pluriel au présent de l'indicatif et au présent de l'impératif.
- Aux temps composés, il se conjugue avec l'auxiliaire ***avoir***.

INDICATIF

PRÉSENT

je	dis
tu	dis
il, elle	dit
nous	disons
vous	**dites**
ils, elles	disent

PASSÉ COMPOSÉ

j'	ai	dit
tu	as	dit
il, elle	a	dit
nous	avons	dit
vous	avez	dit
ils, elles	ont	dit

IMPARFAIT

je	disais
tu	disais
il, elle	disait
nous	disions
vous	disiez
ils, elles	disaient

PLUS-QUE-PARFAIT

j'	avais	dit
tu	avais	dit
il, elle	avait	dit
nous	avions	dit
vous	aviez	dit
ils, elles	avaient	dit

PASSÉ SIMPLE

je	dis
tu	dis
il, elle	dit
nous	dîmes
vous	dîtes
ils, elles	dirent

FUTUR SIMPLE

je	dirai
tu	diras
il, elle	dira
nous	dirons
vous	direz
ils, elles	diront

FUTUR ANTÉRIEUR

j'	aurai	dit
tu	auras	dit
il, elle	aura	dit
nous	aurons	dit
vous	aurez	dit
ils, elles	auront	dit

CONDITIONNEL

PRÉSENT

je	dirais
tu	dirais
il, elle	dirait
nous	dirions
vous	diriez
ils, elles	diraient

SUBJONCTIF

PRÉSENT

que je	dise
que tu	dises
qu'il, elle	dise
que nous	disions
que vous	disiez
qu'ils, elles	disent

IMPÉRATIF

PRÉSENT

dis
disons
dites

INFINITIF

dire

PARTICIPE

PRÉSENT	PASSÉ
disant	dit(e)

Dormir • 3e groupe

Le verbe que tu cherches se termine par ...*dormir*.

- *Dormir* a deux radicaux : dorm... et dor...
- Aux temps composés, il se conjugue avec l'auxiliaire ***avoir***.
- C'est un verbe intransitif.

INDICATIF

PRÉSENT

je	dors
tu	dors
il, elle	dort
nous	dormons
vous	dormez
ils, elles	dorment

PASSÉ COMPOSÉ

j'	ai	dormi
tu	as	dormi
il, elle	a	dormi
nous	avons	dormi
vous	avez	dormi
ils, elles	ont	dormi

IMPARFAIT

je	dormais
tu	dormais
il, elle	dormait
nous	dormions
vous	dormiez
ils, elles	dormaient

PLUS-QUE-PARFAIT

j'	avais	dormi
tu	avais	dormi
il, elle	avait	dormi
nous	avions	dormi
vous	aviez	dormi
ils, elles	avaient	dormi

PASSÉ SIMPLE

je	dormis
tu	dormis
il, elle	dormit
nous	dormîmes
vous	dormîtes
ils, elles	dormirent

FUTUR SIMPLE

je	dormirai
tu	dormiras
il, elle	dormira
nous	dormirons
vous	dormirez
ils, elles	dormiront

FUTUR ANTÉRIEUR

j'	aurai	dormi
tu	auras	dormi
il, elle	aura	dormi
nous	aurons	dormi
vous	aurez	dormi
ils, elles	auront	dormi

CONDITIONNEL

PRÉSENT

je	dormirais
tu	dormirais
il, elle	dormirait
nous	dormirions
vous	dormiriez
ils, elles	dormiraient

SUBJONCTIF

PRÉSENT

que je	dorme
que tu	dormes
qu'il, elle	dorme
que nous	dormions
que vous	dormiez
qu'ils, elles	dorment

IMPÉRATIF

PRÉSENT

dors
dormons
dormez

INFINITIF

dormir

PARTICIPE

PRÉSENT	PASSÉ
dormant	dormi

Écrire • 3e groupe

Le verbe que tu cherches se termine par ...*crire*.

- *Écrire* a deux radicaux : écri... et écriv...
- Aux temps composés, il se conjugue avec l'auxiliaire ***avoir***.
- C'est un verbe transitif.

INDICATIF

PRÉSENT

j'	écris
tu	écris
il, elle	écrit
nous	écrivons
vous	écrivez
ils, elles	écrivent

PASSÉ COMPOSÉ

j'	ai	écrit
tu	as	écrit
il, elle	a	écrit
nous	avons	écrit
vous	avez	écrit
ils, elles	ont	écrit

IMPARFAIT

j'	écrivais
tu	écrivais
il, elle	écrivait
nous	écrivions
vous	écriviez
ils, elles	écrivaient

PLUS-QUE-PARFAIT

j'	avais	écrit
tu	avais	écrit
il, elle	avait	écrit
nous	avions	écrit
vous	aviez	écrit
ils, elles	avaient	écrit

PASSÉ SIMPLE

j'	écrivis
tu	écrivis
il, elle	écrivit
nous	écrivîmes
vous	écrivîtes
ils, elles	écrivirent

FUTUR SIMPLE

j'	écrirai
tu	écriras
il, elle	écrira
nous	écrirons
vous	écrirez
ils, elles	écriront

FUTUR ANTÉRIEUR

j'	aurai	écrit
tu	auras	écrit
il, elle	aura	écrit
nous	aurons	écrit
vous	aurez	écrit
ils, elles	auront	écrit

CONDITIONNEL

PRÉSENT

j'	écrirais
tu	écrirais
il, elle	écrirait
nous	écririons
vous	écririez
ils, elles	écriraient

SUBJONCTIF

PRÉSENT

que j'	écrive
que tu	écrives
qu'il, elle	écrive
que nous	écrivions
que vous	écriviez
qu'ils, elles	écrivent

IMPÉRATIF

PRÉSENT

écris
écrivons
écrivez

INFINITIF

écrire

PARTICIPE

PRÉSENT	PASSÉ
écrivant	écrit(e)

Faire • 3e groupe

Le verbe que tu cherches se termine par ...*faire*.

- *Faire* a sept radicaux : je fais, je faisais, je fis, je ferai, que je fasse, vous faites, il font.
- Aux temps composés, il se conjugue avec l'auxiliaire ***avoir***.
- C'est un verbe transitif.

INDICATIF

PRÉSENT

je	fais
tu	fais
il, elle	fait
nous	faisons
vous	faites
ils, elles	font

PASSÉ COMPOSÉ

j'	ai	fait
tu	as	fait
il, elle	a	fait
nous	avons	fait
vous	avez	fait
ils, elles	ont	fait

IMPARFAIT

je	faisais
tu	faisais
il, elle	faisait
nous	faisions
vous	faisiez
ils, elles	faisaient

PLUS-QUE-PARFAIT

j'	avais	fait
tu	avais	fait
il, elle	avait	fait
nous	avions	fait
vous	aviez	fait
ils, elles	avaient	fait

PASSÉ SIMPLE

je	fis
tu	fis
il, elle	fit
nous	fîmes
vous	fîtes
ils, elles	firent

FUTUR SIMPLE

je	ferai
tu	feras
il, elle	fera
nous	ferons
vous	ferez
ils, elles	feront

FUTUR ANTÉRIEUR

j'	aurai	fait
tu	auras	fait
il, elle	aura	fait
nous	aurons	fait
vous	aurez	fait
ils, elles	auront	fait

CONDITIONNEL

PRÉSENT

je	ferais
tu	ferais
il, elle	ferait
nous	ferions
vous	feriez
ils, elles	feraient

SUBJONCTIF

PRÉSENT

que je	fasse
que tu	fasses
qu'il, elle	fasse
que nous	fassions
que vous	fassiez
qu'ils, elles	fassent

IMPÉRATIF

PRÉSENT

fais
faisons
faites

INFINITIF

faire

PARTICIPE

PRÉSENT	PASSÉ
faisant	fait(e)

Fuir • 3e groupe

Le verbe que tu cherches se termine par ...*fuir*.

- *Fuir* a deux radicaux : fui... et fuy... Il est transitif et intransitif.
- À l'imparfait de l'indicatif et au présent du subjonctif, le y est suivi du i aux 2 premières personnes du pluriel : nous fuyions.
- Aux temps composés, il se conjugue avec l'auxiliaire ***avoir***.

INDICATIF

PRÉSENT

je	fuis
tu	fuis
il, elle	fuit
nous	fuyons
vous	fuyez
ils, elles	fuient

PASSÉ COMPOSÉ

j'	ai	fui
tu	as	fui
il, elle	a	fui
nous	avons	fui
vous	avez	fui
ils, elles	ont	fui

IMPARFAIT

je	fuyais
tu	fuyais
il, elle	fuyait
nous	fuyions
vous	fuyiez
ils, elles	fuyaient

PLUS-QUE-PARFAIT

j'	avais	fui
tu	avais	fui
il, elle	avait	fui
nous	avions	fui
vous	aviez	fui
ils, elles	avaient	fui

PASSÉ SIMPLE

je	fuis
tu	fuis
il, elle	fuit
nous	fuîmes
vous	fuîtes
ils, elles	fuirent

FUTUR SIMPLE

je	fuirai
tu	fuiras
il, elle	fuira
nous	fuirons
vous	fuirez
ils, elles	fuiront

FUTUR ANTÉRIEUR

j'	aurai	fui
tu	auras	fui
il, elle	aura	fui
nous	aurons	fui
vous	aurez	fui
ils, elles	auront	fui

CONDITIONNEL

PRÉSENT

je	fuirais
tu	fuirais
il, elle	fuirait
nous	fuirions
vous	fuiriez
ils, elles	fuiraient

SUBJONCTIF

PRÉSENT

que je	fuie
que tu	fuies
qu'il, elle	fuie
que nous	fuyions
que vous	fuyiez
qu'ils, elles	fuient

IMPÉRATIF

PRÉSENT

fuis
fuyons
fuyez

INFINITIF

fuir

PARTICIPE

PRÉSENT	PASSÉ
fuyant	fui(e)

Joindre • 3e groupe

Le verbe que tu cherches se termine par ...*oindre*.

- Il a trois radicaux : je joins, je joignais, je joindrai. Il est transitif et intransitif. À l'imparfait de l'indicatif et au présent du subjonctif, le gn est suivi du i aux 2 premières personnes du pluriel : nous joignions.
- Aux temps composés, il se conjugue avec l'auxiliaire ***avoir***.

INDICATIF

PRÉSENT

je	joins
tu	joins
il, elle	joint
nous	joignons
vous	joignez
ils, elles	joignent

PASSÉ COMPOSÉ

j'	ai	joint
tu	as	joint
il, elle	a	joint
nous	avons	joint
vous	avez	joint
ils, elles	ont	joint

IMPARFAIT

je	joignais
tu	joignais
il, elle	joignait
nous	joignions
vous	joigniez
ils, elles	joignaient

PLUS-QUE-PARFAIT

j'	avais	joint
tu	avais	joint
il, elle	avait	joint
nous	avions	joint
vous	aviez	joint
ils, elles	avaient	joint

PASSÉ SIMPLE

je	joignis
tu	joignis
il, elle	joignit
nous	joignîmes
vous	joignîtes
ils, elles	joignirent

FUTUR SIMPLE

je	joindrai
tu	joindras
il, elle	joindra
nous	joindrons
vous	joindrez
ils, elles	joindront

FUTUR ANTÉRIEUR

j'	aurai	joint
tu	auras	joint
il, elle	aura	joint
nous	aurons	joint
vous	aurez	joint
ils, elles	auront	joint

CONDITIONNEL

PRÉSENT

je	joindrais
tu	joindrais
il, elle	joindrait
nous	joindrions
vous	joindriez
ils, elles	joindraient

SUBJONCTIF

PRÉSENT

que je	joigne
que tu	joignes
qu'il, elle	joigne
que nous	joignions
que vous	joigniez
qu'ils, elles	joignent

IMPÉRATIF

PRÉSENT

joins
joignons
joignez

INFINITIF

joindre

PARTICIPE

PRÉSENT	PASSÉ
joignant	joint(e)

Lire • 3e groupe

Le verbe que tu cherches se termine par *...lire*.

- *Lire* a trois radicaux : je lis, je lisais et je lus.
- Aux temps composés, il se conjugue avec l'auxiliaire ***avoir***.
- C'est un verbe transitif.

INDICATIF

PRÉSENT

je	lis
tu	lis
il, elle	lit
nous	lisons
vous	lisez
ils, elles	lisent

PASSÉ COMPOSÉ

j'	ai	lu
tu	as	lu
il, elle	a	lu
nous	avons	lu
vous	avez	lu
ils, elles	ont	lu

IMPARFAIT

je	lisais
tu	lisais
il, elle	lisait
nous	lisions
vous	lisiez
ils, elles	lisaient

PLUS-QUE-PARFAIT

j'	avais	lu
tu	avais	lu
il, elle	avait	lu
nous	avions	lu
vous	aviez	lu
ils, elles	avaient	lu

PASSÉ SIMPLE

je	lus
tu	lus
il, elle	lut
nous	lûmes
vous	lûtes
ils, elles	lurent

FUTUR SIMPLE

je	lirai
tu	liras
il, elle	lira
nous	lirons
vous	lirez
ils, elles	liront

FUTUR ANTÉRIEUR

j'	aurai	lu
tu	auras	lu
il, elle	aura	lu
nous	aurons	lu
vous	aurez	lu
ils, elles	auront	lu

CONDITIONNEL

PRÉSENT

je	lirais
tu	lirais
il, elle	lirait
nous	lirions
vous	liriez
ils, elles	liraient

SUBJONCTIF

PRÉSENT

que je	lise
que tu	lises
qu'il, elle	lise
que nous	lisions
que vous	lisiez
qu'ils, elles	lisent

IMPÉRATIF

PRÉSENT

lis
lisons
lisez

INFINITIF

lire

PARTICIPE

PRÉSENT	PASSÉ
lisant	lu(e)

Mentir • 3e groupe

Le verbe que tu cherches se termine par ...*entir*.

- *Mentir* a deux radicaux : ment… et men…
- Aux temps composés, il se conjugue avec l'auxiliaire ***avoir***.
- C'est un verbe intransitif.

INDICATIF

PRÉSENT

je	**mens**
tu	**mens**
il, elle	**ment**
nous	mentons
vous	mentez
ils, elles	mentent

PASSÉ COMPOSÉ

j'	ai	menti
tu	as	menti
il, elle	a	menti
nous	avons	menti
vous	avez	menti
ils, elles	ont	menti

IMPARFAIT

je	mentais
tu	mentais
il, elle	mentait
nous	mentions
vous	mentiez
ils, elles	mentaient

PLUS-QUE-PARFAIT

j'	avais	menti
tu	avais	menti
il, elle	avait	menti
nous	avions	menti
vous	aviez	menti
ils, elles	avaient	menti

PASSÉ SIMPLE

je	mentis
tu	mentis
il, elle	mentit
nous	mentîmes
vous	mentîtes
ils, elles	mentirent

FUTUR SIMPLE

je	mentirai
tu	mentiras
il, elle	mentira
nous	mentirons
vous	mentirez
ils, elles	mentiront

FUTUR ANTÉRIEUR

j'	aurai	menti
tu	auras	menti
il, elle	aura	menti
nous	aurons	menti
vous	aurez	menti
ils, elles	auront	menti

CONDITIONNEL

PRÉSENT

je	mentirais
tu	mentirais
il, elle	mentirait
nous	mentirions
vous	mentiriez
ils, elles	mentiraient

SUBJONCTIF

PRÉSENT

que je	mente
que tu	mentes
qu'il, elle	mente
que nous	mentions
que vous	mentiez
qu'ils, elles	mentent

IMPÉRATIF

PRÉSENT

mens
mentons
mentez

INFINITIF

mentir

PARTICIPE

PRÉSENT	PASSÉ
mentant	menti

Mettre • 3e groupe

Le verbe que tu cherches se termine par *...mettre.*

- *Mettre* a trois radicaux : je **met**s, je **mett**ais et je **mis**.
- Aux temps composés, il se conjugue avec l'auxiliaire ***avoir***.
- C'est un verbe transitif.

INDICATIF

PRÉSENT

je	**mets**
tu	**mets**
il, elle	**met**
nous	**mett**ons
vous	**mett**ez
ils, elles	**mett**ent

PASSÉ COMPOSÉ

j'	ai	mis
tu	as	mis
il, elle	a	mis
nous	avons	mis
vous	avez	mis
ils, elles	ont	mis

IMPARFAIT

je	**mett**ais
tu	**mett**ais
il, elle	**mett**ait
nous	**mett**ions
vous	**mett**iez
ils, elles	**mett**aient

PLUS-QUE-PARFAIT

j'	avais	mis
tu	avais	mis
il, elle	avait	mis
nous	avions	mis
vous	aviez	mis
ils, elles	avaient	mis

PASSÉ SIMPLE

je	**mis**
tu	**mis**
il, elle	**mi**t
nous	**mî**mes
vous	**mî**tes
ils, elles	**mi**rent

FUTUR SIMPLE

je	**mett**rai
tu	**mett**ras
il, elle	**mett**ra
nous	**mett**rons
vous	**mett**rez
ils, elles	**mett**ront

FUTUR ANTÉRIEUR

j'	aurai	mis
tu	auras	mis
il, elle	aura	mis
nous	aurons	mis
vous	aurez	mis
ils, elles	auront	mis

CONDITIONNEL

PRÉSENT

je	**mett**rais
tu	**mett**rais
il, elle	**mett**rait
nous	**mett**rions
vous	**mett**riez
ils, elles	**mett**raient

SUBJONCTIF

PRÉSENT

que je	**mett**e
que tu	**mett**es
qu'il, elle	**mett**e
que nous	**mett**ions
que vous	**mett**iez
qu'ils, elles	**mett**ent

IMPÉRATIF

PRÉSENT

mets
mettons
mettez

INFINITIF

mettre

PARTICIPE

PRÉSENT	PASSÉ
mettant	mis(e)

Mordre • 3e groupe

Le verbe que tu cherches se termine par *...ordre*.

- *Mordre* a un seul radical : mord... C'est un verbe transitif et intransitif.
- À la 3e personne du singulier du présent de l'indicatif, ce verbe ne prend pas le **t** de la terminaison après le **d** du radical : il mord.
- Aux temps composés, il se conjugue avec l'auxiliaire ***avoir***.

INDICATIF

PRÉSENT

je	mords
tu	mords
il, elle	mord
nous	mordons
vous	mordez
ils, elles	mordent

PASSÉ COMPOSÉ

j'	ai	mordu
tu	as	mordu
il, elle	a	mordu
nous	avons	mordu
vous	avez	mordu
ils, elles	ont	mordu

IMPARFAIT

je	mordais
tu	mordais
il, elle	mordait
nous	mordions
vous	mordiez
ils, elles	mordaient

PLUS-QUE-PARFAIT

j'	avais	mordu
tu	avais	mordu
il, elle	avait	mordu
nous	avions	mordu
vous	aviez	mordu
ils, elles	avaient	mordu

PASSÉ SIMPLE

je	mordis
tu	mordis
il, elle	mordit
nous	mordîmes
vous	mordîtes
ils, elles	mordirent

FUTUR SIMPLE

je	mordrai
tu	mordras
il, elle	mordra
nous	mordrons
vous	mordrez
ils, elles	mordront

FUTUR ANTÉRIEUR

j'	aurai	mordu
tu	auras	mordu
il, elle	aura	mordu
nous	aurons	mordu
vous	aurez	mordu
ils, elles	auront	mordu

CONDITIONNEL

PRÉSENT

je	mordrais
tu	mordrais
il, elle	mordrait
nous	mordrions
vous	mordriez
ils, elles	mordraient

SUBJONCTIF

PRÉSENT

que je	morde
que tu	mordes
qu'il, elle	morde
que nous	mordions
que vous	mordiez
qu'ils, elles	mordent

IMPÉRATIF

PRÉSENT

mords
mordons
mordez

INFINITIF

mordre

PARTICIPE

PRÉSENT	PASSÉ
mordant	mordu(e)

Mourir • 3e groupe

Mourir est un verbe particulier.

- *Mourir* a deux radicaux : **meur**… et **mour**… C'est un verbe intransitif.
- Le futur simple de l'indicatif et le présent du conditionnel se forment sans le premier **i** de la terminaison : je mou**rrai**.
- Aux temps composés, il se conjugue avec l'auxiliaire ***être***.

INDICATIF

PRÉSENT

je	**meurs**
tu	**meurs**
il, elle	**meurt**
nous	mourons
vous	mourez
ils, elles	**meurent**

PASSÉ COMPOSÉ

je	suis	mort(e)
tu	es	mort(e)
il, elle	est	mort(e)
nous	sommes	mort(e)s
vous	êtes	mort(e)s
ils, elles	sont	mort(e)s

IMPARFAIT

je	mourais
tu	mourais
il, elle	mourait
nous	mourions
vous	mouriez
ils, elles	mouraient

PLUS-QUE-PARFAIT

j'	étais	mort(e)
tu	étais	mort(e)
il, elle	était	mort(e)
nous	étions	mort(e)s
vous	étiez	mort(e)s
ils, elles	étaient	mort(e)s

PASSÉ SIMPLE

je	mourus
tu	mourus
il, elle	mourut
nous	mourûmes
vous	mourûtes
ils, elles	moururent

FUTUR SIMPLE

je	**mourrai**
tu	**mourras**
il, elle	**mourra**
nous	**mourrons**
vous	**mourrez**
ils, elles	**mourront**

FUTUR ANTÉRIEUR

je	serai	mort(e)
tu	seras	mort(e)
il, elle	sera	mort(e)
nous	serons	mort(e)s
vous	serez	mort(e)s
ils, elles	seront	mort(e)s

CONDITIONNEL

PRÉSENT

je	**mourrais**
tu	**mourrais**
il, elle	**mourrait**
nous	**mourrions**
vous	**mourriez**
ils, elles	**mourraient**

SUBJONCTIF

PRÉSENT

que je	**meure**
que tu	**meures**
qu'il, elle	**meure**
que nous	mourions
que vous	mouriez
qu'ils, elles	**meurent**

IMPÉRATIF

PRÉSENT

meurs
mourons
mourez

INFINITIF

mourir

PARTICIPE

PRÉSENT	PASSÉ
mourant	mort(e)

Naître • 3e groupe

Naître est un verbe particulier.

- *Naître* a quatre radicaux : je **nais**, je **naiss**ais, je **naqu**is, je **naît**rai.
- Aux temps composés, il se conjugue avec l'auxiliaire ***être***.
- C'est un verbe intransitif.

INDICATIF

PRÉSENT

je	**nai**s
tu	**nai**s
il, elle	**naî**t
nous	**naiss**ons
vous	**naiss**ez
ils, elles	**naiss**ent

PASSÉ COMPOSÉ

je	suis	né(e)
tu	es	né(e)
il, elle	est	né(e)
nous	sommes	né(e)s
vous	êtes	né(e)s
ils, elles	sont	né(e)s

IMPARFAIT

je	**naiss**ais
tu	**naiss**ais
il, elle	**naiss**ait
nous	**naiss**ions
vous	**naiss**iez
ils, elles	**naiss**aient

PLUS-QUE-PARFAIT

j'	étais	né(e)
tu	étais	né(e)
il, elle	était	né(e)
nous	étions	né(e)s
vous	étiez	né(e)s
ils, elles	étaient	né(e)s

PASSÉ SIMPLE

je	**naqu**is
tu	**naqu**is
il, elle	**naqu**it
nous	**naqu**îmes
vous	**naqu**îtes
ils, elles	**naqu**irent

FUTUR SIMPLE

je	**naît**rai
tu	**naît**ras
il, elle	**naît**ra
nous	**naît**rons
vous	**naît**rez
ils, elles	**naît**ront

FUTUR ANTÉRIEUR

je	serai	né(e)
tu	seras	né(e)
il, elle	sera	né(e)
nous	serons	né(e)s
vous	serez	né(e)s
ils, elles	seront	né(e)s

CONDITIONNEL

PRÉSENT

je	**naît**rais
tu	**naît**rais
il, elle	**naît**rait
nous	**naît**rions
vous	**naît**riez
ils, elles	**naît**raient

SUBJONCTIF

PRÉSENT

que je	**naiss**e
que tu	**naiss**es
qu'il, elle	**naiss**e
que nous	**naiss**ions
que vous	**naiss**iez
qu'ils, elles	**naiss**ent

IMPÉRATIF

PRÉSENT

nais
naissons
naissez

INFINITIF

naître

PARTICIPE

PRÉSENT	PASSÉ
naissant	né(e)

Nuire • 3e groupe

Nuire est un verbe particulier.

- *Nuire* a deux radicaux : nui... et nuis...
- Aux temps composés, il se conjugue avec l'auxiliaire ***avoir***.
- C'est un verbe transitif indirect.

INDICATIF

PRÉSENT

je	nuis
tu	nuis
il, elle	nuit
nous	nuisons
vous	nuisez
ils, elles	nuisent

PASSÉ COMPOSÉ

j'	ai	nui
tu	as	nui
il, elle	a	nui
nous	avons	nui
vous	avez	nui
ils, elles	ont	nui

IMPARFAIT

je	nuisais
tu	nuisais
il, elle	nuisait
nous	nuisions
vous	nuisiez
ils, elles	nuisaient

PLUS-QUE-PARFAIT

j'	avais	nui
tu	avais	nui
il, elle	avait	nui
nous	avions	nui
vous	aviez	nui
ils, elles	avaient	nui

PASSÉ SIMPLE

je	nuisis
tu	nuisis
il, elle	nuisit
nous	nuisîmes
vous	nuisîtes
ils, elles	nuisirent

FUTUR SIMPLE

je	nuirai
tu	nuiras
il, elle	nuira
nous	nuirons
vous	nuirez
ils, elles	nuiront

FUTUR ANTÉRIEUR

j'	aurai	nui
tu	auras	nui
il, elle	aura	nui
nous	aurons	nui
vous	aurez	nui
ils, elles	auront	nui

CONDITIONNEL

PRÉSENT

je	nuirais
tu	nuirais
il, elle	nuirait
nous	nuirions
vous	nuiriez
ils, elles	nuiraient

SUBJONCTIF

PRÉSENT

que je	nuise
que tu	nuises
qu'il, elle	nuise
que nous	nuisions
que vous	nuisiez
qu'ils, elles	nuisent

IMPÉRATIF

PRÉSENT

nuis
nuisons
nuisez

INFINITIF

nuire

PARTICIPE

PRÉSENT	PASSÉ
nuisant	nui

Offrir • 3e groupe

Offrir est un verbe particulier.

- *Offrir* a un seul radical : offr…
- Attention ! Il se conjugue comme un verbe du 1er groupe : j'offre.
- Aux temps composés, il se conjugue avec l'auxiliaire ***avoir***.
- C'est un verbe transitif.

INDICATIF

PRÉSENT

j'	offre
tu	offres
il, elle	offre
nous	offrons
vous	offrez
ils, elles	offrent

PASSÉ COMPOSÉ

j'	ai	offert
tu	as	offert
il, elle	a	offert
nous	avons	offert
vous	avez	offert
ils, elles	ont	offert

IMPARFAIT

j'	offrais
tu	offrais
il, elle	offrait
nous	offrions
vous	offriez
ils, elles	offraient

PLUS-QUE-PARFAIT

j'	avais	offert
tu	avais	offert
il, elle	avait	offert
nous	avions	offert
vous	aviez	offert
ils, elles	avaient	offert

PASSÉ SIMPLE

j'	offris
tu	offris
il, elle	offrit
nous	offrîmes
vous	offrîtes
ils, elles	offrirent

FUTUR SIMPLE

j'	offrirai
tu	offriras
il, elle	offrira
nous	offrirons
vous	offrirez
ils, elles	offriront

FUTUR ANTÉRIEUR

j'	aurai	offert
tu	auras	offert
il, elle	aura	offert
nous	aurons	offert
vous	aurez	offert
ils, elles	auront	offert

CONDITIONNEL

PRÉSENT

j'	offrirais
tu	offrirais
il, elle	offrirait
nous	offririons
vous	offririez
ils, elles	offriraient

SUBJONCTIF

PRÉSENT

que j'	offre
que tu	offres
qu'il, elle	offre
que nous	offrions
que vous	offriez
qu'ils, elles	offrent

IMPÉRATIF

PRÉSENT

offre
offrons
offrez

INFINITIF

offrir

PARTICIPE

PRÉSENT	PASSÉ
offrant	offert(e)

Ouvrir • 3e groupe

Le verbe que tu cherches se termine par *...ouvrir*.

- *Ouvrir* a un seul radical : ouvr...
- Attention ! Il se conjugue comme un verbe du 1er groupe : j'ouvre.
- Aux temps composés, il se conjugue avec l'auxiliaire ***avoir***.
- C'est un verbe transitif et intransitif.

INDICATIF

PRÉSENT

j'	ouvre
tu	ouvres
il, elle	ouvre
nous	ouvrons
vous	ouvrez
ils, elles	ouvrent

PASSÉ COMPOSÉ

j'	ai	ouvert
tu	as	ouvert
il, elle	a	ouvert
nous	avons	ouvert
vous	avez	ouvert
ils, elles	ont	ouvert

IMPARFAIT

j'	ouvrais
tu	ouvrais
il, elle	ouvrait
nous	ouvrions
vous	ouvriez
ils, elles	ouvraient

PLUS-QUE-PARFAIT

j'	avais	ouvert
tu	avais	ouvert
il, elle	avait	ouvert
nous	avions	ouvert
vous	aviez	ouvert
ils, elles	avaient	ouvert

PASSÉ SIMPLE

j'	ouvris
tu	ouvris
il, elle	ouvrit
nous	ouvrîmes
vous	ouvrîtes
ils, elles	ouvrirent

FUTUR SIMPLE

j'	ouvrirai
tu	ouvriras
il, elle	ouvrira
nous	ouvrirons
vous	ouvrirez
ils, elles	ouvriront

FUTUR ANTÉRIEUR

j'	aurai	ouvert
tu	auras	ouvert
il, elle	aura	ouvert
nous	aurons	ouvert
vous	aurez	ouvert
ils, elles	auront	ouvert

CONDITIONNEL

PRÉSENT

j'	ouvrirais
tu	ouvrirais
il, elle	ouvrirait
nous	ouvririons
vous	ouvririez
ils, elles	ouvriraient

SUBJONCTIF

PRÉSENT

que j'	ouvre
que tu	ouvres
qu'il, elle	ouvre
que nous	ouvrions
que vous	ouvriez
qu'ils, elles	ouvrent

IMPÉRATIF

PRÉSENT

ouvre
ouvrons
ouvrez

INFINITIF

ouvrir

PARTICIPE

PRÉSENT	PASSÉ
ouvrant	ouvert(e)

Partir • 3e groupe

Le verbe que tu cherches se termine par ...*partir*.

- *Partir* a deux radicaux : part... et par...
- Aux temps composés, il se conjugue avec l'auxiliaire ***être***.
- C'est un verbe intransitif.

INDICATIF

PRÉSENT

je	**pars**
tu	**pars**
il, elle	**part**
nous	partons
vous	partez
ils, elles	partent

PASSÉ COMPOSÉ

je	suis	parti(e)
tu	es	parti(e)
il, elle	est	parti(e)
nous	sommes	parti(e)s
vous	êtes	parti(e)s
ils, elles	sont	parti(e)s

IMPARFAIT

je	partais
tu	partais
il, elle	partait
nous	partions
vous	partiez
ils, elles	partaient

PLUS-QUE-PARFAIT

j'	étais	parti(e)
tu	étais	parti(e)
il, elle	était	parti(e)
nous	étions	parti(e)s
vous	étiez	parti(e)s
ils, elles	étaient	parti(e)s

PASSÉ SIMPLE

je	partis
tu	partis
il, elle	partit
nous	partîmes
vous	partîtes
ils, elles	partirent

FUTUR SIMPLE

je	partirai
tu	partiras
il, elle	partira
nous	partirons
vous	partirez
ils, elles	partiront

FUTUR ANTÉRIEUR

je	serai	parti(e)
tu	seras	parti(e)
il, elle	sera	parti(e)
nous	serons	parti(e)s
vous	serez	parti(e)s
ils, elles	seront	parti(e)s

CONDITIONNEL

PRÉSENT

je	partirais
tu	partirais
il, elle	partirait
nous	partirions
vous	partiriez
ils, elles	partiraient

SUBJONCTIF

PRÉSENT

que je	parte
que tu	partes
qu'il, elle	parte
que nous	partions
que vous	partiez
qu'ils, elles	partent

IMPÉRATIF

PRÉSENT

pars
partons
partez

INFINITIF

partir

PARTICIPE

PRÉSENT	PASSÉ
partant	parti(e)

Peindre • 3e groupe

Le verbe que tu cherches se termine par *...eindre.*

- *Peindre* a trois radicaux : je **peins**, je **peign**ais, je **peind**rai. Il est transitif.
- À l'imparfait de l'indicatif et au présent du subjonctif, le **gn** est suivi du **i** aux 2 premières personnes du pluriel : nous pei**gni**ons.
- Aux temps composés, il se conjugue avec l'auxiliaire ***avoir***.

INDICATIF

PRÉSENT

je	**pein**s
tu	**pein**s
il, elle	**pein**t
nous	**peign**ons
vous	**peign**ez
ils, elles	**peign**ent

PASSÉ COMPOSÉ

j'	ai	peint
tu	as	peint
il, elle	a	peint
nous	avons	peint
vous	avez	peint
ils, elles	ont	peint

IMPARFAIT

je	**peign**ais
tu	**peign**ais
il, elle	**peign**ait
nous	**peigni**ons
vous	**peigni**ez
ils, elles	**peign**aient

PLUS-QUE-PARFAIT

j'	avais	peint
tu	avais	peint
il, elle	avait	peint
nous	avions	peint
vous	aviez	peint
ils, elles	avaient	peint

PASSÉ SIMPLE

je	**peign**is
tu	**peign**is
il, elle	**peign**it
nous	**peign**îmes
vous	**peign**îtes
ils, elles	**peign**irent

FUTUR SIMPLE

je	**peind**rai
tu	**peind**ras
il, elle	**peind**ra
nous	**peind**rons
vous	**peind**rez
ils, elles	**peind**ront

FUTUR ANTÉRIEUR

j'	aurai	peint
tu	auras	peint
il, elle	aura	peint
nous	aurons	peint
vous	aurez	peint
ils, elles	auront	peint

CONDITIONNEL

PRÉSENT

je	**peind**rais
tu	**peind**rais
il, elle	**peind**rait
nous	**peind**rions
vous	**peind**riez
ils, elles	**peind**raient

SUBJONCTIF

PRÉSENT

que je	**peign**e
que tu	**peign**es
qu'il, elle	**peign**e
que nous	**peigni**ons
que vous	**peigni**ez
qu'ils, elles	**peign**ent

IMPÉRATIF

PRÉSENT

peins
peignons
peignez

INFINITIF

peindre

PARTICIPE

PRÉSENT	PASSÉ
peignant	peint(e)

Perdre • 3e groupe

Le verbe que tu cherches se termine par ...*perdre*.

- *Perdre* a un seul radical : perd… C'est un verbe transitif et intransitif.
- À la 3e personne du singulier du présent de l'indicatif, ce verbe ne prend pas le **t** de la terminaison après le **d** du radical : il perd.
- Aux temps composés, il se conjugue avec l'auxiliaire ***avoir***.

INDICATIF

PRÉSENT

je	perds
tu	perds
il, elle	**perd**
nous	perdons
vous	perdez
ils, elles	perdent

PASSÉ COMPOSÉ

j'	ai	perdu
tu	as	perdu
il, elle	a	perdu
nous	avons	perdu
vous	avez	perdu
ils, elles	ont	perdu

IMPARFAIT

je	perdais
tu	perdais
il, elle	perdait
nous	perdions
vous	perdiez
ils, elles	perdaient

PLUS-QUE-PARFAIT

j'	avais	perdu
tu	avais	perdu
il, elle	avait	perdu
nous	avions	perdu
vous	aviez	perdu
ils, elles	avaient	perdu

PASSÉ SIMPLE

je	perdis
tu	perdis
il, elle	perdit
nous	perdîmes
vous	perdîtes
ils, elles	perdirent

FUTUR SIMPLE

je	perdrai
tu	perdras
il, elle	perdra
nous	perdrons
vous	perdrez
ils, elles	perdront

FUTUR ANTÉRIEUR

j'	aurai	perdu
tu	auras	perdu
il, elle	aura	perdu
nous	aurons	perdu
vous	aurez	perdu
ils, elles	auront	perdu

CONDITIONNEL

PRÉSENT

je	perdrais
tu	perdrais
il, elle	perdrait
nous	perdrions
vous	perdriez
ils, elles	perdraient

SUBJONCTIF

PRÉSENT

que je	perde
que tu	perdes
qu'il, elle	perde
que nous	perdions
que vous	perdiez
qu'ils, elles	perdent

IMPÉRATIF

PRÉSENT

perds
perdons
perdez

INFINITIF

perdre

PARTICIPE

PRÉSENT	PASSÉ
perdant	perdu(e)

Plaire • 3e groupe

Le verbe que tu cherches se termine par *...plaire*.

- *Plaire* a trois radicaux : je **plais**, je **plais**ais, je **plu**s.
- Aux temps composés, il se conjugue avec l'auxiliaire ***avoir***.
- C'est un verbe transitif indirect.

INDICATIF

PRÉSENT

je	plais
tu	plais
il, elle	plaît
nous	plaisons
vous	plaisez
ils, elles	plaisent

PASSÉ COMPOSÉ

j'	ai	plu
tu	as	plu
il, elle	a	plu
nous	avons	plu
vous	avez	plu
ils, elles	ont	plu

IMPARFAIT

je	plaisais
tu	plaisais
il, elle	plaisait
nous	plaisions
vous	plaisiez
ils, elles	plaisaient

PLUS-QUE-PARFAIT

j'	avais	plu
tu	avais	plu
il, elle	avait	plu
nous	avions	plu
vous	aviez	plu
ils, elles	avaient	plu

PASSÉ SIMPLE

je	plus
tu	plus
il, elle	plut
nous	plûmes
vous	plûtes
ils, elles	plurent

FUTUR SIMPLE

je	plairai
tu	plairas
il, elle	plaira
nous	plairons
vous	plairez
ils, elles	plairont

FUTUR ANTÉRIEUR

j'	aurai	plu
tu	auras	plu
il, elle	aura	plu
nous	aurons	plu
vous	aurez	plu
ils, elles	auront	plu

CONDITIONNEL

PRÉSENT

je	plairais
tu	plairais
il, elle	plairait
nous	plairions
vous	plairiez
ils, elles	plairaient

SUBJONCTIF

PRÉSENT

que je	plaise
que tu	plaises
qu'il, elle	plaise
que nous	plaisions
que vous	plaisiez
qu'ils, elles	plaisent

IMPÉRATIF

PRÉSENT

plais
plaisons
plaisez

INFINITIF

plaire

PARTICIPE

PRÉSENT	PASSÉ
plaisant	plu

Pouvoir • 3e groupe

Pouvoir est un verbe particulier.

- *Pouvoir* a cinq radicaux : je peux, je pouvais, je pus, je pourrai, que je puisse.
- Aux 2 premières personnes du singulier du présent de l'indicatif, la terminaison est x : je peux, tu peux. C'est un verbe transitif.
- Aux temps composés, il se conjugue avec l'auxiliaire ***avoir***.

INDICATIF

PRÉSENT

je	peux
tu	peux
il, elle	peut
nous	pouvons
vous	pouvez
ils, elles	peuvent

PASSÉ COMPOSÉ

j'	ai	pu
tu	as	pu
il, elle	a	pu
nous	avons	pu
vous	avez	pu
ils, elles	ont	pu

IMPARFAIT

je	pouvais
tu	pouvais
il, elle	pouvait
nous	pouvions
vous	pouviez
ils, elles	pouvaient

PLUS-QUE-PARFAIT

j'	avais	pu
tu	avais	pu
il, elle	avait	pu
nous	avions	pu
vous	aviez	pu
ils, elles	avaient	pu

PASSÉ SIMPLE

je	pus
tu	pus
il, elle	put
nous	pûmes
vous	pûtes
ils, elles	purent

FUTUR SIMPLE

je	pourrai
tu	pourras
il, elle	pourra
nous	pourrons
vous	pourrez
ils, elles	pourront

FUTUR ANTÉRIEUR

j'	aurai	pu
tu	auras	pu
il, elle	aura	pu
nous	aurons	pu
vous	aurez	pu
ils, elles	auront	pu

CONDITIONNEL

PRÉSENT

je	pourrais
tu	pourrais
il, elle	pourrait
nous	pourrions
vous	pourriez
ils, elles	pourraient

SUBJONCTIF

PRÉSENT

que je	puisse
que tu	puisses
qu'il, elle	puisse
que nous	puissions
que vous	puissiez
qu'ils, elles	puissent

IMPÉRATIF

PRÉSENT

On ne l'emploie pas.

INFINITIF

pouvoir

PARTICIPE

PRÉSENT	PASSÉ
pouvant	pu

Prendre • 3e groupe

Le verbe que tu cherches se termine par *...prendre*.

- *Prendre* a quatre radicaux : je **pren**ais, **pris**, **prend**rai, que je **prenn**e.
- Attention à la 3e personne du singulier du présent de l'indicatif : il pren**d**.
- Aux temps composés, il se conjugue avec l'auxiliaire ***avoir***.
- C'est un verbe transitif et intransitif.

INDICATIF

PRÉSENT

je	**prend**s
tu	**prend**s
il, elle	**prend**
nous	**pren**ons
vous	**pren**ez
ils, elles	**prenn**ent

PASSÉ COMPOSÉ

j'	ai	pris
tu	as	pris
il, elle	a	pris
nous	avons	pris
vous	avez	pris
ils, elles	ont	pris

IMPARFAIT

je	**pren**ais
tu	**pren**ais
il, elle	**pren**ait
nous	**pren**ions
vous	**pren**iez
ils, elles	**pren**aient

PLUS-QUE-PARFAIT

j'	avais	pris
tu	avais	pris
il, elle	avait	pris
nous	avions	pris
vous	aviez	pris
ils, elles	avaient	pris

PASSÉ SIMPLE

je	**pri**s
tu	**pri**s
il, elle	**pri**t
nous	**prî**mes
vous	**prî**tes
ils, elles	**pri**rent

FUTUR SIMPLE

je	**prend**rai
tu	**prend**ras
il, elle	**prend**ra
nous	**prend**rons
vous	**prend**rez
ils, elles	**prend**ront

FUTUR ANTÉRIEUR

j'	aurai	pris
tu	auras	pris
il, elle	aura	pris
nous	aurons	pris
vous	aurez	pris
ils, elles	auront	pris

CONDITIONNEL

PRÉSENT

je	**prend**rais
tu	**prend**rais
il, elle	**prend**rait
nous	**prend**rions
vous	**prend**riez
ils, elles	**prend**raient

SUBJONCTIF

PRÉSENT

que je	**prenn**e
que tu	**prenn**es
qu'il, elle	**prenn**e
que nous	**pren**ions
que vous	**pren**iez
qu'ils, elles	**prenn**ent

IMPÉRATIF

PRÉSENT

prends
prenons
prenez

INFINITIF

prendre

PARTICIPE

PRÉSENT	PASSÉ
prenant	pris(e)

Prévoir • 3e groupe

Prévoir est un verbe particulier.

- *Prévoir* a trois radicaux : je prévois, je prévoyais, je prévis. Il est transitif.
- À l'imparfait de l'indicatif et au présent du subjonctif, le y est suivi du i aux 2 premières personnes du pluriel : nous prévoyions.
- Aux temps composés, il se conjugue avec l'auxiliaire ***avoir***.

INDICATIF

PRÉSENT

je	prévois
tu	prévois
il, elle	prévoit
nous	prévoyons
vous	prévoyez
ils, elles	prévoient

PASSÉ COMPOSÉ

j'	ai	prévu
tu	as	prévu
il, elle	a	prévu
nous	avons	prévu
vous	avez	prévu
ils, elles	ont	prévu

IMPARFAIT

je	prévoyais
tu	prévoyais
il, elle	prévoyait
nous	prévoyions
vous	prévoyiez
ils, elles	prévoyaient

PLUS-QUE-PARFAIT

j'	avais	prévu
tu	avais	prévu
il, elle	avait	prévu
nous	avions	prévu
vous	aviez	prévu
ils, elles	avaient	prévu

PASSÉ SIMPLE

je	prévis
tu	prévis
il, elle	prévit
nous	prévîmes
vous	prévîtes
ils, elles	prévirent

FUTUR SIMPLE

je	prévoirai
tu	prévoiras
il, elle	prévoira
nous	prévoirons
vous	prévoirez
ils, elles	prévoiront

FUTUR ANTÉRIEUR

j'	aurai	prévu
tu	auras	prévu
il, elle	aura	prévu
nous	aurons	prévu
vous	aurez	prévu
ils, elles	auront	prévu

CONDITIONNEL

PRÉSENT

je	prévoirais
tu	prévoirais
il, elle	prévoirait
nous	prévoirions
vous	prévoiriez
ils, elles	prévoiraient

SUBJONCTIF

PRÉSENT

que je	prévoie
que tu	prévoies
qu'il, elle	prévoie
que nous	prévoyions
que vous	prévoyiez
qu'ils, elles	prévoient

IMPÉRATIF

PRÉSENT

prévois
prévoyons
prévoyez

INFINITIF

prévoir

PARTICIPE

PRÉSENT	PASSÉ
prévoyant	prévu(e)

Recevoir • 3e groupe

Le verbe que tu cherches se termine par *...cevoir.*

- *Recevoir* a quatre radicaux : je **reç**ois, je **recev**ais, je **reç**us, que je **reçoiv**e.
- Attention ! **c** devient **ç** devant **o** et **u** : je re**ço**is.
- Aux temps composés, il se conjugue avec l'auxiliaire ***avoir***.
- C'est un verbe transitif.

INDICATIF

PRÉSENT

je	reçois
tu	reçois
il, elle	reçoit
nous	recevons
vous	recevez
ils, elles	reçoivent

PASSÉ COMPOSÉ

j'	ai	reçu
tu	as	reçu
il, elle	a	reçu
nous	avons	reçu
vous	avez	reçu
ils, elles	ont	reçu

IMPARFAIT

je	recevais
tu	recevais
il, elle	recevait
nous	recevions
vous	receviez
ils, elles	recevaient

PLUS-QUE-PARFAIT

j'	avais	reçu
tu	avais	reçu
il, elle	avait	reçu
nous	avions	reçu
vous	aviez	reçu
ils, elles	avaient	reçu

PASSÉ SIMPLE

je	reçus
tu	reçus
il, elle	reçut
nous	reçûmes
vous	reçûtes
ils, elles	reçurent

FUTUR SIMPLE

je	recevrai
tu	recevras
il, elle	recevra
nous	recevrons
vous	recevrez
ils, elles	recevront

FUTUR ANTÉRIEUR

j'	aurai	reçu
tu	auras	reçu
il, elle	aura	reçu
nous	aurons	reçu
vous	aurez	reçu
ils, elles	auront	reçu

CONDITIONNEL

PRÉSENT

je	recevrais
tu	recevrais
il, elle	recevrait
nous	recevrions
vous	recevriez
ils, elles	recevraient

SUBJONCTIF

PRÉSENT

que je	reçoive
que tu	reçoives
qu'il, elle	reçoive
que nous	recevions
que vous	receviez
qu'ils, elles	reçoivent

IMPÉRATIF

PRÉSENT

reçois
recevons
recevez

INFINITIF

recevoir

PARTICIPE

PRÉSENT	PASSÉ
recevant	reçu(e)

Répandre • 3e groupe

Le verbe que tu cherches se termine par *...andre*.

- *Répandre* a un seul radical : répand… C'est un verbe transitif.
- À la 3e personne du singulier du présent de l'indicatif, ce verbe ne prend pas le **t** de la terminaison après le d du radical : il répand.
- Aux temps composés, il se conjugue avec l'auxiliaire ***avoir***.

INDICATIF

PRÉSENT

je	répands
tu	répands
il, elle	répand
nous	répandons
vous	répandez
ils, elles	répandent

PASSÉ COMPOSÉ

j'	ai	répandu
tu	as	répandu
il, elle	a	répandu
nous	avons	répandu
vous	avez	répandu
ils, elles	ont	répandu

IMPARFAIT

je	répandais
tu	répandais
il, elle	répandait
nous	répandions
vous	répandiez
ils, elles	répandaient

PLUS-QUE-PARFAIT

j'	avais	répandu
tu	avais	répandu
il, elle	avait	répandu
nous	avions	répandu
vous	aviez	répandu
ils, elles	avaient	répandu

PASSÉ SIMPLE

je	répandis
tu	répandis
il, elle	répandit
nous	répandîmes
vous	répandîtes
ils, elles	répandirent

FUTUR SIMPLE

je	répandrai
tu	répandras
il, elle	répandra
nous	répandrons
vous	répandrez
ils, elles	répandront

FUTUR ANTÉRIEUR

j'	aurai	répandu
tu	auras	répandu
il, elle	aura	répandu
nous	aurons	répandu
vous	aurez	répandu
ils, elles	auront	répandu

CONDITIONNEL

PRÉSENT

je	répandrais
tu	répandrais
il, elle	répandrait
nous	répandrions
vous	répandriez
ils, elles	répandraient

SUBJONCTIF

PRÉSENT

que je	répande
que tu	répandes
qu'il, elle	répande
que nous	répandions
que vous	répandiez
qu'ils, elles	répandent

IMPÉRATIF

PRÉSENT

répands
répandons
répandez

INFINITIF

répandre

PARTICIPE

PRÉSENT	PASSÉ
répandant	répandu(e)

Résoudre • 3e groupe

Résoudre est un verbe particulier.

- Il a quatre radicaux : je **résous**, je **résolv**ais, je **résolus**, je **résoud**rai.
- Aux temps composés, il se conjugue avec l'auxiliaire ***avoir***.
- C'est un verbe transitif.

INDICATIF

PRÉSENT

je	**résous**
tu	**résous**
il, elle	**résout**
nous	**résolv**ons
vous	**résolv**ez
ils, elles	**résolv**ent

PASSÉ COMPOSÉ

j'	ai	résolu
tu	as	résolu
il, elle	a	résolu
nous	avons	résolu
vous	avez	résolu
ils, elles	ont	résolu

IMPARFAIT

je	**résolv**ais
tu	**résolv**ais
il, elle	**résolv**ait
nous	**résolv**ions
vous	**résolv**iez
ils, elles	**résolv**aient

PLUS-QUE-PARFAIT

j'	avais	résolu
tu	avais	résolu
il, elle	avait	résolu
nous	avions	résolu
vous	aviez	résolu
ils, elles	avaient	résolu

PASSÉ SIMPLE

je	**résolu**s
tu	**résolu**s
il, elle	**résolu**t
nous	**résolû**mes
vous	**résolû**tes
ils, elles	**résolu**rent

FUTUR SIMPLE

je	**résoud**rai
tu	**résoud**ras
il, elle	**résoud**ra
nous	**résoud**rons
vous	**résoud**rez
ils, elles	**résoud**ront

FUTUR ANTÉRIEUR

j'	aurai	résolu
tu	auras	résolu
il, elle	aura	résolu
nous	aurons	résolu
vous	aurez	résolu
ils, elles	auront	résolu

CONDITIONNEL

PRÉSENT

je	**résoud**rais
tu	**résoud**rais
il, elle	**résoud**rait
nous	**résoud**rions
vous	**résoud**riez
ils, elles	**résoud**raient

SUBJONCTIF

PRÉSENT

que je	**résolv**e
que tu	**résolv**es
qu'il, elle	**résolv**e
que nous	**résolv**ions
que vous	**résolv**iez
qu'ils, elles	**résolv**ent

IMPÉRATIF

PRÉSENT

résous
résolvons
résolvez

INFINITIF

résoudre

PARTICIPE

PRÉSENT	PASSÉ
résolvant	résolu(e)

Rire • 3e groupe

Le verbe que tu cherches se termine par ...*rire*.

- *Rire* a un seul radical : ri... C'est un verbe intransitif.
- À l'imparfait de l'indicatif et au présent du subjonctif, le **i** du radical est suivi du **i** aux deux premières personnes du pluriel : nous r**ii**ons.
- Aux temps composés, il se conjugue avec l'auxiliaire ***avoir***.

INDICATIF

PRÉSENT

je	ris
tu	ris
il, elle	rit
nous	rions
vous	riez
ils, elles	rient

PASSÉ COMPOSÉ

j'	ai	ri
tu	as	ri
il, elle	a	ri
nous	avons	ri
vous	avez	ri
ils, elles	ont	ri

IMPARFAIT

je	riais
tu	riais
il, elle	riait
nous	r**ii**ons
vous	r**ii**ez
ils, elles	riaient

PLUS-QUE-PARFAIT

j'	avais	ri
tu	avais	ri
il, elle	avait	ri
nous	avions	ri
vous	aviez	ri
ils, elles	avaient	ri

PASSÉ SIMPLE

je	ris
tu	ris
il, elle	rit
nous	rîmes
vous	rîtes
ils, elles	rirent

FUTUR SIMPLE

je	rirai
tu	riras
il, elle	rira
nous	rirons
vous	rirez
ils, elles	riront

FUTUR ANTÉRIEUR

j'	aurai	ri
tu	auras	ri
il, elle	aura	ri
nous	aurons	ri
vous	aurez	ri
ils, elles	auront	ri

CONDITIONNEL

PRÉSENT

je	rirais
tu	rirais
il, elle	rirait
nous	ririons
vous	ririez
ils, elles	riraient

SUBJONCTIF

PRÉSENT

que je	rie
que tu	ries
qu'il, elle	rie
que nous	r**ii**ons
que vous	r**ii**ez
qu'ils, elles	rient

IMPÉRATIF

PRÉSENT

ris
rions
riez

INFINITIF

rire

PARTICIPE

PRÉSENT	PASSÉ
riant	ri

Rompre • 3e groupe

Le verbe que tu cherches se termine par *...rompre.*

- *Rompre* a un seul radical : romp...
- Il garde le **p** du radical tout au long de la conjugaison : je rom**p**s.
- Aux temps composés, il se conjugue avec l'auxiliaire ***avoir***.
- C'est un verbe transitif et intransitif.

INDICATIF

PRÉSENT

je	**romps**
tu	**romps**
il, elle	**rompt**
nous	rompons
vous	rompez
ils, elles	rompent

PASSÉ COMPOSÉ

j'	ai	rompu
tu	as	rompu
il, elle	a	rompu
nous	avons	rompu
vous	avez	rompu
ils, elles	ont	rompu

IMPARFAIT

je	rompais
tu	rompais
il, elle	rompait
nous	rompions
vous	rompiez
ils, elles	rompaient

PLUS-QUE-PARFAIT

j'	avais	rompu
tu	avais	rompu
il, elle	avait	rompu
nous	avions	rompu
vous	aviez	rompu
ils, elles	avaient	rompu

PASSÉ SIMPLE

je	rompis
tu	rompis
il, elle	rompit
nous	rompîmes
vous	rompîtes
ils, elles	rompirent

FUTUR SIMPLE

je	romprai
tu	rompras
il, elle	rompra
nous	romprons
vous	romprez
ils, elles	rompront

FUTUR ANTÉRIEUR

j'	aurai	rompu
tu	auras	rompu
il, elle	aura	rompu
nous	aurons	rompu
vous	aurez	rompu
ils, elles	auront	rompu

CONDITIONNEL

PRÉSENT

je	romprais
tu	romprais
il, elle	romprait
nous	romprions
vous	rompriez
ils, elles	rompraient

SUBJONCTIF

PRÉSENT

que je	rompe
que tu	rompes
qu'il, elle	rompe
que nous	rompions
que vous	rompiez
qu'ils, elles	rompent

IMPÉRATIF

PRÉSENT

romps
rompons
rompez

INFINITIF

rompre

PARTICIPE

PRÉSENT	PASSÉ
rompant	rompu(e)

Savoir • 3e groupe

Savoir est un verbe particulier.

- *Savoir* a cinq radicaux : je sais, je savais, je sus, je saurai, que je sache.
- On emploie sach… au présent du subjonctif, au présent de l'impératif et au participe présent. C'est un verbe transitif.
- Aux temps composés, il se conjugue avec l'auxiliaire ***avoir***.

INDICATIF

PRÉSENT

je	sais
tu	sais
il, elle	sait
nous	savons
vous	savez
ils, elles	savent

PASSÉ COMPOSÉ

j'	ai	su
tu	as	su
il, elle	a	su
nous	avons	su
vous	avez	su
ils, elles	ont	su

IMPARFAIT

je	savais
tu	savais
il, elle	savait
nous	savions
vous	saviez
ils, elles	savaient

PLUS-QUE-PARFAIT

j'	avais	su
tu	avais	su
il, elle	avait	su
nous	avions	su
vous	aviez	su
ils, elles	avaient	su

PASSÉ SIMPLE

je	sus
tu	sus
il, elle	sut
nous	sûmes
vous	sûtes
ils, elles	surent

FUTUR SIMPLE

je	saurai
tu	sauras
il, elle	saura
nous	saurons
vous	saurez
ils, elles	sauront

FUTUR ANTÉRIEUR

j'	aurai	su
tu	auras	su
il, elle	aura	su
nous	aurons	su
vous	aurez	su
ils, elles	auront	su

CONDITIONNEL

PRÉSENT

je	saurais
tu	saurais
il, elle	saurait
nous	saurions
vous	sauriez
ils, elles	sauraient

SUBJONCTIF

PRÉSENT

que je	sache
que tu	saches
qu'il, elle	sache
que nous	sachions
que vous	sachiez
qu'ils, elles	sachent

IMPÉRATIF

PRÉSENT

sache
sachons
sachez

INFINITIF

savoir

PARTICIPE

PRÉSENT	PASSÉ
sachant	su(e)

Servir • 3e groupe

Le verbe que tu cherches se termine par *...servir*.

- *Servir* a deux radicaux : serv... et ser...
- Aux temps composés, il se conjugue avec l'auxiliaire ***avoir***.
- C'est un verbe transitif direct et indirect.

INDICATIF

PRÉSENT

je	sers
tu	sers
il, elle	sert
nous	servons
vous	servez
ils, elles	servent

PASSÉ COMPOSÉ

j'	ai	servi
tu	as	servi
il, elle	a	servi
nous	avons	servi
vous	avez	servi
ils, elles	ont	servi

IMPARFAIT

je	servais
tu	servais
il, elle	servait
nous	servions
vous	serviez
ils, elles	servaient

PLUS-QUE-PARFAIT

j'	avais	servi
tu	avais	servi
il, elle	avait	servi
nous	avions	servi
vous	aviez	servi
ils, elles	avaient	servi

PASSÉ SIMPLE

je	servis
tu	servis
il, elle	servit
nous	servîmes
vous	servîtes
ils, elles	servirent

FUTUR SIMPLE

je	servirai
tu	serviras
il, elle	servira
nous	servirons
vous	servirez
ils, elles	serviront

FUTUR ANTÉRIEUR

j'	aurai	servi
tu	auras	servi
il, elle	aura	servi
nous	aurons	servi
vous	aurez	servi
ils, elles	auront	servi

CONDITIONNEL

PRÉSENT

je	servirais
tu	servirais
il, elle	servirait
nous	servirions
vous	serviriez
ils, elles	serviraient

SUBJONCTIF

PRÉSENT

que je	serve
que tu	serves
qu'il, elle	serve
que nous	servions
que vous	serviez
qu'ils, elles	servent

IMPÉRATIF

PRÉSENT

sers
servons
servez

INFINITIF

servir

PARTICIPE

PRÉSENT	PASSÉ
servant	servi(e)

Sortir • 3e groupe

▶ Le verbe que tu cherches se termine par *...sortir.*

- *Sortir* a deux radicaux : sort... et sor...
- Aux temps composés, il se conjugue avec l'auxiliaire ***être***.
- C'est un verbe transitif et intransitif.

INDICATIF

PRÉSENT

je	sors
tu	sors
il, elle	sort
nous	sortons
vous	sortez
ils, elles	sortent

PASSÉ COMPOSÉ

je	suis	sorti(e)
tu	es	sorti(e)
il, elle	est	sorti(e)
nous	sommes	sorti(e)s
vous	êtes	sorti(e)s
ils, elles	sont	sorti(e)s

IMPARFAIT

je	sortais
tu	sortais
il, elle	sortait
nous	sortions
vous	sortiez
ils, elles	sortaient

PLUS-QUE-PARFAIT

j'	étais	sorti(e)
tu	étais	sorti(e)
il, elle	était	sorti(e)
nous	étions	sorti(e)s
vous	étiez	sorti(e)s
ils, elles	étaient	sorti(e)s

PASSÉ SIMPLE

je	sortis
tu	sortis
il, elle	sortit
nous	sortîmes
vous	sortîtes
ils, elles	sortirent

FUTUR SIMPLE

je	sortirai
tu	sortiras
il, elle	sortira
nous	sortirons
vous	sortirez
ils, elles	sortiront

FUTUR ANTÉRIEUR

je	serai	sorti(e)
tu	seras	sorti(e)
il, elle	sera	sorti(e)
nous	serons	sorti(e)s
vous	serez	sorti(e)s
ils, elles	seront	sorti(e)s

CONDITIONNEL

PRÉSENT

je	sortirais
tu	sortirais
il, elle	sortirait
nous	sortirions
vous	sortiriez
ils, elles	sortiraient

SUBJONCTIF

PRÉSENT

que je	sorte
que tu	sortes
qu'il, elle	sorte
que nous	sortions
que vous	sortiez
qu'ils, elles	sortent

IMPÉRATIF

PRÉSENT

sors
sortons
sortez

INFINITIF

sortir

PARTICIPE

PRÉSENT	PASSÉ
sortant	sorti(e)

Soustraire • 3e groupe

Le verbe que tu cherches se termine par *...raire*.

- *Soustraire* a deux radicaux : soustrai... et soustray... Il est transitif.
- À l'imparfait de l'indicatif et au présent du subjonctif, le y est suivi du i aux 2 premières personnes du pluriel : nous soustrayions.
- Aux temps composés, il se conjugue avec l'auxiliaire ***avoir***.

INDICATIF

PRÉSENT

je	soustrais
tu	soustrais
il, elle	soustrait
nous	soustrayons
vous	soustrayez
ils, elles	soustraient

PASSÉ COMPOSÉ

j'	ai	soustrait
tu	as	soustrait
il, elle	a	soustrait
nous	avons	soustrait
vous	avez	soustrait
ils, elles	ont	soustrait

IMPARFAIT

je	soustrayais
tu	soustrayais
il, elle	soustrayait
nous	soustrayions
vous	soustrayiez
ils, elles	soustrayaient

PLUS-QUE-PARFAIT

j'	avais	soustrait
tu	avais	soustrait
il, elle	avait	soustrait
nous	avions	soustrait
vous	aviez	soustrait
ils, elles	avaient	soustrait

PASSÉ SIMPLE

On ne l'emploie pas.

FUTUR SIMPLE

je	soustrairai
tu	soustrairas
il, elle	soustraira
nous	soustrairons
vous	soustrairez
ils, elles	soustrairont

FUTUR ANTÉRIEUR

j'	aurai	soustrait
tu	auras	soustrait
il, elle	aura	soustrait
nous	aurons	soustrait
vous	aurez	soustrait
ils, elles	auront	soustrait

CONDITIONNEL

PRÉSENT

je	soustrairais
tu	soustrairais
il, elle	soustrairait
nous	soustrairions
vous	soustrairiez
ils, elles	soustrairaient

SUBJONCTIF

PRÉSENT

que je	soustraie
que tu	soustraies
qu'il, elle	soustraie
que nous	soustrayions
que vous	soustrayiez
qu'ils, elles	soustraient

IMPÉRATIF

PRÉSENT

soustrais
soustrayons
soustrayez

INFINITIF

soustraire

PARTICIPE

PRÉSENT	PASSÉ
soustrayant	soustrait(e)

Suffire • 3e groupe

Suffire est un verbe particulier.

- *Suffire* a deux radicaux : suffi… et suffis… Il est transitif indirect.
- Il présente les mêmes formes aux 3 personnes du singulier du présent et du passé simple de l'indicatif.
- Aux temps composés, il se conjugue avec l'auxiliaire ***avoir***.

INDICATIF

PRÉSENT

je	suffis
tu	suffis
il, elle	suffit
nous	suffisons
vous	suffisez
ils, elles	suffisent

PASSÉ COMPOSÉ

j'	ai	suffi
tu	as	suffi
il, elle	a	suffi
nous	avons	suffi
vous	avez	suffi
ils, elles	ont	suffi

IMPARFAIT

je	suffisais
tu	suffisais
il, elle	suffisait
nous	suffisions
vous	suffisiez
ils, elles	suffisaient

PLUS-QUE-PARFAIT

j'	avais	suffi
tu	avais	suffi
il, elle	avait	suffi
nous	avions	suffi
vous	aviez	suffi
ils, elles	avaient	suffi

PASSÉ SIMPLE

je	suffis
tu	suffis
il, elle	suffit
nous	suffîmes
vous	suffîtes
ils, elles	suffirent

FUTUR SIMPLE

je	suffirai
tu	suffiras
il, elle	suffira
nous	suffirons
vous	suffirez
ils, elles	suffiront

FUTUR ANTÉRIEUR

j'	aurai	suffi
tu	auras	suffi
il, elle	aura	suffi
nous	aurons	suffi
vous	aurez	suffi
ils, elles	auront	suffi

CONDITIONNEL

PRÉSENT

je	suffirais
tu	suffirais
il, elle	suffirait
nous	suffirions
vous	suffiriez
ils, elles	suffiraient

SUBJONCTIF

PRÉSENT

que je	suffise
que tu	suffises
qu'il, elle	suffise
que nous	suffisions
que vous	suffisiez
qu'ils, elles	suffisent

IMPÉRATIF

PRÉSENT

suffis
suffisons
suffisez

INFINITIF

suffire

PARTICIPE

PRÉSENT	PASSÉ
suffisant	suffi

Suivre • 3e groupe

Le verbe que tu cherches se termine par *...suivre.*

- *Suivre* a deux radicaux : suiv... et sui...
- Aux temps composés, il se conjugue avec l'auxiliaire ***avoir***.
- C'est un verbe transitif.

INDICATIF

PRÉSENT

je	**suis**
tu	**suis**
il, elle	**suit**
nous	suivons
vous	suivez
ils, elles	suivent

PASSÉ COMPOSÉ

j'	ai	suivi
tu	as	suivi
il, elle	a	suivi
nous	avons	suivi
vous	avez	suivi
ils, elles	ont	suivi

IMPARFAIT

je	suivais
tu	suivais
il, elle	suivait
nous	suivions
vous	suiviez
ils, elles	suivaient

PLUS-QUE-PARFAIT

j'	avais	suivi
tu	avais	suivi
il, elle	avait	suivi
nous	avions	suivi
vous	aviez	suivi
ils, elles	avaient	suivi

PASSÉ SIMPLE

je	suivis
tu	suivis
il, elle	suivit
nous	suivîmes
vous	suivîtes
ils, elles	suivirent

FUTUR SIMPLE

je	suivrai
tu	suivras
il, elle	suivra
nous	suivrons
vous	suivrez
ils, elles	suivront

FUTUR ANTÉRIEUR

j'	aurai	suivi
tu	auras	suivi
il, elle	aura	suivi
nous	aurons	suivi
vous	aurez	suivi
ils, elles	auront	suivi

CONDITIONNEL

PRÉSENT

je	suivrais
tu	suivrais
il, elle	suivrait
nous	suivrions
vous	suivriez
ils, elles	suivraient

SUBJONCTIF

PRÉSENT

que je	suive
que tu	suives
qu'il, elle	suive
que nous	suivions
que vous	suiviez
qu'ils, elles	suivent

IMPÉRATIF

PRÉSENT

suis
suivons
suivez

INFINITIF

suivre

PARTICIPE

PRÉSENT	PASSÉ
suivant	suivi(e)

Se taire • 3e groupe

Se taire est un verbe particulier.

- *Se taire* a trois radicaux : je me tais, je me taisais, je me tus.
- Aux temps composés, il se conjugue avec l'auxiliaire ***être***.
- C'est un verbe pronominal.

INDICATIF

PRÉSENT

je me	tais
tu te	tais
il, elle se	tait
nous nous	taisons
vous vous	taisez
ils, elles se	taisent

PASSÉ COMPOSÉ

je me	suis	tu(e)
tu t'	es	tu(e)
il, elle s'	est	tu(e)
nous nous	sommes	tu(e)s
vous vous	êtes	tu(e)s
ils, elles se	sont	tu(e)s

IMPARFAIT

je me	taisais
tu te	taisais
il, elle se	taisait
nous nous	taisions
vous vous	taisiez
ils, elles se	taisaient

PLUS-QUE-PARFAIT

je m'	étais	tu(e)
tu t'	étais	tu(e)
il, elle s'	était	tu(e)
nous nous	étions	tu(e)s
vous vous	étiez	tu(e)s
ils, elles s'	étaient	tu(e)s

PASSÉ SIMPLE

je me	tus
tu te	tus
il, elle se	tut
nous nous	tûmes
vous vous	tûtes
ils, elles se	turent

FUTUR SIMPLE

je me	tairai
tu te	tairas
il, elle se	taira
nous nous	tairons
vous vous	tairez
ils, elles se	tairont

FUTUR ANTÉRIEUR

je me	serai	tu(e)
tu te	seras	tu(e)
il, elle se	sera	tu(e)
nous nous	serons	tu(e)s
vous vous	serez	tu(e)s
ils, elles se	seront	tu(e)s

CONDITIONNEL

PRÉSENT

je me	tairais
tu te	tairais
il, elle se	tairait
nous nous	tairions
vous vous	tairiez
ils, elles se	tairaient

SUBJONCTIF

PRÉSENT

que je me	taise
que tu te	taises
qu'il, elle se	taise
que nous nous	taisions
que vous vous	taisiez
qu'ils, elles se	taisent

IMPÉRATIF

PRÉSENT

tais-toi
taisons-nous
taisez-vous

INFINITIF

se taire

PARTICIPE

PRÉSENT	PASSÉ
se taisant	tu(e)

Tenir • 3e groupe

Le verbe que tu cherches se termine par ...*tenir*.

- *Tenir* a cinq radicaux : je tiens, tenais, tins, tiendrai, que je tienne.
- Attention ! Au passé simple de l'indicatif, il se conjugue en tin...
- Aux temps composés, il se conjugue avec l'auxiliaire ***avoir***.
- C'est un verbe transitif et intransitif.

INDICATIF

PRÉSENT

je	tiens
tu	tiens
il, elle	tient
nous	tenons
vous	tenez
ils, elles	tiennent

PASSÉ COMPOSÉ

j'	ai	tenu
tu	as	tenu
il, elle	a	tenu
nous	avons	tenu
vous	avez	tenu
ils, elles	ont	tenu

IMPARFAIT

je	tenais
tu	tenais
il, elle	tenait
nous	tenions
vous	teniez
ils, elles	tenaient

PLUS-QUE-PARFAIT

j'	avais	tenu
tu	avais	tenu
il, elle	avait	tenu
nous	avions	tenu
vous	aviez	tenu
ils, elles	avaient	tenu

PASSÉ SIMPLE

je	tins
tu	tins
il, elle	tint
nous	tînmes
vous	tîntes
ils, elles	tinrent

FUTUR SIMPLE

je	tiendrai
tu	tiendras
il, elle	tiendra
nous	tiendrons
vous	tiendrez
ils, elles	tiendront

FUTUR ANTÉRIEUR

j'	aurai	tenu
tu	auras	tenu
il, elle	aura	tenu
nous	aurons	tenu
vous	aurez	tenu
ils, elles	auront	tenu

CONDITIONNEL

PRÉSENT

je	tiendrais
tu	tiendrais
il, elle	tiendrait
nous	tiendrions
vous	tiendriez
ils, elles	tiendraient

SUBJONCTIF

PRÉSENT

que je	tienne
que tu	tiennes
qu'il, elle	tienne
que nous	tenions
que vous	teniez
qu'ils, elles	tiennent

IMPÉRATIF

PRÉSENT

tiens
tenons
tenez

INFINITIF

tenir

PARTICIPE

PRÉSENT	PASSÉ
tenant	tenu(e)

Vaincre • 3e groupe

Le verbe que tu cherches se termine par ...*vaincre*.

- *Vaincre* a deux radicaux : vainc... et vainqu... C'est un verbe transitif.
- Aux 3 personnes du singulier au présent de l'indicatif, le c est conservé : je/tu vaincs, il vainc.
- Aux temps composés, il se conjugue avec l'auxiliaire ***avoir***.

INDICATIF

PRÉSENT

je	vaincs
tu	vaincs
il, elle	vainc
nous	vainquons
vous	vainquez
ils, elles	vainquent

PASSÉ COMPOSÉ

j'	ai	vaincu
tu	as	vaincu
il, elle	a	vaincu
nous	avons	vaincu
vous	avez	vaincu
ils, elles	ont	vaincu

IMPARFAIT

je	vainquais
tu	vainquais
il, elle	vainquait
nous	vainquions
vous	vainquiez
ils, elles	vainquaient

PLUS-QUE-PARFAIT

j'	avais	vaincu
tu	avais	vaincu
il, elle	avait	vaincu
nous	avions	vaincu
vous	aviez	vaincu
ils, elles	avaient	vaincu

PASSÉ SIMPLE

je	vainquis
tu	vainquis
il, elle	vainquit
nous	vainquîmes
vous	vainquîtes
ils, elles	vainquirent

FUTUR SIMPLE

je	vaincrai
tu	vaincras
il, elle	vaincra
nous	vaincrons
vous	vaincrez
ils, elles	vaincront

FUTUR ANTÉRIEUR

j'	aurai	vaincu
tu	auras	vaincu
il, elle	aura	vaincu
nous	aurons	vaincu
vous	aurez	vaincu
ils, elles	auront	vaincu

CONDITIONNEL

PRÉSENT

je	vaincrais
tu	vaincrais
il, elle	vaincrait
nous	vaincrions
vous	vaincriez
ils, elles	vaincraient

SUBJONCTIF

PRÉSENT

que je	vainque
que tu	vainques
qu'il, elle	vainque
que nous	vainquions
que vous	vainquiez
qu'ils, elles	vainquent

IMPÉRATIF

PRÉSENT

vaincs
vainquons
vainquez

INFINITIF

vaincre

PARTICIPE

PRÉSENT	PASSÉ
vainquant	vaincu(e)

Valoir • 3e groupe

Le verbe que tu cherches se termine par ...*valoir*.

- *Valoir* a quatre radicaux : je vaux, je valais, je vaudrai, que je vaille.
- Aux 2 premières personnes du singulier du présent de l'indicatif, la terminaison est x : je/tu vaux. C'est un verbe transitif et intransitif.
- Aux temps composés, il se conjugue avec l'auxiliaire ***avoir***.

INDICATIF

PRÉSENT

je	vaux
tu	vaux
il, elle	vaut
nous	valons
vous	valez
ils, elles	valent

PASSÉ COMPOSÉ

j'	ai	valu
tu	as	valu
il, elle	a	valu
nous	avons	valu
vous	avez	valu
ils, elles	ont	valu

IMPARFAIT

je	valais
tu	valais
il, elle	valait
nous	valions
vous	valiez
ils, elles	valaient

PLUS-QUE-PARFAIT

j'	avais	valu
tu	avais	valu
il, elle	avait	valu
nous	avions	valu
vous	aviez	valu
ils, elles	avaient	valu

PASSÉ SIMPLE

je	valus
tu	valus
il, elle	valut
nous	valûmes
vous	valûtes
ils, elles	valurent

FUTUR SIMPLE

je	vaudrai
tu	vaudras
il, elle	vaudra
nous	vaudrons
vous	vaudrez
ils, elles	vaudront

FUTUR ANTÉRIEUR

j'	aurai	valu
tu	auras	valu
il, elle	aura	valu
nous	aurons	valu
vous	aurez	valu
ils, elles	auront	valu

CONDITIONNEL

PRÉSENT

je	vaudrais
tu	vaudrais
il, elle	vaudrait
nous	vaudrions
vous	vaudriez
ils, elles	vaudraient

SUBJONCTIF

PRÉSENT

que je	vaille
que tu	vailles
qu'il, elle	vaille
que nous	valions
que vous	valiez
qu'ils, elles	vaillent

IMPÉRATIF

PRÉSENT

On ne l'emploie pas.

INFINITIF

valoir

PARTICIPE

PRÉSENT	PASSÉ
valant	valu(e)

Vendre • 3e groupe

Le verbe que tu cherches se termine par *...endre*.

- *Vendre* a un seul radical : vend... C'est un verbe transitif.
- À la 3e personne du singulier du présent de l'indicatif, ce verbe ne prend pas le **t** de la terminaison après le **d** du radical : il ven**d**.
- Aux temps composés, il se conjugue avec l'auxiliaire ***avoir***.

INDICATIF

PRÉSENT

je	vends
tu	vends
il, elle	**vend**
nous	vendons
vous	vendez
ils, elles	vendent

PASSÉ COMPOSÉ

j'	ai	vendu
tu	as	vendu
il, elle	a	vendu
nous	avons	vendu
vous	avez	vendu
ils, elles	ont	vendu

IMPARFAIT

je	vendais
tu	vendais
il, elle	vendait
nous	vendions
vous	vendiez
ils, elles	vendaient

PLUS-QUE-PARFAIT

j'	avais	vendu
tu	avais	vendu
il, elle	avait	vendu
nous	avions	vendu
vous	aviez	vendu
ils, elles	avaient	vendu

PASSÉ SIMPLE

je	vendis
tu	vendis
il, elle	vendit
nous	vendîmes
vous	vendîtes
ils, elles	vendirent

FUTUR SIMPLE

je	vendrai
tu	vendras
il, elle	vendra
nous	vendrons
vous	vendrez
ils, elles	vendront

FUTUR ANTÉRIEUR

j'	aurai	vendu
tu	auras	vendu
il, elle	aura	vendu
nous	aurons	vendu
vous	aurez	vendu
ils, elles	auront	vendu

CONDITIONNEL

PRÉSENT

je	vendrais
tu	vendrais
il, elle	vendrait
nous	vendrions
vous	vendriez
ils, elles	vendraient

SUBJONCTIF

PRÉSENT

que je	vende
que tu	vendes
qu'il, elle	vende
que nous	vendions
que vous	vendiez
qu'ils, elles	vendent

IMPÉRATIF

PRÉSENT

vends
vendons
vendez

INFINITIF

vendre

PARTICIPE

PRÉSENT	PASSÉ
vendant	vendu(e)

Venir • 3e groupe

Le verbe que tu cherches se termine par *...venir.*

- *Venir* a cinq radicaux : je viens, je venais, je vins, je viendrai, que je vienne. C'est un verbe intransitif.
- Attention ! Au passé simple de l'indicatif, il se conjugue en vin...
- Aux temps composés, il se conjugue avec l'auxiliaire ***être***.

INDICATIF

PRÉSENT

je	viens
tu	viens
il, elle	vient
nous	venons
vous	venez
ils, elles	viennent

PASSÉ COMPOSÉ

je	suis	venu(e)
tu	es	venu(e)
il, elle	est	venu(e)
nous	sommes	venu(e)s
vous	êtes	venu(e)s
ils, elles	sont	venu(e)s

IMPARFAIT

je	venais
tu	venais
il, elle	venait
nous	venions
vous	veniez
ils, elles	venaient

PLUS-QUE-PARFAIT

j'	étais	venu(e)
tu	étais	venu(e)
il, elle	était	venu(e)
nous	étions	venu(e)s
vous	étiez	venu(e)s
ils, elles	étaient	venu(e)s

PASSÉ SIMPLE

je	vins
tu	vins
il, elle	vint
nous	vînmes
vous	vîntes
ils, elles	vinrent

FUTUR SIMPLE

je	viendrai
tu	viendras
il, elle	viendra
nous	viendrons
vous	viendrez
ils, elles	viendront

FUTUR ANTÉRIEUR

je	serai	venu(e)
tu	seras	venu(e)
il, elle	sera	venu(e)
nous	serons	venu(e)s
vous	serez	venu(e)s
ils, elles	seront	venu(e)s

CONDITIONNEL

PRÉSENT

je	viendrais
tu	viendrais
il, elle	viendrait
nous	viendrions
vous	viendriez
ils, elles	viendraient

SUBJONCTIF

PRÉSENT

que je	vienne
que tu	viennes
qu'il, elle	vienne
que nous	venions
que vous	veniez
qu'ils, elles	viennent

IMPÉRATIF

PRÉSENT

viens
venons
venez

INFINITIF

venir

PARTICIPE

PRÉSENT	PASSÉ
venant	venu(e)

Vêtir • 3e groupe

Le verbe que tu cherches se termine par ...*vêtir*.

- *Vêtir* a deux radicaux : vêt... et vêti...
- Il garde le t et l'accent circonflexe tout au long de la conjugaison.
- Aux temps composés, il se conjugue avec l'auxiliaire ***avoir***.
- C'est un verbe transitif.

INDICATIF

PRÉSENT

je	vêts
tu	vêts
il, elle	vêt
nous	vêtons
vous	vêtez
ils, elles	vêtent

PASSÉ COMPOSÉ

j'	ai	vêtu
tu	as	vêtu
il, elle	a	vêtu
nous	avons	vêtu
vous	avez	vêtu
ils, elles	ont	vêtu

IMPARFAIT

je	vêtais
tu	vêtais
il, elle	vêtait
nous	vêtions
vous	vêtiez
ils, elles	vêtaient

PLUS-QUE-PARFAIT

j'	avais	vêtu
tu	avais	vêtu
il, elle	avait	vêtu
nous	avions	vêtu
vous	aviez	vêtu
ils, elles	avaient	vêtu

PASSÉ SIMPLE

je	vêtis
tu	vêtis
il, elle	vêtit
nous	vêtîmes
vous	vêtîtes
ils, elles	vêtirent

FUTUR SIMPLE

je	vêtirai
tu	vêtiras
il, elle	vêtira
nous	vêtirons
vous	vêtirez
ils, elles	vêtiront

FUTUR ANTÉRIEUR

j'	aurai	vêtu
tu	auras	vêtu
il, elle	aura	vêtu
nous	aurons	vêtu
vous	aurez	vêtu
ils, elles	auront	vêtu

CONDITIONNEL

PRÉSENT

je	vêtirais
tu	vêtirais
il, elle	vêtirait
nous	vêtirions
vous	vêtiriez
ils, elles	vêtiraient

SUBJONCTIF

PRÉSENT

que je	vête
que tu	vêtes
qu'il, elle	vête
que nous	vêtions
que vous	vêtiez
qu'ils, elles	vêtent

IMPÉRATIF

PRÉSENT

vêts
vêtons
vêtez

INFINITIF

vêtir

PARTICIPE

PRÉSENT	PASSÉ
vêtant	vêtu(e)

Vivre • 3e groupe

Le verbe que tu cherches se termine par ...*vivre*.

- *Vivre* a trois radicaux : je vis, je vivais, je vécus.
- Aux temps composés, il se conjugue avec l'auxiliaire ***avoir***.
- C'est un verbe transitif et intransitif.

INDICATIF

PRÉSENT

je	vis
tu	vis
il, elle	vit
nous	vivons
vous	vivez
ils, elles	vivent

PASSÉ COMPOSÉ

j'	ai	vécu
tu	as	vécu
il, elle	a	vécu
nous	avons	vécu
vous	avez	vécu
ils, elles	ont	vécu

IMPARFAIT

je	vivais
tu	vivais
il, elle	vivait
nous	vivions
vous	viviez
ils, elles	vivaient

PLUS-QUE-PARFAIT

j'	avais	vécu
tu	avais	vécu
il, elle	avait	vécu
nous	avions	vécu
vous	aviez	vécu
ils, elles	avaient	vécu

PASSÉ SIMPLE

je	vécus
tu	vécus
il, elle	vécut
nous	vécûmes
vous	vécûtes
ils, elles	vécurent

FUTUR SIMPLE

je	vivrai
tu	vivras
il, elle	vivra
nous	vivrons
vous	vivrez
ils, elles	vivront

FUTUR ANTÉRIEUR

j'	aurai	vécu
tu	auras	vécu
il, elle	aura	vécu
nous	aurons	vécu
vous	aurez	vécu
ils, elles	auront	vécu

CONDITIONNEL

PRÉSENT

je	vivrais
tu	vivrais
il, elle	vivrait
nous	vivrions
vous	vivriez
ils, elles	vivraient

SUBJONCTIF

PRÉSENT

que je	vive
que tu	vives
qu'il, elle	vive
que nous	vivions
que vous	viviez
qu'ils, elles	vivent

IMPÉRATIF

PRÉSENT

vis
vivons
vivez

INFINITIF

vivre

PARTICIPE

PRÉSENT	PASSÉ
vivant	vécu(e)

Voir • 3e groupe

Le verbe que tu cherches se termine par *...voir*.

- *Voir* a quatre radicaux : je vois, je voyais, je vis, je verrai.
- À l'imparfait de l'indicatif et au présent du subjonctif, le y est suivi du i : nous voyions, vous voyiez. C'est un verbe transitif et intransitif.
- Aux temps composés, il se conjugue avec l'auxiliaire ***avoir***.

INDICATIF

PRÉSENT

je	vois
tu	vois
il, elle	voit
nous	voyons
vous	voyez
ils, elles	voient

PASSÉ COMPOSÉ

j'	ai	vu
tu	as	vu
il, elle	a	vu
nous	avons	vu
vous	avez	vu
ils, elles	ont	vu

IMPARFAIT

je	voyais
tu	voyais
il, elle	voyait
nous	voyions
vous	voyiez
ils, elles	voyaient

PLUS-QUE-PARFAIT

j'	avais	vu
tu	avais	vu
il, elle	avait	vu
nous	avions	vu
vous	aviez	vu
ils, elles	avaient	vu

PASSÉ SIMPLE

je	vis
tu	vis
il, elle	vit
nous	vîmes
vous	vîtes
ils, elles	virent

FUTUR SIMPLE

je	verrai
tu	verras
il, elle	verra
nous	verrons
vous	verrez
ils, elles	verront

FUTUR ANTÉRIEUR

j'	aurai	vu
tu	auras	vu
il, elle	aura	vu
nous	aurons	vu
vous	aurez	vu
ils, elles	auront	vu

CONDITIONNEL

PRÉSENT

je	verrais
tu	verrais
il, elle	verrait
nous	verrions
vous	verriez
ils, elles	verraient

SUBJONCTIF

PRÉSENT

que je	voie
que tu	voies
qu'il, elle	voie
que nous	voyions
que vous	voyiez
qu'ils, elles	voient

IMPÉRATIF

PRÉSENT

vois
voyons
voyez

INFINITIF

voir

PARTICIPE

PRÉSENT	PASSÉ
voyant	vu(e)

Vouloir • 3e groupe

Vouloir est un verbe particulier.

- *Vouloir* a quatre radicaux : il **veu**t, il **voul**ait, il **voud**rait, qu'il **veuille**.
- À l'indicatif présent, aux 2 premières personnes du singulier, la terminaison est **x** : je veu**x**, tu veu**x**. C'est un verbe transitif.
- Aux temps composés, il se conjugue avec l'auxiliaire ***avoir***.

INDICATIF

PRÉSENT

je	**veux**
tu	**veux**
il, elle	**veu**t
nous	**voul**ons
vous	**voul**ez
ils, elles	**veul**ent

PASSÉ COMPOSÉ

j'	ai	voulu
tu	as	voulu
il, elle	a	voulu
nous	avons	voulu
vous	avez	voulu
ils, elles	ont	voulu

IMPARFAIT

je	**voul**ais
tu	**voul**ais
il, elle	**voul**ait
nous	**voul**ions
vous	**voul**iez
ils, elles	**voul**aient

PLUS-QUE-PARFAIT

j'	avais	voulu
tu	avais	voulu
il, elle	avait	voulu
nous	avions	voulu
vous	aviez	voulu
ils, elles	avaient	voulu

PASSÉ SIMPLE

je	**voul**us
tu	**voul**us
il, elle	**voul**ut
nous	**voul**ûmes
vous	**voul**ûtes
ils, elles	**voul**urent

FUTUR SIMPLE

je	**voud**rai
tu	**voud**ras
il, elle	**voud**ra
nous	**voud**rons
vous	**voud**rez
ils, elles	**voud**ront

FUTUR ANTÉRIEUR

j'	aurai	voulu
tu	auras	voulu
il, elle	aura	voulu
nous	aurons	voulu
vous	aurez	voulu
ils, elles	auront	voulu

CONDITIONNEL

PRÉSENT

je	**voud**rais
tu	**voud**rais
il, elle	**voud**rait
nous	**voud**rions
vous	**voud**riez
ils, elles	**voud**raient

SUBJONCTIF

PRÉSENT

que je	**veuill**e
que tu	**veuill**es
qu'il, elle	**veuill**e
que nous	**voul**ions
que vous	**voul**iez
qu'ils, elles	**veuill**ent

IMPÉRATIF

PRÉSENT

veuille *ou* **veu**x
voulons *(inusité)*
veuillez *ou* **voul**ez

INFINITIF

vouloir

PARTICIPE

PRÉSENT	PASSÉ
voulant	voulu(e)

Clore • verbe défectif

On appelle **verbe défectif** un verbe dont certaines formes de conjugaison ne sont pas utilisées.

INDICATIF

PRÉSENT

je	clos
tu	clos
il, elle	clôt
(on ne l'emploie pas)	
(on ne l'emploie pas)	
ils, elles	closent

PASSÉ COMPOSÉ

j'	ai	clos
tu	as	clos
il, elle	a	clos
nous	avons	clos
vous	avez	clos
ils, elles	ont	clos

IMPARFAIT

–

PLUS-QUE-PARFAIT

j'	avais	clos
tu	avais	clos
il, elle	avait	clos
nous	avions	clos
vous	aviez	clos
ils, elles	avaient	clos

PASSÉ SIMPLE

–

FUTUR SIMPLE

je	clorai
tu	cloras
il, elle	clora
nous	clorons
vous	clorez
ils, elles	cloront

FUTUR ANTÉRIEUR

j'	aurai	clos
tu	auras	clos
il, elle	aura	clos
nous	aurons	clos
vous	aurez	clos
ils, elles	auront	clos

CONDITIONNEL

PRÉSENT

je	clorais
tu	clorais
il, elle	clorait
nous	clorions
vous	cloriez
ils, elles	cloraient

SUBJONCTIF

PRÉSENT

que je	close
que tu	closes
qu'il, elle	close
que nous	closions
que vous	closiez
qu'ils, elles	closent

IMPÉRATIF

PRÉSENT

clos
(on ne l'emploie pas)
(on ne l'emploie pas)

INFINITIF

clore

PARTICIPE

PRÉSENT	PASSÉ
–	clos(e)

Faillir • verbe défectif

On appelle **verbe défectif** un verbe dont certaines formes de conjugaison ne sont pas utilisées.

INDICATIF

PRÉSENT

–

PASSÉ COMPOSÉ

j'	ai	failli
tu	as	failli
il, elle	a	failli
nous	avons	failli
vous	avez	failli
ils, elles	ont	failli

IMPARFAIT

–

PLUS-QUE-PARFAIT

j'	avais	failli
tu	avais	failli
il, elle	avait	failli
nous	avions	failli
vous	aviez	failli
ils, elles	avaient	failli

PASSÉ SIMPLE

je	faillis
tu	faillis
il, elle	faillit
nous	faillîmes
vous	faillîtes
ils, elles	faillirent

FUTUR SIMPLE

je	faillirai
tu	failliras
il, elle	faillira
nous	faillirons
vous	faillirez
ils, elles	failliront

FUTUR ANTÉRIEUR

j'	aurai	failli
tu	auras	failli
il, elle	aura	failli
nous	aurons	failli
vous	aurez	failli
ils, elles	auront	failli

CONDITIONNEL

PRÉSENT

je	faillirais
tu	faillirais
il, elle	faillirait
nous	faillirions
vous	failliriez
ils, elles	failliraient

SUBJONCTIF

PRÉSENT

–

IMPÉRATIF

PRÉSENT

–

INFINITIF

faillir

PARTICIPE

PRÉSENT	PASSÉ
–	failli

Falloir • verbe impersonnel

On appelle **verbe impersonnel** un verbe qui ne se conjugue qu'avec le pronom **il**, qui ne désigne aucune personne.

INDICATIF

PRÉSENT
il faut

PASSÉ COMPOSÉ
il a fallu

IMPARFAIT
il fallait

PLUS-QUE-PARFAIT
il avait fallu

PASSÉ SIMPLE
il fallut

FUTUR SIMPLE
il faudra

FUTUR ANTÉRIEUR
il aura fallu

CONDITIONNEL

PRÉSENT
il faudrait

SUBJONCTIF

PRÉSENT
qu'il faille

IMPÉRATIF

PRÉSENT
–

INFINITIF

falloir

PARTICIPE

PRÉSENT
–

PASSÉ
fallu

Neiger • verbe impersonnel

On appelle **verbe impersonnel** un verbe qui ne se conjugue qu'avec le pronom **il**, qui ne désigne aucune personne.

INDICATIF

PRÉSENT
il neige

PASSÉ COMPOSÉ
il a neigé

IMPARFAIT
il neigeait

PLUS-QUE-PARFAIT
il avait neigé

PASSÉ SIMPLE
il neigea

FUTUR SIMPLE
il neigera

FUTUR ANTÉRIEUR
il aura neigé

CONDITIONNEL

PRÉSENT
il neigerait

SUBJONCTIF

PRÉSENT
qu'il neige

IMPÉRATIF

PRÉSENT
–

INFINITIF

neiger

PARTICIPE

PRÉSENT
neigeant

PASSÉ
neigé

Pleuvoir • verbe impersonnel

On appelle **verbe impersonnel** un verbe qui ne se conjugue qu'avec le pronom **il**, qui ne désigne aucune personne.

INDICATIF

PRÉSENT
il pleut

PASSÉ COMPOSÉ
il a plu

IMPARFAIT
il pleuvait

PLUS-QUE-PARFAIT
il avait plu

PASSÉ SIMPLE
il plut

FUTUR SIMPLE
il pleuvra

FUTUR ANTÉRIEUR
il aura plu

CONDITIONNEL

PRÉSENT
il pleuvrait

SUBJONCTIF

PRÉSENT
qu'il pleuve

IMPÉRATIF

PRÉSENT
–

INFINITIF

pleuvoir

PARTICIPE

PRÉSENT
pleuvant

PASSÉ
plu

Tonner • verbe impersonnel

On appelle **verbe impersonnel** un verbe qui ne se conjugue qu'avec le pronom **il**, qui ne désigne aucune personne.

INDICATIF

PRÉSENT
il tonne

PASSÉ COMPOSÉ
il a tonné

IMPARFAIT
il tonnait

PLUS-QUE-PARFAIT
il avait tonné

PASSÉ SIMPLE
il tonna

FUTUR SIMPLE
il tonnera

FUTUR ANTÉRIEUR
il aura tonné

CONDITIONNEL

PRÉSENT
il tonnerait

SUBJONCTIF

PRÉSENT
qu'il tonne

IMPÉRATIF

PRÉSENT
–

INFINITIF

tonner

PARTICIPE

PRÉSENT
tonnant

PASSÉ
tonné

Aimer • voix passive

Le verbe que tu cherches se conjugue comme *aimer* à la voix passive.

- À la voix passive, le verbe est toujours conjugué avec l'auxiliaire ***être***.
- C'est l'auxiliaire *être* qui indique le temps de la forme verbale.

INDICATIF

PRÉSENT

je	suis	aimé(e)
tu	es	aimé(e)
il, elle	est	aimé(e)
nous	sommes	aimé(e)s
vous	êtes	aimé(e)s
ils, elles	sont	aimé(e)s

PASSÉ COMPOSÉ

j'	ai	été aimé(e)
tu	as	été aimé(e)
il, elle	a	été aimé(e)
nous	avons	été aimé(e)s
vous	avez	été aimé(e)s
ils, elles	ont	été aimé(e)s

IMPARFAIT

j'	étais	aimé(e)
tu	étais	aimé(e)
il, elle	était	aimé(e)
nous	étions	aimé(e)s
vous	étiez	aimé(e)s
ils, elles	étaient	aimé(e)s

PLUS-QUE-PARFAIT

j'	avais	été aimé(e)
tu	avais	été aimé(e)
il, elle	avait	été aimé(e)
nous	avions	été aimé(e)s
vous	aviez	été aimé(e)s
ils, elles	avaient	été aimé(e)s

PASSÉ SIMPLE

je	fus	aimé(e)
tu	fus	aimé(e)
il, elle	fut	aimé(e)
nous	fûmes	aimé(e)s
vous	fûtes	aimé(e)s
ils, elles	furent	aimé(e)s

FUTUR SIMPLE

je	serai	aimé(e)
tu	seras	aimé(e)
il, elle	sera	aimé(e)
nous	serons	aimé(e)s
vous	serez	aimé(e)s
ils, elles	seront	aimé(e)s

FUTUR ANTÉRIEUR

j'	aurai	été aimé(e)
tu	auras	été aimé(e)
il, elle	aura	été aimé(e)
nous	aurons	été aimé(e)s
vous	aurez	été aimé(e)s
ils, elles	auront	été aimé(e)s

CONDITIONNEL

PRÉSENT

je	serais	aimé(e)
tu	serais	aimé(e)
il, elle	serait	aimé(e)
nous	serions	aimé(e)s
vous	seriez	aimé(e)s
ils, elles	seraient	aimé(e)s

SUBJONCTIF

PRÉSENT

que je	sois	aimé(e)
que tu	sois	aimé(e)
qu'il, elle	soit	aimé(e)
que nous	soyons	aimé(e)s
que vous	soyez	aimé(e)s
qu'ils, elles	soient	aimé(e)s

IMPÉRATIF

PRÉSENT

sois	aimé(e)
soyons	aimé(e)s
soyez	aimé(e)s

INFINITIF

être aimé(e)

PARTICIPE

PRÉSENT	PASSÉ
étant aimé(e)	aimé(e)

Index des verbes usuels

Index des verbes usuels

*Indique la forme pronominale du verbe (par exemple, *se réunir* se conjugue comme *finir* page 297, mais le pronom qui précède le verbe change avec la personne, comme dans la conjugaison de *s'envoler* page 283).

CONJUGAISON • INDEX

CONJUGAISON • INDEX

D

CONJUGAISON • INDEX

CONJUGAISON • INDEX

F

Q

R

T

CONJUGAISON • INDEX

U

V

Z

Corrigés

Corrigés des exercices

GRAMMAIRE

Adjectifs exclamatifs, adjectifs interrogatifs p. 15

1. **Quelle** belle robe et **quelles** jolies chaussures Céline a achetées ! Sais-tu **quel** prix elle les a payées ? Je me demande **quelle** réduction le vendeur lui a accordée.
2. Je sais **qu'elle** a un chien ; **quelle** sorte de chien est-ce ?

Adjectifs indéfinis p. 17

Tous les soirs et **chaque** matin, je passe **quelques** minutes à vérifier qu'il ne manque **aucune** fourniture dans mon cartable.

Adjectifs possessifs, adjectifs démonstratifs p. 19

Mes amis ont redécoré leur chambre. Cette couleur vive et ces motifs en relief correspondent à mes goûts. Cependant, leurs rideaux me plaisent moins : ce tissu est trop sombre pour cette pièce.

Adjectifs qualificatifs p. 21

contents : attribut du sujet *Les enfants* – **scolaire** : épithète du nom *voyage* – **Fatigués** : apposé au pronom *ils* – **douillet** : épithète du nom *lit* – **ravis** : attribut du sujet *Parents et enfants* – **longue** : épithète du nom *absence*.

Adverbes p. 23

Hier le petit garçon était **très** mécontent parce que sa voiture était **toute** cassée. « Je l'avais laissée **là**. C'est **toujours** comme ça, quand je laisse mes jouets. **Maintenant** je les surveillerai **mieux** », dit-il.

Articles définis, indéfinis et partitifs p. 25

Un (article indéfini) jour, j'ai rencontré un (article indéfini) chien abandonné dans la (article défini) rue. Le (article défini) chien m'a regardé, les (article défini) oreilles dressées, quand je l'ai appelé. Il m'a suivi jusque chez moi et je lui ai donné de l' (article partitif) eau à boire.

Attribut du sujet p. 27

Cette fillette, dans le manège, est ma cousine (groupe nominal). Elle se nomme Sophie (nom propre). Elle dit qu'elle n'est pas impressionnée (adjectif qualificatif), mais elle semble l' (pronom personnel) être.

Comparatif et superlatif p. 29

Cet exercice de maths est le plus facile de tous ceux de la page (superlatif de supériorité).

J'ai trouvé le numéro 5 moins difficile que le numéro 8 (comparatif d'infériorité),
mais le numéro 9 me semble encore pire que le numéro 8 (comparatif de supériorité).
C'est le moins intéressant (superlatif d'infériorité).

Complément circonstanciel p. 31

Au mois de juillet (CC de temps), nous séjournons à Nice (CC de lieu) et nous en (CC de lieu) revenons une semaine avant la rentrée des classes (CC de temps). Nous y (CC de lieu) passons très agréablement (CC de manière) l'été. Nous apprécions beaucoup (CC de manière) le climat méditerranéen.

Complément d'objet direct (COD) p. 33

À la plage, j'adore me promener. J'ai vu des crevettes dans une mare. J'ai plongé mon épuisette dans l'eau. Je sais que maman les préparera pour le repas.

Complément d'objet indirect (COI) et COS p. 35

Le touriste s'étonne de l'immensité de la ville. Il s'arrête et s'adresse à un habitant. Il demande son chemin à cet homme.

Complément de verbe, complément de phrase p. 37

Au mois de mars, le jardinier a semé des graines dans son potager. Il voulait cultiver des salades et des poireaux pour les vendre aux touristes, sur le marché. Malheureusement, la gelée a détruit sa récolte.

Complément du nom p. 39

Le boulanger de mon quartier cuit du pain. Il se sert de farine de seigle. La cliente met ses baguettes dans un panier en osier, puis elle enfile ses gants de cuir avant de pousser la porte de la boutique.

Conjonctions de coordination p. 41

Thibaud est parti à l'heure prévue, mais il n'est toujours pas arrivé au cinéma. Il s'est perdu en route ou il a bavardé. Il est entré dans la salle après le début de la séance : or, par chance, le film n'était pas encore commencé.

Conjonctions de subordination p. 43

Le skieur est tombé **quand** le remonte-pente s'est arrêté. Il a d'abord cru **qu'**il pourrait remonter la piste pour rejoindre le groupe. Mais le moniteur lui a dit **qu'**il était préférable de descendre. Le skieur a obéi **puisqu'**il avait confiance en son moniteur.

Déterminants p. 45

J'ai trouvé **un** petit chat abandonné dans **l'**avenue de **la** République. **Ce** chaton était adorable. **Quels** miaulements attendrissants il poussait ! Je l'ai adopté et c'est maintenant **mon** ami le plus fidèle.

Féminin et pluriel, genre et nombre p. 47

mes petites sœurs – des bicyclettes noires – ces filles distraites – des longues journées – ses cousines timides

Nature et fonction p. 49

Le lion cruel (épithète) poursuit la **gazelle** (nom) dans la savane (CC de lieu). Il **tente** (verbe) de la rattraper pour la (COD) dévorer. **Heureusement** (adverbe), elle réussit à lui (COI) échapper.

Noms animés, noms inanimés p. 51

gourmandise : nom inanimé – paresse : nom inanimé – défauts : nom inanimé – personnes : nom animé – enfants : nom animé – sucreries : nom inanimé

Noms communs, noms propres p. 53

Je me suis promenée près du Rhône avec Marc. Des péniches passaient sous les ponts et nous les avons regardées. Soudain, deux personnes nous ont appelés. C'étaient les Martin que nous n'avions pas vus depuis l'été dernier.

Phrases affirmative et négative p. 55

Le professeur n'a pas de cartable en cuir. Il n'écrit pas au tableau avec une craie blanche. Les élèves n'ont sorti ni leur stylo ni leur cahier.

Phrases déclarative, interrogative, exclamative, injonctive p. 57

Un jour, Phaéton demande à son père Apollon une faveur. → phrase déclarative
– Prête-moi le char du soleil, père. → phrase injonctive
– Quelle insolence ! → phrase exclamative
– Doutes-tu de moi ? → phrase interrogative

Phrase simple, phrase complexe p. 59

1. Le bébé **pleure** dans son berceau (1 verbe). Tu **cours** jusqu'à l'arrêt de bus (1 verbe). Mes parents **sont** contents puisque la neige **est tombée** (2 verbes). Le chauffeur de bus **a stoppé** le véhicule lorsque les passagers **ont appuyé** sur la sonnette (2 verbes).
2. Souligner : Il m'a raconté une aventure dont il est le héros. Cela se passait lorsqu'il était un jeune homme. Un soir, un ours s'approcha de la maison et terrorisa toute la famille.

Phrase verbale, phrase non verbale p. 61

a. Phrase verbale. b. Phrase verbale. c. Phrase non verbale. d. Phrase verbale. e. Phrase non verbale. f. Phrase verbale.

Ponctuation (1) p. 63

Que font Paul et Sophie **?** Ces deux petits enfants curieux montent au grenier**.** Quelle joie pour eux de découvrir les vieux jouets de leurs parents ! Dans un coffre, ils trouvent des voitures anciennes, une dînette, un jeu de construction...

Ponctuation (2) p. 65

« Je vais organiser une sortie au musée, annonce la maîtresse. J'ai beaucoup hésité entre trois musées : le musée d'Orsay, le Louvre, le musée de Cluny.
– Lequel avez-vous choisi ? », interrompent les élèves.

Prépositions p. 67

L'explorateur est revenu du (de + le) pôle Nord avec son équipe. Ils ont rapporté des photos magnifiques pour les montrer à leurs amis, sans oublier, bien sûr, leur famille.

Pronoms p. 69

La sorcière est rentrée chez **elle** (pronom personnel). **Elle** (pronom personnel) a aperçu un crapaud et **l'** (pronom personnel) a jeté dans sa marmite **qui** (pronom relatif) bouillait. **Celui-ci** (pronom démonstratif) s'est débattu sans **rien** (pronom indéfini) pouvoir faire. **Personne** (pronom indéfini) n'a pu **lui** (pronom personnel) venir en aide. **Il** (pronom personnel) a servi de souper à la sorcière.

Pronoms démonstratifs p. 71

Cette armoire normande est magnifique ; **celle-ci** (forme composée) est moins belle, mais d'un prix plus abordable. **C'** (forme simple) est **ce** (forme simple) que dit mon père au marchand qui lui répond : « Regardez ce motif et ces pieds ; **ça** (forme composée), **c'**(forme simple) est du travail d'artiste. »

Pronoms indéfinis p. 73

Chacun peut s'asseoir ; certains trouveront des places au fond. Toutes ne sont pas aussi confortables, mais aucune n'empêche de voir le spectacle et personne ne sera mécontent.

Pronoms interrogatifs p. 75

À quoi t'intéresses-tu ? **Qui** t'a dit qu'il fallait absolument voir le dernier film de Jean Dujardin ? **Lequel** de tes amis adore cet acteur ? **De quoi** parle le scénario de ses dernières aventures dans le rôle de OSS 117 ?

Pronoms personnels p. 77

J' (sujet) entends un oiseau chanter. **Il** (sujet) a une voix mélodieuse qui **me** (COD) ravit. **Je** (sujet) **l'**(COD) appelle, mais **il** (sujet) s'envole. Mes amies et **moi** (sujet), **nous** (sujet) **le** (COD) regardons s'éloigner et **lui** (COS) disons adieu.

Pronoms possessifs p. 79

Ma cousine prétend que cette écharpe est **la sienne**. Je suis furieuse car je suis sûre que c'est **la mienne**. Et toi, ne serais-tu pas en colère si ton frère te disait que ce CD est **le sien** alors que c'est faux et que c'est vraiment **le tien** ?

Pronoms relatifs p. 81

Te souviens-tu de l'histoire **dont** je t'ai parlé hier et **que** tu as beaucoup appréciée ? C'est ma mère **qui** me l'a racontée, après l'avoir lue dans un journal **dans lequel** il y a une rubrique « faits divers » très originale.

Propositions indépendantes, juxtaposées, coordonnées p. 83

Le bébé pleure et sa maman le console. (propositions coordonnées)
Ma petite sœur refuse d'aller dormir. (proposition indépendante)
Sylvain a téléphoné, il vient manger ce soir. (propositions juxtaposées)
Je termine vite mon repas car j'ai rendez-vous avec mes amis. (propositions coordonnées)
Le singe épluche une banane. (proposition indépendante)

Propositions principale et subordonnée p. 85

Nous savons tous que tu passes en sixième l'an prochain. Tu connais bien les professeurs que tu vas avoir au collège. Ma tante affirme qu'il pleuvra demain. Les chalets où vivent les montagnards sont recouverts de neige.

Propositions subordonnées p. 87

qui est apeuré : proposition subordonnée relative
qu'ils vivent dans une ferme du Périgord : proposition subordonnée conjonctive COD
Lorsque la nuit tombe : proposition subordonnée conjonctive circonstancielle
où l'hiver est doux : proposition subordonnée relative

Sujet p. 89

Près des eucalyptus, **des pandas** (groupe nominal) se reposent. **Ils** (pronom personnel) ont l'air tranquille. **Ceux-là** (pronom démonstratif) restent à l'ombre. **Qui aime les animaux** (proposition subordonnée relative) évite de troubler leur repos.

Verbe p. 91

apprécie : transitif – vivent : intransitif – se promènent : intransitif – observent : transitif

Voix active et voix passive p. 93

Des colis sont distribués par le facteur. Les arbres ont été arrachés par la tempête. Un jouet fut cassé par l'enfant. Une file de voitures a été doublée par une moto.

ORTHOGRAPHE LES ACCORDS

Accord dans le groupe nominal p. 97

une fille et un garçon amusant**s** – un manteau et un pantalon assortis – une actrice et une chanteuse connu**es** – un train et un avion rapide**s** – un vent et une pluie violent**s**

Accord dans la phrase p. 99

1. Les promeneur**s** march**ent** le long des rives verdoyant**es** du canal. Ils s'arrêt**ent** de temps à autre pour observer les long**ues** péniche**s** qui gliss**ent** majestueusement sur les eau**x** miroitant**es**.
2. Le grand arbre plie sous le vent. L'étoile brille dans le ciel. Un énorme bloc calcaire ferme l'entrée. La pale de l'hélicoptère tourne vite. Ce haut sommet enneigé impressionne le touriste.

Accord du participe passé avec *être* et *avoir* p. 101

Elle a trouv**é** la réponse. Ces fleurs coup**ées** forment un bouquet printanier. Ma sœur est tomb**ée** sur le carrelage. Ces animaux sont élev**és** en plein air. Rest**és** seuls sans leurs parents, Sophie et Rémi ont pass**é** la soirée à regarder un film. Ils sont all**és** se coucher tard.

Accord du participe passé des verbes pronominaux p. 103

Les oiseaux se sont envol**és**. La fillette s'est égratign**é** le genou. Les enfants se sont souvenu**s** de leurs poésies. Elle s'est reconnu**e** sur l'écran. Elle s'est repéré**e** sur le plan.

Accord sujet – verbe p. 105

Tu regarde**s** la télévision. Tes frères profit**ent** de ton inattention pour sortir. Maman rentr**e**. Tes frères et toi **êtes** punis pour une semaine. Ton père et ta sœur arriv**ent** ensuite.

Féminin des adjectifs qualificatifs p. 107

pleine – belle – gentille – polie – entière – ronde – réelle – souriante – vive

Féminin des noms (1) p. 109

une voisine – une rate – une élève – une étudiante – une ourse

Féminin des noms (2) p. 111

1. une comédienne – une chienne – une dame – une reine – une directrice – une skieuse – une bouchère – une actrice – une charcutière – une voleuse – une ogresse
2. un loup – un frère – un oncle – un garçon – un prince – un chanteur – un époux – un boucher – un maître

Pluriel des adjectifs numéraux p. 113

treize – vingt-sept – cinquante-deux – soixante-cinq – quatre-vingts – quatre-vingt-six – cent neuf – trois cents – sept cent quatre – deux mille

Pluriel des adjectifs qualificatifs p. 115

des journées calme**s** – des efforts importan**ts** – de nouveau**x** élèves – des cartons orang**e** – des accords fina**ls**

Pluriel des noms communs p. 117

les trains – les pneus – les travaux – les carnavals – les yeux – les jeux – les prix – les vitraux – les genoux – les lieux (endroit) – les lieus (poisson)

Pluriel des noms composés p. 119

des marteaux-piqueurs – des libres-services – des après-skis – des serre-têtes – des porte-plume(s) – des gardes-forestiers – des rouges-gorges

ORTHOGRAPHE SONS ET LETTRES

Abréviations et sigles p. 123

n. m. : nom commun – av. : avant/avenue – coll. : collection – pron. : pronom – env. : environ – max. : maximum – vol. : volume

Accent aigu et accent grave p. 125

élève – régner – voilà – célébrité – électricité – précéder – fidèle – été – rivière – lumière – télévision – chèvre – étonnant – dégustation – chèque – au-delà – éléphant – éducation

Accent circonflexe et tréma p. 127

rêve – chêne – tête – naïf – maïs – ancêtre – grêle – honnête – forêt

Consonnes doubles à l'intérieur des mots p. 129

apprécier – aplatir – assommer – assister – couramment – fréquemment – siffler – souffler – appartenir – essuyer – essayer – affreux – apercevoir – approcher – épouser – amener – emmener – épi

Consonnes finales muettes p. 131

un croissant chau**d** – un enfant surpris – un genti**l** garçon – un parent conten**t** – un gran**d** chapeau – un lon**g** cou

Début des mots en *ab-, ac-, ad-, af-, ag-, am-, an-, ap-* p. 133

addition – adaptation – adopter – adorable – abattre – abus – abbaye – aboyer – abriter – accessible – accidenté – acrobate

Début des mots en *ar-, at-, em-, en-, il-, im-, in-, ir-* p. 135

arrière – arrivée – arracher – attirer – employer – emmener – ennuyer – illogique – imaginer – immeuble – innocent – irriter

e muet p. 137

Le tigre est carnivor**e**, le cheval est herbivor**e**. La cheminé**e** chauffe bien la pièce. La bougi**e** est éteinte. La fourmi transporte une brindille dans la monté**e**.

Fin des mots en *-ciel, -cien, -cière, -ciaire, -tion...* p. 139

une attention – la passion – une fraction – une ascension – une potion – une éducation – une impression – une flexion

Fin des mots en *-eur, -eurs, -œur...* p. 141

Il est souvent à l'h**eure**. Le médecin entend les battements du c**œur**. J'ai eu p**eur** en entendant ce bruit. La tortue avance avec lent**eur**. La mâchoire supéri**eure** du tigre est impressionnante.

Fin des mots en *-oir, -oire* p. 143

1. le hachoir – le couloir – la balançoire – la mémoire – un permis obligatoire – une course éliminatoire – le conservatoire de musique

2. a. réservoir – b. parloir – c. entonnoir – d. laboratoire – e. couloir

Fin des noms en *-ail, -eil, -euil, -ueil, -ouil...* p. 145

un cons**eil** utile – un sol**eil** brûlant – une or**eille** attentive – la corb**eille** de fruits – l'appar**eil** ménager – un rév**eil** matinal

Fin des noms en *-é, -ée, -er, -té, -tée, -tié, -tier* p. 147

1. Le chat apprécie la nouvelle pâ**tée**. L'ami**tié** est un beau sentiment. La mon**tée** est difficile. J'aime beaucoup l'**été**. J'ai facilement réussi la dic**tée**. La sévéri**té** de ce professeur est connue. Le sen**tier** est escarpé. Le quar**tier** est désert.

2. Le sangli**er** fonce dans le bois. La f**ée** a sa baguette magique. Il fait douze degr**és** ce matin. Tom mange des céréales au petit déjeun**er**. Le bois brûle dans la chemin**ée**. Un lyc**ée** va être construit.

Fin des noms en *-u, -ue, -ur, -ul, -ule...* p. 149

une sculpt**ure** contemporaine – un calc**ul** simple – un véhic**ule** à moteur – une libell**ule** bleue – un énorme tentac**ule** – une trib**u** d'Indiens – une r**ue** célèbre – une v**ue** perçante

h muet et *h* aspiré p. 151

hôtel – habit – abri – honte – hanter – hibou – italien – électeur – huile – hotte – outil

Homophones grammaticaux : *a/à, est/et, ou/où, on/ont* p. 153

Il avance **à** petits pas. Il **a** peur. Vous buvez du lait **ou** du chocolat ? La maison **où** tu vis est grande. Les enfants **ont** un vélo rouge. **On** part demain en Italie. Léa **est** contente de son cadeau **et** rougit de bonheur.

Homophones grammaticaux : *ce/se, ces/ses, c'est/s'est, son/sont* p. 155

Ces chiens-là aboient et **sont** bruyants. Il **s'est** trompé de chemin. **Ce** soir, je réviserai ma leçon. **Ce** matin il a promis de **se** tenir sage. Ils **sont** venus à **son** anniversaire. **C'est** aujourd'hui la rentrée. Il a rangé **ses** livres sur l'étagère. Il a recopié **son** résumé. Les élèves **se** lèvent à la sonnerie. Ils **sont** sortis en retard.

Homophones grammaticaux : *la/l'a(s)/là, mais/mes, ni/n'y, si/s'y* p. 157

Cette course, ils **n'y** participent pas cette année donc **ni** l'un **ni** l'autre ne gagneront. Ils planteront **la** tente de leurs parents **là** où ils s'arrêteront. Pierre **l'a** déjà fait. **Si** tu y vas, il **s'y** rend aussi. **Mes** jouets sont solides **mais** mon frère en a cassé un.

Homophones grammaticaux : *leur/leurs, quelle(s)/qu'elle(s), sans/s'en, quand/qu'en/quant* p. 159

Michelle présente aux élèves les documents **qu'elle** a préparés. Elle **leur** demande de se concentrer sur les questions. Tous les élèves ont répondu **sans** se tromper. **Quelle** réussite également pour **leurs** camarades de l'autre classe ! Ils **s'en** sont tous très bien sortis.

m devant *m, b, p* p. 161

1. Cet athlète est i**m**battable. La bo**n**bonne est pleine. Sept est mon no**m**bre favori. Il neige, néa**n**moins mon petit frère joue dehors.
2. Il vient d'e**mm**énager. Les e**m**bouteillages sont nombreux à Paris. Il e**m**porte une boisson pour la sortie. Ce prédateur reste i**mm**obile. Tu traces des cercles avec ton co**m**pas. Ma petite cousine est i**m**patiente de refaire un tour de manège.

Mots invariables p. 163

ne... jamais : locution adverbiale
à : préposition
donc : conjonction de coordination
parce qu' : locution de subordination
vite : adverbe

Sons [a] et [ɑ] : *a, à, â* p. 165

Son **a**mi a dix ans demain. Ton **ha**bit est neuf. Le jongleur est **ha**bile. L'**â**ne est parfois têtu. Il **a**vance vite. La pâte à pain est levée.

Son [ɑ̃] : *an, en, aon...* p. 167

La grenouille vit dans l'ét**ang**. Tu dois ch**an**ger cette **am**poule. Il a **en**fin atteint l'océ**an**. J'ai **en**vie d'une glace. Elle **em**porte ses peluches en vacances. Le p**aon** fait la roue.

Son [e] : *é, ée, er, ed, es, ez...* p. 169

Ce caf**é** est fort. Le phare est au bout de la jet**ée**. Je pars ch**ez** mon oncle cet

ét**é**. Le couch**er** de soleil est magnifique. Cette sorcière a un n**ez** crochu. L'ouvri**er** a réalisé la moiti**é** de l'escali**er**. Elle a passé une agréable soir**ée**.

Son [ɛ] : *è, ê, ei, ai...* p. 171

La r**ei**ne est très jeune. Ce sportif saute les h**ai**es avec facilité. J'aime bien les beign**ets**. L'Indien a tiré une fl**è**che. Alex a adopté un pon**ey**. Son fruit préféré est la p**ê**che. Viendras-tu à ma f**ê**te ?

Sons [ø] et [œ] : *eu, œu* p. 173

Mon frère aime les **œu**fs sur le plat. La qu**eue** de mon chat est touffue. Sais-tu quelle h**eu**re il est ? Ce j**eu** me passionne. Le navigat**eu**r courag**eu**x a affronté la tempête.

Son [f] : *f, ph* p. 175

Fais un e**ff**ort. Ils craignent les ty**ph**ons. Il a couru a**f**in de lui rendre son sac. Ce monstre est a**ff**reux. Mon petit frère est e**ff**rayé. O**ff**res-tu un cadeau à tes parents ? J'aime beaucoup la géogra**ph**ie.

Son [g] : *g, gu, gg...* p. 177

La **gu**enon est drôle. La situation s'a**g**-**g**rave. Les prix au**g**mentent. Tu aimes jouer de la **gu**itare. Le **gu**idon du vélo est tordu. En été, je fais du campin**g**. Je suis fati**gu**é. Le **g**azon doit être tondu.

Son [ʒ] : *j, g, ge...* p. 179

La **j**eune fille boit un jus d'oran**g**e. Ces deux filles sont **j**umelles. Ton plon**ge**on est remarquable. Les na**ge**oires du poisson sont transparentes. Les pi**ge**ons s'envolent. Ma sœur aime la couleur **j**aune. Les personna**g**es de cette histoire sont des elfes.

Son [i] : *i, î, ï, y* p. 181

Le n**i**d de l'oiseau est couvert de mousse. Le d**î**ner est servi. J'aime les hu**î**tres. Le pol**y**gone a plusieurs côtés. L'h**i**ver sera froid. Le ma**ï**s se mange chaud ou froid.

Sons [ɛ̃] et [œ̃] : *in, im, ain, ein, en, un...* p. 183

Ce mat**in**, mon lap**in** est parti. Dem**ain**, Tom part en vacances. Paul n'a trouvé auc**un** moy**en** de sortir. Cette fleur a un parf**um** agréable. Vivement que je sois collégi**en**. Il vient de p**ein**dre un tableau. Il a réussi une mission **im**possible.

Son [j] : *i, ill, y, ï* p. 185

Ce papi**ll**on est magnifique. Mon parrain a pa**y**é le repas. Ma rue est bru**y**ante. Je vais essa**y**er de me réve**ill**er toute seule. Mon cra**y**on est cassé. Mon frère aime foui**ll**er dans mes affaires.

Son [K] (1) : *c, cc, qu* p. 187

La **qu**eue du renard est splendide. Ton **c**œur bat vite après la **c**ourse. A**cc**ompagnes-tu ton cousin à la gare ? Le **c**alme est revenu. Tu aimes **c**ueillir les cerises. Il est a**cc**lamé par le public. **Qu**el bonheur !

Son [K] (2) : *k, ck, ch, cqu* **p. 189**

Il ne faut pas oublier les ti**ck**ets pour la **k**ermesse. La répétition de la **ch**orale a été annulée. Le **k**oala est mon animal préféré. Ta so**cq**uette est trouée. Cette belle voiture est sa dernière a**cq**uisition.

Sons [ɔ] et [o] : *o, ô, au, eau…* **p. 191**

C'est un p**o**t de fleurs. L'**eau** sort du tuy**au** d'arrosage. Ces hari**cots** verts sont frais. Tu verses un sir**op** de cassis à ton frère. Mes parents jouent au l**o**t**o**. Tout s'arrête trop t**ô**t. Sa b**eau**té est reconnue.

Son [wa] : *oi, oy…* **p. 193**

Tu as fait le bon ch**oi**x. Tout cit**oy**en doit respecter la l**oi**. Pour une f**oi**s, tu es à l'heure. Sa mère a confectionné elle-même la galette des r**oi**s. La s**oi**e est un tissu très doux. Paul se charge de l'env**oy**er. Le m**oi**s prochain débutent les examens. Cette chanteuse a une v**oi**x très aiguë.

Son [p] : *p, pp* **p. 195**

Le **p**ont enjambe le fleuve. Ton a**pp**artement est immense. J'ai collé un beau timbre sur l'envelo**pp**e. Il a**p**erçoit un navire à l'horizon. Son o**p**inion est importante. Le sa**p**in est placé devant la cheminée.

Son [R] : *r, rr, rh* **p. 197**

Le **r**ythme du morceau est i**rr**égulier. Il **r**oule tranquillement. Cette histoi**r**e est ho**rr**ible. Le **rh**inocéros semble paisible. La guêpe pique avec son da**r**d. Demain, il cou**rr**a pour le Téléthon.

Sons [s] et [ks] : *s, ss, c, ç…* **p. 199**

J'ai de la pa**t**ience. Le **c**ygne a des plumes blanches. L'a**sc**ension du sommet est difficile. Ce plat est e**xc**ellent. Léa aimerait une boi**ss**on chaude. Il faut bien laver la **s**alade avant de la manger.

Son [t] : *t, tt, th* **p. 201**

Le **t**éléphone sonne. Il a**tt**end son ami. Le **th**éâtre est fermé. La flo**tt**e de navires est imposante. Un animal à quatre pa**tt**es est un quadrupède. La **T**erre s'appelle aussi la planè**t**e bleue.

Son [z] : *z, s, x…* **p. 203**

Cette femme est courageu**s**e. Il va entrer en si**x**ième. Laure adore les ceri**s**es. Le rai**s**in est bientôt mûr. Dans une quin**z**aine de jours, c'est mon anniversaire. Ce pay**s**age est repo**s**ant.

VOCABULAIRE

Alphabet p. 207

atelier – attacher – attaque – attendre – attentif – attention – avion – bateau – carrelage – dérive – valeur – voyance

Antonymes p. 209

un plat nourrissant – une attitude sérieuse – une robe chaude – un colis lourd

Champ lexical p. 211

La montagne : neige, sommet, escalade, amont, aval, versant, côte…
Le sport : sportif, s'entraîner, athlète, champion, match, compétition, performance, natation, football…
Les transports : voiture, avion, bateau, train, circuler, route, circulation…
La mer : poisson, méduse, algue, vague, sable, plage, coquillage, marée…
La nourriture : pain, fruit, légume, viande, fromage, manger, repas…

Dictionnaire p. 213

Avocat : **1.** Fruit de l'avocatier. **3.** Personne chargée de défendre un accusé.
Province : **2.** Partie d'un pays, région.
Vociférer : **3.** Parler avec colère.

Expressions p. 215

a. Ne pas avoir froid aux yeux = **2.** Ne pas avoir peur, être décidé.
b. Chercher midi à quatorze heures = **3.** Chercher des complications inutiles.
c. Dormir sur ses deux oreilles = **4.** Ne pas s'inquiéter.
d. Faire des pieds et des mains = **1.** Tout faire pour obtenir ce qu'on veut.

Famille de mots p. 217

- triangle, triangulaire
- Angleterre, anglais, anglophone
- angle, anguleux
- mer, maritime, marin

Histoire des mots (1) : étymologie p. 219

a. Se dit d'un sport qui se pratique dans l'eau : **4.** aquatique.
b. Personne qui cultive des champs : **3.** agriculteur.
c. Permet de se parler à distance : **5.** téléphone.
d. Figure géométrique à six côtés : **1.** hexagone.
e. Se dit d'une course de chevaux : **2.** hippique.

Histoire des mots (2) : emprunts p. 221

sandwich = casse-croûte
tennisman = joueur de tennis
looser = perdant
mail = courriel
match = tournoi
goal = gardien de but
week-end = fin de semaine

Homonymes p. 223

a. Nous passons nos vacances au bord de la **mer**. Ma **mère** me réveille tous les matins à 7 heures. Le **maire** de la commune a été réélu.
b. Le boxeur a reçu un **coup** de poing dans la mâchoire. Notre voisine est

couturière, elle **coud** des vêtements. Le **cou** de la girafe est très long.

Mots génériques, mots particuliers p. 225

a. parler
b. insecte
c. bateau
d. moyen de transport
e. vêtement

Niveaux de langue p. 227

Soutenu	Courant	Familier
ouvrage	livre	bouquin
soulier	chaussure	godasse
chevelure	cheveux	tignasse
vacarme	bruit	boucan
pingre	avare	radin

Polysémie, sens propre et sens figuré p. 229

a. Sens propre. b. Sens figuré.
c. Sens figuré. d. Sens propre
e. Sens propre. f. Sens figuré.

Progression, nuance des mots p. 231

a. La voiture démarre, accélère, fonce jusqu'à sa destination finale.
b. Ce tableau a beaucoup plu aux visiteurs du musée : ils l'ont trouvé bien peint, admirable, génial.
c. Le client mécontent marmonne, hausse le ton, hurle dans le magasin.

Radical, préfixe et suffixe p. 233

Fabriquer – fabrication
Changer – changement
Nettoyer – nettoyage
Entraîner – entraînement
Condamner – condamnation

Sens des préfixes et des suffixes p. 235

1. **im**patient : contraire
triathlon : nombre
hypersensible : excès
surexposé : excès
malhabile : contraire
2. tach**eter** : action
bouch**ère** : métier
perm**éable** : qualité
vant**ard** : défaut, péjoratif
silenci**eux** : qualité

Synonymes p. 237

a. Juste b. Juste
c. Faux d. Juste

CONJUGAISON

Auxiliaires *avoir* et *être* p. 241

Tom **est** parti en vacances en Espagne. Il **a** voyagé en train. Nous l'**avons** rencontré à Barcelone avec ses parents dans la rue. Je les **ai** appelés mais ils ne m'**ont** pas entendu.

Concordance des temps p. 243

Ma tante Stéphanie ne m'**a** jamais **dit** qu'elle **avait participé** à des compétitions de natation quand elle avait seize ans. Lorsque tu **auras terminé** tes devoirs, tu **pourras** jouer avec ton petit frère. Léo ne **sait/savait** plus où il **a/avait caché** le cadeau de sa sœur.

Conditionnel présent p. 245

J'aimerais (**aimer**) avoir un chat. Ma tante a dit qu'elle m'en offrirait (**offrir**) un pour mon anniversaire si j'avais de bons résultats. Comme je serais (**être**) heureuse ! Je pourrais (**pouvoir**) jouer avec lui après la classe.

Futur simple de l'indicatif p. 247

Les alpinistes **escaladeront** la montagne. Ils **progresseront** avec courage malgré le froid. Ils **contempleront** la vue du sommet. Ils **prendront** des photos inoubliables.

Groupe du verbe p. 249

partir (3e groupe) – suivre (3e groupe) – déplacer (1er groupe) – sourire (3e groupe) – vendre (3e groupe) – éteindre (3e groupe) – parler (1er groupe) – bondir (2e groupe) – décrire (3e groupe) – crier (1er groupe) – écrire (3e groupe) – pâlir (2e groupe) – fuir (3e groupe) – nourrir (2e groupe) – voir (3e groupe)

Imparfait de l'indicatif p. 251

Les touristes **étaient** ravis de leur visite. Ils **essayaient** un nouveau circuit. Le midi, ils **déjeunaient** au restaurant et **goûtaient** la cuisine de la région. Ils **appréciaient** particulièrement les plats en sauce.

Impératif présent p. 253

Lis cet article de journal, il peut t'intéresser. Samuel et Claire, **admirez** ce paysage. Tous ensemble, vous et moi, **chantons** ce refrain. Théo, s'il te plaît, **jette** les emballages qui encombrent le sous-sol. Tout le monde t'attend pour commencer le match : dépêche-toi, **vas**-y.

Modes et temps p. 255

Des randonneurs marchent (**indicatif présent**). Ils arriveront (**indicatif futur simple**) bientôt à l'endroit souhaité. S'ils le pouvaient (**indicatif imparfait**), ils avanceraient (**conditionnel présent**) plus vite, mais que faire (**infinitif présent**) pour être (**infinitif présent**) plus rapide ?

Passé composé de l'indicatif p. 257

À l'automne, les hirondelles **ont choisi** de quitter la France. L'écrivain **a entrepris** de commencer un nouveau livre. Le loup **a aperçu** un jeune agneau dans la prairie. Nous **avons pris** l'autobus près de la gare.

Passé simple de l'indicatif p. 259

Les joueurs **marquèrent** un but et des spectateurs **applaudirent** avec enthousiasme. Des arbitres **sifflèrent** la fin de la mi-temps. Des enfants **coururent** vers la pelouse pour serrer la main d'un joueur. Des journalistes **filmèrent** la scène.

Présent de l'indicatif p. 261

Tous les matins, je me lève (**habitude**) à sept heures. Il ne faut (**proverbe**) pas vendre la peau de l'ours avant de l'avoir tué. Nous arrivons (**futur proche**) dans dix secondes. Célia répète (**moment présent**) son morceau au piano. Ce matin, mon père se coupe (**passé proche**) en se rasant.

Radical et terminaisons p. 263

Si ton oncle sav/ait que tu réuss/is aussi bien les crêpes, il te demande/rait d'en préparer pour la Chandeleur. Je lui propose/rai de faire un repas de galettes quand nous trouve/rons le temps de nous réunir.

Subjonctif présent p. 265

Je veux que tu **sois** serviable et que tu **viennes** souvent m'aider. Je veux que tu **apprennes** l'allemand et que tu **ailles** à Berlin cet été. Je veux que vous **preniez** l'avion de 8 h 15 à Orly et que vous **atterrissiez** à 9 h 30 à l'aéroport de Marseille.

Temps simples et temps composés p. 267

Il **avait fait** très chaud. Soudain, un orage violent **eut éclaté**. Des arbres **se sont abattus** sur une maison. Un habitant **a téléphoné** aux pompiers. Tu **auras assisté** à l'arrivée des secours.

Verbes pronominaux p. 269

Ma sœur **s'est levée** (occasionnellement pronominal) trop tard. Je **me demande** (occasionnellement pronominal) si elle **s'est dépêchée** (essentiellement pronominal) ensuite. Elle **s'est rendue** (occasionnellement pronominal) chez le dentiste. Il **s'est absenté** (essentiellement pronominal) pendant la pause.

Index des notions

Index des notions

A

H

I

P

Q

T

W

X

Y

Z

Classement par notions

Classement par notions

GRAMMAIRE

Autour du nom

Autour du verbe

Autour de la phrase

ORTHOGRAPHE

Orthographe grammaticale

Orthographe d'usage

VOCABULAIRE

Formation des mots

Sens des mots

CONJUGAISON

Alphabet phonétique

VOYELLES

[a]	**a**mi	[o]	s**eau**
[ɑ]	**â**me	[ɔ]	d**o**nner
[e]	**é**t**é**	[œ]	p**eu**r
[ɛ]	cr**è**me	[ø]	f**eu**
[ə]	t**e**nir	[ɑ̃]	r**an**g
[i]	r**i**re	[ɛ̃]	p**ain**
[u]	ch**ou**	[ɔ̃]	l**on**g
[y]	r**u**e	[œ̃]	l**un**di

CONSONNES

[b]	**b**al	[p]	**p**ère
[k]	**c**ou	[ʀ]	**r**oi
[d]	**d**in**d**e	[s]	**s**el
[f]	**f**ois	[z]	oi**s**eau
[g]	**g**are	[t]	**t**an**t**e
[ʒ]	**j**oie	[v]	**v**oile
[l]	**l**oi	[ʃ]	ta**ch**e
[m]	**m**ère	[ɲ]	rè**gn**e
[n]	**n**id	[ŋ]	campi**ng**

SEMI-CONSONNES

[j]	pa**ill**e	[ɥ]	n**ui**t
[w]	f**ou**et	[wa]	n**oi**r

Édition : Mông-Thu Valakoon, avec la collaboration de Gaëlle Cottrelle
Relecture : Martine Descouens
Correction : Sylvie Porté, Michèle Aguignier
Coordination artistique : Kati Fleury
Conception maquette intérieure : Marie-Astrid Bailly-Maître, Kati Fleury, Élise Launay
Conception couverture : Laurence Durandeau
Illustrations : Laurent Audouin
Mise en page : Hekla

N° éditeur : 10199816 – IRILYS – Août 2013
Imprimé en Italie par L.E.G.O. S.p.A.

IMPRIM'VERT
Votre imprimeur agit pour l'environnement

FSC
www.fsc.org
MIXTE
Papier issu de sources responsables
FSC® C022030